"十二五"普通高等教育本科国家级规划教材

普通高等教育"十一五"国家级规划教材

21世纪高等院校工商管理精品教材

Enterprises Chain Operation and Management

企业连锁经营与管理

第五版

肖怡 编著

东北财经大学出版社
Dongbei University of Finance & Economics Press
大连

图书在版编目（CIP）数据

企业连锁经营与管理 / 肖怡编著. —5版. —大连：东北财经大学出版社，2018.8（2020.12重印）
（21世纪高等院校工商管理精品教材）
ISBN 978-7-5654-3268-2

Ⅰ. 企… Ⅱ. 肖… Ⅲ. 连锁企业-企业经营管理-高等学校-教材 Ⅳ. F717.6

中国版本图书馆CIP数据核字（2018）第171928号

东北财经大学出版社出版
（大连市黑石礁尖山街217号 邮政编码 116025）
网 址：http://www.dufep.cn
读者信箱：dufep@dufe.edu.cn
大连东泰彩印技术开发有限公司印刷 东北财经大学出版社发行

幅面尺寸：185mm×260mm 字数：346千字 印张：15.25
2018年8月第5版 2020年12月第22次印刷

责任编辑：孙晓梅 责任校对：孟 鑫
封面设计：冀贵收 版式设计：钟福建

定价：36.00元

教学支持 售后服务 联系电话：（0411）84710309

如有印装质量问题，请联系营销部：（0411）84710711

第五版前言

2018年5月，最新的“中国连锁百强”公布，2017年苏宁易购以2 433亿元销售额稳居第一，比上年增长29.2%，强劲的增长态势引人注目。究竟是什么原因，让这家悄悄换了名称的老牌连锁企业又重新焕发了青春活力？

仔细研究发现，苏宁易购近年来正以“刮骨疗毒”的决心推动实体门店的全面变革，形成了“一大”（苏宁易购广场）、“两小”（苏宁小店、苏宁易购县镇店）、“多专”（苏宁易购云店、苏鲜生、红孩子、苏宁体育、苏宁影城、苏宁极物、苏宁易购汽车超市）的连锁品牌族群，成效日益显现。

苏宁易购是当下中国传统连锁企业的一个缩影，是那些不甘被时代抛弃的连锁企业在生存压力之下的求变求新的典型代表。它们积极尝试新技术、新业态，成功地走出了一条属于自己的新路子。这些企业展现出的变革方式和自我突破精神，不禁让人肃然起敬！

同时，另一批新崛起的连锁企业，如小米之家、名创优品、奈雪的茶、喜茶、胡桃里、瑞幸咖啡……携带与生俱来的“网红”气质，备受年轻人的喜爱。它们所展现出的新理念、新模式也在告诉我们新时代下企业运营的新逻辑，令人兴奋不已。

以云计算、大数据、移动互联网、物联网、人工智能为代表的新一代信息技术呈现爆炸发展态势，彻底改变了人们的消费习惯，也重塑了商业的基本面貌。它正在用摧枯拉朽的强劲力量荡涤着传统的营销模式，从以前粗放的跑马圈地到如今的精耕细作，很多习惯于传统思维方式的连锁企业会认为这是一个最坏的时代，但对于有着英雄梦的连锁企业来说，这又是一个最好的时代。

或许这个世界变化太快，但总有一些东西是不变的，它应该镌刻在每一个连锁企业人的经营理念中，那就是“以顾客为中心”，为顾客提供尽可能好的商品、服务和消费体验。虽然这是老生常谈的一句话，但在今天的市场竞争中，仍显示出万变不离其宗的真正魅力。

基于上述思想，本书在修订中对一些章节的内容进行了重新思考，并对书中的所有数据进行了更新，也对所有的企业案例进行了更新或替换。特别值得一提的是，本书注重老牌连锁企业的创新活动和新兴连锁企业的营销思维，目的是想透过企业案例来了解中国整个连锁业的最新发展动态。

《企业连锁经营与管理》第五版的内容分为8章：第1章主要介绍连锁经营的概念、特征与类型，以及国内外连锁经营发展的历程及趋势；第2章主要介绍连锁经营的前提，即认识消费者，包括消费者购买行为分析和消费者市场调研、顾客满意与顾客忠诚；第3章主要介绍连锁总部的战略管理，包括连锁企业组织设计，连锁企业品牌形象战略、营销战略以及信息化战略管理的内容及重点；第4章主要介绍连锁门店运作管理，包括卖场生动化管理、门店促销活动管理、顾客服务管理，以及员工培训及团队管理；第5章主要介绍连锁企业网点扩张战略及网点选址流程、商圈分析和选址技术；第6章主要介绍连锁企业商品采购管理、配送中心管理及采购与配送作业管理；第7章主要介绍特许连锁经营的类型与发展、特许连锁经营的策划与实施，以及营造良好的加盟关系；第8章主要介绍跨国连锁经营的趋势和动机，连锁企业开展跨国经营的进入战略、管理模式及管理策略。

《企业连锁经营与管理》第五版一如既往地秉承了如下特点：

1.涉及面广，结构合理，层次清晰。随着中国经济的发展，连锁经营涉及的行业已从零售业、餐饮业发展到旅游业、经纪业、制造业、文化业、地产业、洗染业、咨询业、IT业、美容业等多个行业。本书内容不仅涉及传统的零售连锁和餐饮连锁，还涉及其他服务业连锁，力求突出连锁经营管理的共性，全面揭示连锁经营的核心理念和经营模式。

2.系统性与逻辑性强。本书突出系统性和逻辑性，从最基本的理论及模式逐步深入、递进，全面系统地介绍了现代连锁经营的管理体系和运作技巧，每章内容设计均兼顾知识点、技能点和能力点，各章节内容有机地结合在一起，存在内在的逻辑关系，方便学生学习和理解。

3.理论性与实务性高度结合，并注重时效性。本书不仅吸收了国内外连锁经营的最新研究成果，而且立足于中国连锁经营管理的实际问题，密切关注中国连锁经营管理变化，尤其注重当前企业界普遍关注的热点话题，使学生能较快进入连锁经营管理者角色。

4.强调案例教学。本书从多行业、多角度阐述连锁经营的应用情况，并附上大量教学案例。这些案例均经过精心挑选，大多是国内企业的最新经营情况，供学生在学习时参考运用，达到举一反三、触类旁通的目的，提高学生分析问题和解决问题的能力。

5.内容严谨，形式灵活，文字精练。每章开头均有学习目标，中间用案例、小资料等形式穿插了一些具有针对性和实用性的内容，极具启发意义，同时注重运用图表说明问题。每章最后均安排了本章小结、主要概念与观念、案例分析和网上调研，以及即测即评（二维码），供学生对学习结果进行自我检验，帮助学生更好地掌握理论知识和经营管理技巧。

由于篇幅所限，本书每一节内容、每一个案例都不能充分展开，且几年一次的修订再版可能使教材内容暂时滞后于现实。为此，笔者专门开设了一个微信公众号“零售与连锁经营”（xy_gd126com）作为课程资源中心，以弥补纸质版教材的不足。该公众号上有对教材内容和案例的深入探讨，能及时反映学术界的研究成果和企业创新活动并保持动态更新。此外，还有相关的教学课件、思考题和案例分析参考答案、优秀学生作业和本科毕业论文、大量精美的商品陈列图讲解，以及教案、大纲和连续十多年的中国连锁业发展相关数据，供教师和学生参考使用。

尽管笔者一直希望能在本书体系和内容上有所突破，将连锁经营管理研究从零售业扩展到其他行业，突出连锁经营管理的共性、核心理念和基本业务，为所有采用连锁经营的企业提供参考，但发现很难完全做到。这一方面是因为零售业仍然是连锁经营的主流，另一方面是因为零售连锁经营的复杂性与现代化程度远非其他行业所能比。因此，本书内容仍然偏重于零售连锁经营，但在案例选择上尽量扩大范围，在内容体系上尽量与现有的零售学教材有所区别。可以说，本书与笔者在高等教育出版社出版的《零售学》教材是姊妹篇，内容互补而重点不同，可以相互参考。

在此，仍然借用沃尔玛创始人山姆·沃尔顿的一句名言："对你的事业负责。比其他任何人都更相信它。"笔者希望努力做到对自己的教材负责，比其他任何人更追求完美。由于学识所限、时间仓促，错误和缺点在所难免，恳请读者提出宝贵意见。此外，在编写本书的过程中，参考了多位同行的研究成果，许多朋友提供了大量珍贵资料并提出宝贵意见，在此表示衷心的感谢。

联系地址：广东财经大学工商管理学院肖怡教授（510320）

E-mail：xy_gd@126.com

微信公众号：xy_gd126com

零售与连锁经营

微信公众号：xy_gd126com

编著者

2018年6月于广州

目录

第1章 连锁经营入门

学习目标

知识目标

- 掌握连锁经营的内涵及基本特征，了解连锁经营与传统单店经营的不同；
- 掌握直营连锁、自由连锁、特许连锁的特点，并了解三者的区别；
- 了解国内外连锁经营发展的基本情况。

技能目标

- 学会将连锁企业的某些运作业务形成标准化管理方案。

能力目标

- 能根据连锁经营的基本原理分析一家企业是连锁经营还是传统单店经营；
- 能针对连锁企业的标准化经营管理提出进一步改进的建议。

1.1 连锁经营的概念及特征

1.1.1 连锁经营的内涵

连锁经营作为当今商业活动中极富活力和极具成长潜力的经营方式，在世界各国广泛流行，成为许多国家商业经营的主流形式。麦当劳、肯德基、沃尔玛、家乐福、星巴克、7-11、宜家家居等世界著名企业都是连锁经营的成功实践者。它们向世界展示了连锁经营的巨大魅力，也引起了人们对连锁经营内涵的探究。

要了解什么是连锁经营，必须从其外在组织表现形式——连锁商店开始。关于连锁商店（chain store），我国连锁经营协会1997年在《连锁店经营管理规范意见》中规定：连锁店是指经营同类商品、使用统一商号的若干门店，在总部的统一管理下，采取统一采购或授予特许权方式，实现规模效益的经营组织形式。在国际连锁业协会以及西方各国政府的规定中，往往把经营11家以上商店的零售业或饮食业组织称为连锁商店。

当然，今天的连锁商店并不局限于零售业和饮食业，它已经深入到许多服务行业。国外对连锁商店数量的规定只是一种法律上、统计上的规定，并不是在经营上划分是否属于连锁的标准。从管理学角度看，一般来说，门店数量发展到10家左右，就会带来管理方面的根本变化，必须采取与单独企业经营不同的管理方式；而少于10家门店，经营成本高，连锁商店的效益很难体现出来。事实上，有些企业在创办初期，就严格按照连锁经营的要求来管理，并获得了快速发展；而有些企业，尽管门店开了10多家，却仍然各自为政，独立经营，没有形成整体效应。因此，划分连锁经营的标志不是门店的数量，而是其经营管理的特点是否符合连锁经营的内涵。

所谓连锁经营，是连锁商店（包含零售业、饮食业及其他服务业的连锁商店）所采取的一种经营方式和管理制度，它是指由同一经营总部领导下的若干分支企业或门店构成的联合体为实现规模效益所进行的统一的商业经营活动。连锁经营涉及的行业十分广泛，本书后面提到的不同业务类型的连锁经营，是指零售业、餐饮业和纯服务业的连锁经营；而不同业态的连锁经营，是指零售业中的百货商店、超级市场、专业店、专卖店、便利店、仓储式商店、购物中心等零售业态的连锁经营。

连锁经营的内涵是高度统一，这体现在四个方面：企业识别系统统一，商品和服务统一，经营管理统一，经营理念统一。这四个统一是有层次的，从低级向高级发展（如图1-1所示），连锁企业随着四个层次的逐步统一而不断走向成熟。

1） 企业识别系统统一

这是连锁经营基础层次的统一，是企业外在形象的统一。所谓企业识别系统，是指连锁企业所有暴露给公众的直观印象，主要包括连锁企业的招牌、标志、商标、标准色、标准字、装潢、外观、卖场布局、商品陈列、包装材料、员工服装、标识卡等。这种统一设计的企业识别系统，不仅有利于消费者识别、购买连锁企业各门店的商品，而且有利于消费者认同企业，对企业产生深刻的印象。连锁企业必须对外形成一致的企业形象，才能让消费者感觉众多门店是连在一起的，而不是分散经营的。但连锁企业仅做

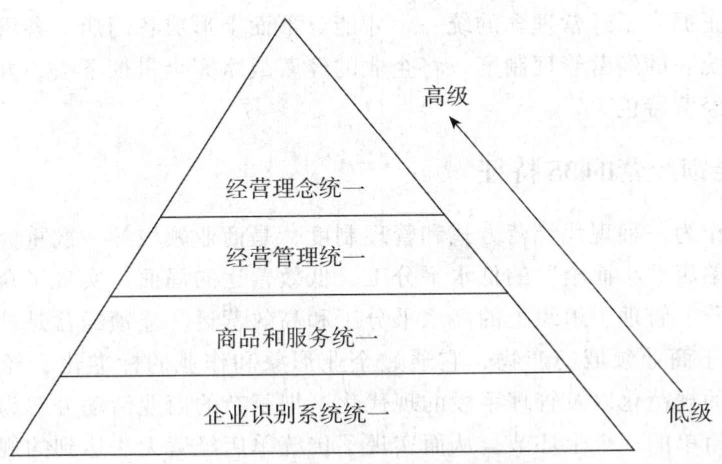

图1-1 连锁经营四个层次的统一

到这一点还不够，如果没有内在的统一做支撑，外在形象的统一就只是连锁经营的一层壳而已。

2）商品和服务统一

这是连锁企业经营内容的统一，是满足同一目标顾客的营销方式统一。为了达到整体经营效果，使消费者对连锁企业产生信任感和依赖感，连锁企业各门店所经营的商品都是经过总部精心策划和挑选的，是按照目标消费者的需求做出的最佳商品组合，并不断更新换代；连锁企业各门店所提供的服务经过总部统一的规划，服务措施也经过统一规范，消费者无论何时何地到任何一家门店，都可以享受到连锁商店提供的整齐划一的商品和服务，这可以增强顾客的忠诚度。

3）经营管理统一

这是企业内部管理模式的统一，是制度层面的统一。连锁企业必须在经营战略、经营策略上实行集中管理，即由总部统一规划，制定规范化的经营管理标准，并下达给各门店，各门店必须遵从总部所制定的规章制度，实行标准化、制度化、系统化管理。目前，对于连锁企业而言，经营管理统一最集中的体现在于连锁企业的营运手册。许多连锁企业都开发了自己的营运手册，并据此构成统一经营管理的连锁体系。

4）经营理念统一

这是企业全体员工观念与行为的统一，是文化层面的统一。连锁企业的经营理念是该企业的经营宗旨、经营哲学、价值观念、企业定位和中长期战略的综合，是其全部经营管理活动的依据。连锁企业无论拥有多少门店，都必须坚持共同的经营理念，包括为什么做连锁、企业赖以生存的因素是什么、企业对消费者和社会的贡献是什么、企业的使命是什么等。只有经营理念真正统一，连锁企业才能将各门店“锁”在一起，无限发展，永续经营。

上述四个统一是由低到高相互衔接在一起的。如果只有店名和店貌的统一而无服务和商品的统一，那就只有连锁经营的“形”而无连锁经营的“神”；如果没有经营管理的统一，各门店虽然招牌相同，但独立经营，具有较大的自主权和灵活性，则连锁企业根本无法实现商品和服务的统一。即使统一也只能是短暂的，或者是根基不牢固的。连锁企业只有真正拥有了经营理念的统一，才能自下而上形成各门店、各管理层及全体员工自觉遵守的统一的经营管理制度，将企业的经营战略完全贯彻下去，并始终如一地形成企业长期的经营特色。

1.1.2 连锁经营的3S特征

连锁经营作为一种现代经营方式和管理制度，是商业领域的一次重大变革。它的出现改变了传统单店“小而全”的低水平分工、低效营运的局面，实现了众多门店联合作战，形成了经营、管理、组织上的高水平分工和高效营运。连锁经营是社会化大生产的基本原理应用于商业领域的产物，它通过企业形象和作业的标准化、经营活动的专业化、管理活动的规范化以及管理手段的现代化，把复杂的商业活动分解为像工业生产流水线那样相对简单的一个个环节，从而实现了传统单店经营无法达到的规模效益。

具体来看，连锁经营的基本特征表现在以下三个方面，即通常所说的3S：

1）简单化（simplification）

简单化，即尽可能地将作业流程化繁为简，创造任何人都能轻松且快速熟悉作业的条件。

首先，连锁经营的简单化是由其行业特点决定的。一般来说，零售业、餐饮业和其他服务业宜采取连锁经营，而这些行业的特点是消费不均衡。对于零售商店来说，平日顾客来店时间较分散，而节假日比较集中；对于餐饮店来说，无论平日还是休息日，中、晚餐时间顾客比较集中，在一天的经营时间内，忙与闲差异相当大。因此，门店在用人方面，常常要在繁忙的时间段雇用临时工，但临时工稳定性差、流动性强。由于复杂的作业在短时间内难以掌握，而增加训练的时间就加大了成本投入，解决这一难题的有效办法就是将作业内容简单化，使初次来店工作的人员稍加训练就能迅速熟悉作业内容，并获得与熟练员工同样的效果。这样，门店就可以支付比熟练员工少得多的费用，实现用人机制灵活、低成本经营。

其次，连锁经营的简单化还有利于减少经验因素的影响。连锁系统庞大而复杂，必须将财务、采购、物流、信息、管理等各个子系统简单化，将门店的作业流程、工作岗位的商业活动简单化，才能保证不出错、不走样，减少个人经验因素对经营的影响，达到连锁经营统一的要求。

通常，为了实现各项作业简单化，连锁企业会根据整个作业流程的各工作程序，编制简明扼要的操作手册，所有员工均依手册的规定来工作。这种手册对各个岗位均有详尽的规定，员工掌握和操作起来非常方便，任何人均可以在较短的时间内驾轻就熟。即使人员频繁变动，员工也能凭借此手册迅速掌握要领，正确操作。

2）标准化（standardization）

标准化是指连锁企业适应市场竞争的需要而采取的作业形式，是为持续性生产、销售预期品质的商品和服务而设定的既合理又较理想的状态、条件，是能反复运作的经营系统。

标准化原本是工业生产不断发展的结果，而标准化的应用又极大地促进了工业化发展。最早的标准化是“泰勒制”，到了“福特制”的流水线，标准化程度就更高了。现在，连锁企业在开发标准化作业方面的实践表明，标准化可以通过严格的管理来实现连锁商店营运的高效率。连锁企业标准化工作主要包括三个步骤：

（1）科学制定各项作业标准和管理标准。连锁企业通过作业研究、数据采集、定性与定量分析等方法制定出既简便易行又节约人力、物力的标准化工作规范，使所有工作都按标准去做。这些标准包括：①企业整体形象标准化。各门店运用统一的店名、店貌，使用统一的标识，进行统一的装饰、装修，并保持其外观、色彩、使用字体、价格标签等的一致性，在员工服饰、营业时间、广告宣传、商品质量、商品价格等方面也都保持一致性，从而使连锁企业的整体形象标准化。②商品、服务标准化。各门店经营的商品、提供的服务，从品种到品质都由总部统一规划，实施同一标准，以满足消费者对标准化商品和服务的质量要求。③生产服务设施、操作工艺标准化。要确保持续生产、销售最佳品质的商品和服务，必须有一套标准化的设施和操作工艺。例如，全世界任何一家肯德基快餐店，每只鸡一律被准确地分解为9块，鸡块在恒定温度的油锅中炸13分30秒，分秒不差，成品在保温箱等待的时间最长为1小时30分，逾时丢弃。④作业流程标准化。如选址作业，在店铺的规模、结构、服务标识、职能等所有系统都有科学、合理标准的情况下，企业开店时间缩短了，店铺损益计划及投资回收计划也更加准确。⑤考核评估标准化。企业对每一项工作和每一个岗位都有科学的考核标准，这使同一岗位的员工工作水平趋于一致。

（2）通过严格的培训让操作人员掌握各项标准。连锁企业制定出科学的标准后，会编写详尽的营运手册，作为培训员工的依据。通过严格、系统的培训，每个员工都能完全掌握手册的内容并加以实施。许多连锁企业内部都设置了培训部门，如麦当劳的“汉堡包大学”，还有些企业与大专院校一起开办了自己的商学院，从而保证培训工作的顺利进行。

（3）通过严格的管理保证标准化的实施。在一个由总部和众多门店构成的庞大体系中，标准化的贯彻实施靠的是严格的管理和监督；否则，标准化就会流于形式，再多的标准也如同废纸。许多连锁企业都设立了“督导员”这一岗位，督导员的职责就是到各门店去检查、评价营运过程是否按标准实施，同时也给予相应的指导。也有一些企业采用“神秘顾客”法，让检查员以普通顾客的身份出现在店中，根据他所接受的服务对门店进行考核。

当然，标准的制定并不是一劳永逸的，应随着时代的进步和条件的变化而不断更新。在连锁企业的发展过程中，落后的规定和标准会不断被更新、更先进的标准所替代。应通过门店的实践和探索以及总部的研究开发，以不懈的努力改善连锁企业的营运标准，只有这样，标准化才不会使公司僵化。因此，标准化效果的取得靠的是严格管理和监督、长期坚持标准以及不断改善标准。

3）专业化（specialization）

专业化是指连锁商店的营运必须在整体规划下进行专业分工，在分工的基础上实施集中管理，从而将工作特定化和进一步专家化，追求独特和卓越，开发、创造出独具特色的技巧及系统。这种专业化既表现为总部与门店的专业分工，也表现为总部内部和门店内部各个环节、岗位、人员的专业分工。

（1）专业化表现在连锁经营系统内部总部与门店之间的职能分工上。连锁企业一般都包含总部和门店两个层次。从职能分工来看，总部的职能是管理，门店的职能是销售。从表面来看，这与单店没有太大的区别，实际上却有质的不同。总部的职能就是研究企业的经营技巧，并直接指导门店的经营，这就使门店摆脱了过去的经验管理，大大提高了企业管理水平。此外，由于连锁企业是同行业、多门店经营，总部统一开发的经营技巧可以广泛应用于各门店，使所有门店的经营管理水平普遍提高，获得技术共享效益，同时也分担了技术开发的成本。这是单个企业无法做到的，因为在单个企业内部，经营技术开发的广度和深度往往要受到其效益与成本比较结果的制约。

（2）专业化表现在连锁总部设置不同职能部门进行业务管理分工上。例如，由商品部负责采购和配送商品，对“物流”进行专业化管理；由财务部负责收付款业务，对“现金流”进行专业化管理；由信息部负责各种信息的搜集、传递和分析，实现“信息流”的专业化管理。不同职能部门的设置是连锁企业专业化分工的组织保证。

（3）专业化表现在连锁门店依据运营程序与作业特点进行岗位分工上。企业可以根据实际需要通过招聘或内部培训获得必要的人才，再根据他们的经历、能力、学历将其分配到合适的作业程序上。专业化把一个人放在了他最擅长的岗位上，做到人尽其才，因此整个系统内的人力资源配置处于良好状态。当一个人专注于感兴趣的工作时，其工作效率会越来越高，工作所花费的时间会越来越少、成本会越来越低。这种优势也体现在总部人才的使用上，这就是由专业化所引发的学习效应体现出来的良性反应。

专业化只有在简单化、标准化的前提下才能实现。如果说将复杂的连锁经营业务简单化是一大贡献，而标准化是连锁经营向规模发展、实现低成本扩张的基础的话，那么，专业化就是连锁企业持续发展的法宝。

1.1.3 连锁经营与传统单店经营的区别

连锁经营是商业领域的一次革命性突破，它的出现和发展将传统“手工作坊”式的小商业真正转变为现代意义上的大商业。要深入理解连锁经营所带来的革命性变化，需要将它与传统单店经营作一比较分析。

1）从经营方式上看，连锁经营是资源整合后的规模经营，而传统单店经营是灵活应变的特色经营

连锁经营顺应社会化大生产的要求，把分散的经营主体组织起来，形成统一管理、统一营运的联合体，通过整合各方面资源进行整体运作，能取得传统单店经营无法达到的规模效应，从而赢得市场竞争优势。这些优势体现在以下四个方面：

（1）集中采购的规模优势。连锁经营通过采取中央采购制度，将各门店经营的商品和所需要的机械设备等集中采购，采购数量较大，有较强的议价能力，能与供应商讨价还价，获得低价进货的优势。同时，通过集中采购，连锁企业可以最大限度地减少采购人员、采购次数，从而降低了直接采购成本。连锁企业正是通过集中进货、规模采购降低商品的进货成本，进而降低商品的销售价格来吸引顾客，不断扩大市场份额的。

（2）物流配送的规模优势。连锁企业各门店的进货是有组织的，商品信息是共享的，这就克服了进货上的盲目性，节省了商品的储存空间。同时，在集中采购的基础上设置仓库或配送中心，通过总部集中配送可以选择最有利的运输路线，充分利用运输工具，及时运送，可以实现门店“零库存”，避免出现缺货现象。

（3）整体促销的规模优势。由于连锁企业各门店遍布一个区域、全国甚至多个国家，因此连锁企业总部可以利用地方性、区域性或全国性的媒体进行广告宣传，其效果远远大于单店所进行的小规模促销。同时，连锁促销的广告费用可以分摊到多家门店中去，单个门店促销成本并不高，这对传统单店而言是难以做到的。

（4）研发培训的规模优势。传统单店由于事务繁杂和个人经验所限，要对自己的作业流程和经营技术进行深入研究是很难的，它们固然也能聘请专家设计有关照明、卖场布局等商业技术并对自己的员工进行系统培训，但费用较高。连锁企业由于总部有专职人员进行专业研究，有多家门店的经验可以总结提升，其研究开发和培训费用可以由许多门店共同承担，其开发的成果可在整个连锁体系内推广，因而享有连锁经营所带来的研究开发和培训方面的规模优势。

尽管连锁经营可以整合各种资源获取规模优势，但这并不意味着传统单店经营完全失去了市场空间，因为连锁经营的高度集中管理可能使门店经营缺乏灵活性，不能完全适应当地的消费市场。而传统单店是独立经营管理的店铺，大多具有一定的经营特色，偏向于特色经营。正所谓“船小好掉头”，传统单店的优势在于能随时根据当地消费者需求的变化灵活调整自己的经营策略。由于消费者的需求是复杂多变的，如果传统单店能积极适应消费者的需求，主动求变，也就能在激烈的竞争中获得一席生存之地。

案例1-1　奈雪的茶迅速崛起

过去，茶饮店多以街边小店为主，是低成本、轻资产、弱品牌的小生意。而现在，新中式茶饮正成为一门大生意。作为一个新兴品牌，奈雪的茶很快成为购物中心的新宠，短短两年多时间开了100多家门店。2018年3月19日，奈雪的茶宣布完成数亿元A+轮融资，估值高达60亿元。在新品牌层出不穷的今天，奈雪的茶为何能受到资本的追捧，在众多新式茶饮中脱颖而出？

奈雪的茶的核心产品是“茶饮+软欧包”组合。最初有人反对，因为在消费者的心目中，只能在一个餐饮品牌里面记住一类产品，就像咖啡之于星巴克、火锅之于海底捞，几乎没有能同时做好两个品类产品的品牌。但在创始人彭心看来，现在的女生喜欢在同一场景解决多种需求。结果，产品一上架就很受年轻消费者的喜爱，茶饮和软欧包在奈雪的茶的销售额不相上下，这显然颠覆了此前一直流行的单品理论。要知道，即使是在星巴克，甜品的销售额也从未超过咖啡。

在空间设计上，奈雪的茶也与众不同。每家店在保持40%相似度的基础上都有不同的风格，但是核心基调是统一的——舒适、温暖，为女性打造第三休闲空间。所以，星巴克、COSTA、太平洋咖啡是以深色、冷色调设计为主的，而奈雪的茶像一个“温暖精致的盒子”，即使在门店密集、人流量大的地方，也能吸引女孩们走进去。

就连被外界争相模仿的“奈雪杯”也是精心设计的。彭心发现，星巴克使用矮胖的杯子，但女生握起来并不方便，于是她以自己手的握度尺寸打样，制作了更适合女生拿握的瘦高杯。此外，在杯盖上设置了凹槽，以避免杯子沾到女生的口红。杯塞处也有特别的设计，女生是爱心形状，而男生是太阳形状。杯子的直饮口则与LOGO位置相反，方便女生自拍。

为提升体验并提高模仿壁垒，奈雪的茶的门店以200平方米左右的大店为主，其中包含处理水果和面包的开放式厨房。奈雪的茶除了在产品体系、消费者体验上有出色表现外，还加强了对供应链的把控，各种创新产品和主题店不断推出，消费者每次去奈雪的茶都有不一样的体验。投资人潘攀认为：随着中国经济崛起，中国文化也在崛起，茶像咖啡一样风行全球并非遥不可及，在这个过程中产生多个星巴克级别的品牌也不是不可能的。

问题：奈雪的茶迅速崛起的背后原因是什么？

资料来源　奈雪的茶总部（公众号），2018-04-17. https：//mp.weixin.qq.com/s/EFEDyg_Xdo4qC-GeC-iGeXQ.

2）从管理方式上看，连锁经营是以制度为中心的规范管理，传统单店经营是以人为中心的经验管理

分工越细就越需要协调，否则各个职能部门的运行会相互牵制，各项作业的衔接也难以顺利进行，专业化分工所带来的优势难以转化为连锁企业的现实竞争力。因此，连锁企业必须实行集中规范化管理，连锁企业总部最高管理层是决策中心，各职能部门是执行中心，而门店则是作业现场，只有实行集中规范化管理才能实现连锁企业的协调运行。连锁经营的标准化特征决定了其规范化管理的核心是以各项标准为基础形成的各项规章制度，这些规章制度将以往建立在经验基础上的管理随意性消除，代之以标准化的规范管理，保证了管理的稳定性，也避免了个人因素对连锁企业的营运可能造成的危害。

而传统单店经营尽管也强调规范化管理，也会制定一些规章制度，但这种规范化是因人而异的，只要新来的管理者认为自己的经验更可靠，就可能随时改变规则和制度。因此，传统单店经营的管理仍然是以人为中心的经验管理。个人的经验可能带来企业的发展，也可能给企业带来致命的打击，因而其管理是不稳定和不连贯的。

3）从组织形式上看，网络化的连锁组织可以快速渗透市场，而传统单店市场辐射范围有限

从连锁经营方式在商业领域的应用来看，其组织形式是由一个总部和众多门店构成的企业联合体。被纳入连锁经营体系的商店如同被一条锁链相互连接在一起，所以称为“连锁商店”。连锁经营联合化、网络化的组织形式兼有大企业和小店铺两方面的优势：一方面，连锁商店整体作为一家大企业，有规模经营的各种优势；另一方面，由于各门店实行分散经营，深入到居民区与消费者中间，又具有小店铺的渗透优势。这种网络组织一旦成熟，便天生具有一种扩张效应，表现在两个方面：一是它能广泛吸引合作者。由于连锁企业具有统一的企业形象、良好的企业商誉、广泛的销售网点以及巨大的销售数量，所以能广泛地吸引供应商、中间商和投资者，并积聚大量资本，迅速扩张。二是随着规模不断扩大，其内部会产生一种组织学习优势。连锁企业可以把自己各门店中最成功的经验在整个连锁体系中推广，可以以丰富的开店经验不断地开出新的门店，这比一家第一次开店的企业要节约时间、精力。通过复制成功的经验模式，连锁企业可以实现快速扩张。例如，位居"世界500强"第一的连锁巨头沃尔玛已经在全球开设了1万多家门店，其扩张的步伐至今仍未减缓，仍然在不断扩张。

传统单店虽然也会有一定程度的联合，但主要是局部的合作，如工商联营、引厂进店或多方合作开发技术项目、产品及市场。这种联合往往是短期的，难以形成竞争优势，而且无论单店本身的面积有多大，其辐射范围总是有限的。

4）从管理手段上看，连锁经营可以借助现代信息技术进行精细化管理，传统单店经营大都依靠人工操作进行粗放式管理

现代化管理手段是连锁企业在运营、决策方面速度和效率的保证，尤其是信息技术的应用更是提高企业管理水平的关键。在早期信息技术比较落后的条件下，连锁经营的效益、规模都受到制约。进入信息化时代以来，计算机及网络技术为连锁经营插上了翅膀，把连锁经营带进了一个全新的发展时期。计算机用于连锁企业始于20世纪70年代，但发展速度很快，现在计算机及网络技术在连锁企业中发挥的作用越来越大，从选择供应商、订货、储存、配送、补货到会计记录、统计汇总、制作各种报表，几乎全部工作都已经实现了电子化。信息技术为连锁企业成功实施精细化管理提供了保证，可以这样说，连锁企业为了使庞大而又分散的网络组织协调一致、有效运转，必须借助现代信息技术；而现代信息技术的应用又为连锁企业整合资源、获取规模效益提供了必要的条件。大型连锁企业如果没有信息管理系统，连运转都很困难，更不用谈精细化管理和规模效益了。

传统单店由于受到信息技术成本的制约，很少投资采用先进的信息技术，即使采用也很难达到令人满意的效果。因此，大多数单店仍沿用传统人工操作，实施粗放式管理，这导致其管理不能深入，管理水平难以提高。

从上面的分析可知，连锁经营与传统单店经营有着显著区别。下面将两者的优劣以列表形式进行分析，见表1-1。

表1-1　**连锁经营与传统单店经营优劣比较**

	连锁经营	传统单店经营
优势	1.资源整合，获取规模效益； 2.形象、商品和服务统一，易于维持消费者忠诚； 3.网络化组织带来迅速扩张； 4.利用现代管理技术，实现精细化管理； 5.制度化规范管理，消除人为因素的影响	1.自主性强，主动性高，能调动管理者的积极性； 2.具有较高的灵活性，能随时根据消费者需求变化调整经营策略； 3.管理层级少，沟通容易，能迅速做出决策； 4.特色经营，能弥补市场空缺
劣势	1.门店独立性有限，缺乏灵活性，难以完全满足当地消费市场的特殊需要； 2.门店无法单独核算，盈利水平难以体现，影响了员工的积极性； 3.容易出现总部与门店沟通不畅和决策延误现象	1.辐射有限，难以获得规模效益； 2.无法采用现代管理技术，仍是人工操作的粗放式管理； 3.以经验管理为主，容易受个人因素的影响； 4.规模小，难以吸引消费者和合作者

小思考 1-1 为什么在连锁企业大行其道的今天，传统单店经营仍然有存在的空间？

1.2 连锁经营的类型

连锁经营最初是以单一所有权形式即直营连锁形式出现的，随着长期的发展实践，逐渐形成了三种形式并存的局面，即直营连锁、特许连锁和自由连锁。以下逐一分析三种连锁经营形式的特点和优势。

1.2.1 直营连锁

直营连锁（regular chain，RC）又叫正规连锁，是连锁经营的基本形态。这是连锁企业总部通过独资、控股或兼并等途径开设门店、发展壮大自身实力和规模的一种连锁形式。连锁企业辖下所有门店在总部的直接领导下统一经营，总部对各门店实施人、财、物及商流、物流、信息流、资金流等方面的统一管理。

直营连锁具有以下特点：

1）同一资本开设门店

这是直营连锁与特许连锁和自由连锁最大的区别。直营连锁各门店之间是以资本为主要联结纽带的，资本必须属于同一个所有者，归一个企业、一个联合组织或一个人，由同一个投资主体投资开办门店，各门店不具有独立的法人资格。

2）经营管理高度集中统一

连锁总部对各门店拥有全部所有权、经营权、监督权，实施人、财、物与商流、物流、信息流、资金流等方面的集中统一管理，门店的业务必须按总部指令行事。因此，直营连锁企业必须建立合理的分工体制，即总部必须设置分工明确、专业精细的内部管理机构，建立各门店的层级管理制度、各类责任制度、分配制度和规范的门店管理制度，以连接总部与各职能部门和门店的统一运作。

3）统一的核算制度

在人事关系上，直营连锁各门店的店长是连锁企业的雇员而不是所有者，不是老板，所有门店的店长均由总部委派，工资、奖金由总部确定。店长无权决定门店的利润分配，因为整个连锁企业实行统一的核算制度，各门店的工资、奖金由总部依据连锁企业制定的标准来决定。

采取直营连锁方式经营的好处是显而易见的，总部高度集权的管理模式可以统一调度资金，统一经营战略，统一管理人事，统一开发和利用企业的整体资源，对外可以以雄厚的整体实力同金融机构、生产厂家打交道，可以充分规划企业的发展规模和速度，在新产品开发与推广、信息管理现代化方面也能发挥整体优势。但直营连锁也有难以克服的缺陷，由于直营连锁以单一资本向市场辐射，各门店由总部投资逐一兴建，因而易受资金、人力、时间等方面的影响，发展规模和速度有限。此外，各门店自主权小，利益关系不紧密，其主动性、积极性、创造性难以发挥出来。

1.2.2　特许连锁

特许连锁（franchise chain，FC）又称合同连锁、加盟连锁、契约连锁。这是总部与加盟店之间依靠契约结合起来的一种形式，风靡世界的肯德基、麦当劳、7-11都是特许连锁组织的典型代表。

目前，世界各国对特许连锁的定义表述不完全一样。我国2007年颁布了《商业特许经营管理条例》，将特许经营定义为“指拥有注册商标、企业标志、专利、专有技术等经营资源的企业（称特许人），以合同形式将其拥有的经营资源许可其他经营者（称被特许人）使用，被特许人按照合同约定在统一的经营模式下开展经营，并向特许人支付特许经营费用的经营活动”。

一个特许连锁系统必须具有如下特征：

1）特许连锁经营的核心是特许权的转让

特许权的转让方是连锁总部，或称加盟总部、特许总部，接受方是加盟店。总部转让的特许权一般包括商标、专利、商业秘密、技术秘密、经营诀窍等无形资产，如果总部没有形成这些无形资产，就不会出现特许经营模式。这些无形资产属于知识产权范畴，所以，特许经营的核心实际上是知识产权的转让。它推出的是一个活生生的样板店，如肯德基、麦当劳等，人们很容易就看到这一经营模式所带来的效益，于是，人们很容易接受这样的无形资产转让。

2）总部与加盟店之间的关系是通过签订特许合约而形成的纵向关系

特许连锁经营的加盟店与加盟总部之间的关系是以特许合约为纽带的，特许合约是总部与加盟店之间签订的合作协议。根据协议，总部称为特许权所有方（franchiser）或特许人，加盟店称为特许权使用方（franchisee）或受许人。这个协议具有法律效力，它将加盟总部与加盟店紧紧地连在一起。正是因为特许经营是通过总部与加盟店签订一对一的特许合约而形成的，因而总部与加盟店之间的关系是纵向关系，而各加盟店之间不存在横向联系。

3）特许连锁经营的所有权是分散的，但经营权高度集中，对外要形成一致形象

在特许连锁系统中，加盟店对自己的店铺拥有所有权，经营权则高度集中于总部。加盟店是独立法人、资产的所有者，店主对自己的经营成败负责。当店主认为加盟连锁组织比独自经营更有利时，就会对市场上现有的特许连锁组织进行调查、比较，最后决定向哪家特许连锁组织提出加盟申请。尽管特许经营的所有权是分散的，但表面上与直营连锁相似，对外形成同一资本经营的形象，使公众把加盟店看做加盟总部业务的有机组成部分。例如，麦当劳快餐店在全世界有上万家分店，它们的标记、商标、布局、风格都一模一样，如同一个模子刻出来的。这里面既有直营连锁门店，也有特许连锁门店，除了总部知道它们之间的区别外，消费者是无法分辨两者的。

4）加盟总部提供特许权许可和经营指导，加盟店为此要支付一定的费用

一旦加盟总部和加盟店签订特许合约，就意味着总部许可加盟店使用总部特有的商标、店名和字号，使用总部开发的生产、加工、销售、服务及其他经营方面的技术，总部在合约有效期内应持续提供各种指导和帮助。这种后续服务的目的在于帮助加盟店了

解、吸收和复制特殊技术，并在开业之后尽快走上正轨，获得收益。加盟店在取得这些权利时要付出一定的成本，即要向总部交纳一定的费用。一般情况下，加盟店在签订特许合约时，要一次性交纳一笔加盟金，各特许连锁组织的加盟金视自身情况而定。对于总部提供的指导、服务以及统一开展的广告宣传，加盟店则要按合约规定每月向总部交纳特许权使用费和广告费等。

特许连锁经营在国外萌芽较早，已有一百多年的历史，但直到20世纪80年代，特许连锁经营才如脱缰之马，飞速发展起来。现在，特许连锁已经渗透到商业、服务业的各个领域。特许连锁之所以能如此飞速地发展，是因为它具有其他连锁形式无法比拟的优越性。如前所述，直营连锁是以单一资本向市场辐射的，易受资金、时间、人力的限制。而特许连锁是以特许权向市场辐射的，对加盟总部而言，企业无须投入大量资金和人力，可以借助他人的力量，将已成熟的规范化管理方式和独具特色的经营技术以及名牌化的商标通过特许方式占领市场，是一种安全而迅速地扩大知名度、拓展市场的经营方式；对于加盟店而言，业主无须拥有专业的技术和经验，只要支付一定的加盟费就可以直接照搬他人的成功经验和管理技术，并得到加盟总部的长期指导和服务，“借他人之梯，登自己发展之楼”，从而省去了探索时间，降低了投资风险。因此，特许连锁经营对双方都有吸引力，成为目前国际上最为流行的连锁经营方式。特许连锁经营的优势与劣势将在第7章详细介绍，这里不再赘述。

案例1-2　首旅如家推出“智能+社交”模式酒店

随着经济发展到一定阶段，消费需求升级，酒店提供的单纯“住”的功能已经无法满足消费者的需要。与此同时，随着微信、小红书等软件的兴起，社交电商的发展势头越来越猛，对线下旅游行业的渗透也越来越明显。对主题酒店来说，社交是其天然属性，因此在打造主题酒店时，如何运用社交元素显得尤为重要。基于多元化社交的理念，首旅如家推出中端品牌——YUNIK HOTEL，将科技、活动与宾客联系起来，在酒店场景中打造充满魅力的“社交场”。

（1）黑科技装备成为标配。AI服务员、VR眼镜和平板电脑都是YUNIK HOTEL客房的标配，客人可以通过语音操控电灯、电视、窗帘等房间设施。VR眼镜包含了上万部电影及游戏，给客人提供沉浸式娱乐体验；而平板电脑不仅可以操控房间硬件设备，还是智能娱乐终端，可以聊天、购物、玩游戏。

（2）公共区域是智能社交娱乐区。相对于传统酒店大堂来说，YUNIK HOTEL的大堂可以说是颠覆性的。YUNIK HOTEL的公共区域是一个智能社交娱乐区，配置了VR单车、迷你练歌房、娃娃机、陀螺椅、潮品展示区、电竞PK区、懒人布袋沙发等。此外，它也是一个全天候的休息区，客人可以在这里看书、小憩，或是享受磨呗空间提供的精品餐食。

据了解，YUNIK HOTEL的智能产品不仅具有娱乐性，还具有一定的交互功能。客人使用客房平板电脑公开发布的留言、创建的群组、预约的活动，都会被同步至其他客房的智能终端和公共区域的电视屏幕上。YUNIK HOTEL把不同时间、不同房间甚至不同门店的客人串联起来，形成跨越时间、空间的社交集合，而客人之间可通过这些移动端的互动产生交集。不仅如此，YUNIK HOTEL还有一群热爱生活的工作人员——H.O.（即Happy Organizer）。他们会组局玩游戏，也会不定期组织社交晚会、沙龙、电音party等活动。通过这样的互动和交流，YUNIK HOTEL很容易把客人、活动和智能硬件三者灵活结合起来，把酒店变成社交化的生态空间。

在过去一年，首旅如家积极构建"如旅随行"生态圈，以住宿为核心，将吃、住、行、游、购、娱、共享办公等板块的资源链接起来，打造"如旅随行"顾客价值生态圈，实现顾客价值的互通、互生、互动。YUNIK HOTEL正是在"如旅随行"生态圈下应运而生的新模式产品。

问题：首旅如家为什么要推出"智能+社交"模式酒店？

资料来源　新电商研习社（公众号），2018-05-15. https：//mp.weixin.qq.com/s/bo71obgKqdOwL-zHrTy873w.

1.2.3　自由连锁

自由连锁（voluntary chain，VC）又称自愿连锁，其原意是自发性连锁或任意性连锁。自由连锁是企业之间为了共同利益结合而成的事业合作体，各成员店均为独立法人，具有较高的自主权，只在部分业务范围内合作经营，以达到共享规模效益的目的。

自由连锁主要有两种形式：第一种是以几家中小企业联合为龙头，开办自由连锁的总店，然后吸收其他中小企业加盟，建立统一物资配送中心，所需资金可以通过在分店中集资解决；第二种是由某个批发企业发起，与一些具有长期稳定交易关系的零售企业在自愿原则下，结成连锁集团，批发企业作为总部承担配送中心和服务指导功能。无论哪一种形式，自由连锁都具有以下特征：

1）成员店拥有独立的所有权、经营权和核算权

一家自由连锁组织往往拥有众多分散的成员店，这些成员店一般是中小型的、独立的，门店的资产归门店经营者所有。各门店不仅独立核算、自负盈亏、人事安排自主，而且在经营品种、经营方式、经营策略上也有很大的自主权。各门店每年要上交一定的费用给总部，以分享合作带来的规模效应。自由连锁组织创立初期，各成员店可以使用各自的店名、商标；当自由连锁发展到合股建立一家能为成员店提供服务的商业机构时，使用不同店名、商标的成员店将转换成使用统一店名商标的连锁店。

2）总部与成员店之间的关系是协商与服务的关系

自由连锁总部与成员店之间不存在经营权的买卖关系，而是靠合同和商业信誉建立一种互助互利关系，以达到规模经营的目的。连锁总部则应遵循共同利益原则，统一组织进货，协调各方面关系，制定发展战略，搜集信息并及时反馈给各成员店。美国自由连锁商店总部的职能大致可以归纳为12项：（1）组织大规模销售计划；（2）共同进货；（3）联合开展广告宣传等促销活动；（4）业务指导，包括商店内部装修、商品陈列等；（5）组织物流；（6）教育培训；（7）信息反馈；（8）资金融通；（9）开发店铺；（10）财务管理咨询；（11）劳保福利；（12）帮助进行劳务管理。由此可见，各成员店向总部上交的加盟费又以另一种方式返还给各成员店。

3）维系自由连锁经营的经济纽带是协商确定的合同

总部与成员店是以合同为纽带联结在一起的，合同是各成员店之间通过民主协商确定的，而不是特许连锁那样的定式合同。合同的约束力比较弱，一般以合同规定的加盟时间一年为单位，加盟店可以随意退出自由连锁组织，在自由连锁的合同中也并未规定随时退出的惩罚措施。

自由连锁形成的原因是众多中小企业在与一些规模庞大、实力雄厚的大型连锁企业的竞争中，由于势单力薄，竞争力不断下降，占有的市场份额日益萎缩，为了摆脱困境，若干企业共同投资设立机构，负责共同进货，开展共同促销和广告宣传等活动，以降低成本、提高利润。可见，自由连锁主要是中小商业企业为了维护自己的利益，联合起来，通过组织连锁，获得规模效益，以便与大型商业企业抗衡、争夺市场份额。

自由连锁的优势在于，其门店独立性强、自主权大、利益直接，有利于调动积极性和创造性；连锁系统集中管理指导，有利于提高门店的经营水平；统一进货、统一促销，有利于各门店降低成本，享受规模效益的好处。因此，自由连锁具有较强的灵活性、转换性和良好的发展潜力，它既具有连锁经营的规模优势，又能保持独立小商店的某些经营特色。自由连锁的劣势在于，其联结纽带不紧，凝聚力相对较弱；各门店的独立性强，总部集中统一运作的作用受到限制，因而组织不够稳定，发展规模和地域有一定的局限性；过于注重民主而缺少适当的集中，致使决策迟缓，相对来说竞争力受到影响。

为了更好地认识三种连锁经营形式，下面列出它们的比较表，见表1-2。

表1-2 **三种连锁经营形式的比较表**

连锁经营形式	直营连锁	自由连锁	特许连锁
决策	总部做出	参考总部旨意，分店有较大自主权	以总部为主，加盟店为辅
所有权	总部所有	成员店所有	加盟店所有
经营权	非独立	独立	非独立
分店经理	总部任命	成员店店主	加盟店店主
商品来源	总部统一进货	大部分经由总公司，部分自己进货	总部统一进货
价格管制	总部规定	自由	原则上总部规定
促销	总部统一实施	自由加入	总部统一实施
总部与分店关系	完全一体	任意共同体	契约关系
分店建议对总部的影响	小	大	小
分店上交总部的指导费	无	5%以下	5%以上
合同约束力	总部规定	微弱	强硬
合同规定加盟时间	—	多为1年	多为5年以上
外观形象	完全一样	基本一样	完全一样

小思考1-2　为什么国内直营连锁和特许连锁都大行其道，自由连锁却发展缓慢？

1.3 连锁经营的起源与发展

1.3.1 连锁经营的产生

作为第三次商业重大变革标志的连锁商店，从其产生到今天已有100多年的历史了。1859年，世界公认的第一家直营连锁商店——“大西洋和太平洋茶叶公司”在美国纽约市建立了两家茶叶店，目的是集中直接购买、减少中间环节、分散销售。这种经营方式十分有效，到1865年，这家公司的连锁分店发展到25家，1880年达到100家，1936年已经扩张到5 000多家。精明的商人们很快被这种成功的经验所吸引，进入20世纪之前，类似的连锁商店已经在珠宝、家具、药品、鞋帽等众多行业中出现。

连锁经营产生后，很快就传入欧洲。1862年，英国第一家连锁商店股份企业——“无酵母面包公司”在伦敦宣告成立；法国兰斯经济企业联合会于1866年创办了法国第一个连锁集团。连锁经营在亚洲国家的出现相对较晚，第二次世界大战前夕，连锁经营进入日本，并于20世纪60年代日本“经济起飞”期间迅速发展起来。人们熟悉的日本三越、高岛屋、大荣、大丸、伊势丹等著名百货公司都是通过连锁经营迅速成长起来的。

连锁经营的产生一方面是为了满足生产和消费的需要，另一方面也是商业激烈竞争的结果。一些大商店为了扩大规模，赢得竞争优势，千方百计扩大连锁网络，形成了一定程度的垄断性商业组织，而这些连锁组织的成长反过来又促进了商业集中的加剧。美国中小企业管理局进行的统计和研究结果表明，美国零售业集中程度的提高正是由于零售业中大力发展连锁商店所致，如著名的梅西百货连锁集团、沃尔玛连锁集团，都是通过在世界各地开设众多连锁店而形成了今天这样巨大的跨国连锁系统。这种垄断性商业组织的出现加剧了市场竞争，也催生了新的连锁经营形式产生。

自由连锁组织的产生源于欧美。19世纪末到20世纪初，在全国性直营连锁店的冲击下，不甘遭受灭顶之灾的中小商店为了与大型商店分庭抗礼，在市场上争得一席之地，纷纷采取自由连锁方式，通过共同进货来降低进货成本，以期赢得价格上的优势。第一家自由连锁组织出现于1887年，当时美国由130家食品零售商共同投资兴办了一家联合批发公司，为出资的成员企业服务，实行联购分销、统一管理，各成员企业仍保持各自的独立性。其后自由连锁不断发展，到1955年，美国自由连锁的销售额终于超过了直营连锁，成为第二类商业连锁形式。20世纪六七十年代是自由连锁发展的鼎盛时期，自由连锁在欧美各国保持优势地位的同时，在日本等亚洲国家也得到迅猛发展。日本从20世纪60年代开始推行零售业连锁化政策，并有组织地对自由连锁进行培育、强化。到1982年，日本自由连锁商店的店铺数达5.08万家，占全日本零售店铺总数的3.1%；营业额8万亿日元，占全社会零售总额的9%；其发展速度远远高于同期直营连锁。

特许连锁组织源于美国，首创者是美国胜家缝纫机公司（以下简称胜家）。1865年，胜家为推出新产品——缝纫机，率先尝试以特许经营方式建立分销网络，结果成功地打开了零售市场，人们初步看到了特许经营的魅力。但直到20世纪初，随着可口可乐、百事可乐以及众多汽车厂商采用这一方式扩展销售网络，这种经营模式才得到迅速发展。一直到麦当劳和肯德基取得巨大成功，特许经营才成为20世纪70年代以来发展最快的连锁形式，其发展速度开始超越直营连锁和自由连锁，并迅速在世界各地蔓延。

1.3.2 国外连锁经营发展趋势

连锁经营从20世纪80年代开始进入现代连锁时代，并从零售、餐饮等行业迅速渗透到多个服务行业，同时出现了国际化趋势。随着信息技术的发展和普遍应用，连锁商店得到了空前发展，由过去十几家、上百家门店的连锁，拓展为几百家、上千家，甚至上万家门店的连锁。连续多年一直名列“世界500强”第一的沃尔玛目前拥有1万多家门店，而麦当劳在全世界已开设了3万多家快餐店。时至今日，连锁经营已经成为发达国家商业最重要的经营形式。

进入21世纪以来，连锁经营的发展呈现出以下特点：

1）连锁企业发展势头稳健

从全球范围来看，尽管近几年西方发达国家受到经济危机的影响，消费有所下降，但连锁企业发展态势依然稳健，不少著名连锁企业纷纷宣布了未来几年的开店计划。表1-3是近几年一些进入“世界500强”的著名连锁企业的销售额，不少连锁企业的销售额在6年间都有一定程度增长，但随着连锁业竞争加剧，商业模式不断创新，也有一些因循守旧的企业无法跟上形势的变化，出现了负增长。

表1-3 2012—2017年国外著名连锁企业销售额 单位：亿美元

年份 连锁企业	2012	2013	2014	2015	2016	2017
沃尔玛	4 469.50	4 691.62	4 762.94	4 856.51	4 821.30	4 858.73
家乐福	1 217.34	1 059.96	1 017.90	1 012.38	874.74	871.12
乐购	1 038.39	1 044.25	1 032.78	1 015.80	876.33	743.93
麦德龙	927.46	857.68	863.47	855.05	712.66	648.53
塔吉特	698.65	733.01	725.96	745.20	737.85	694.95
家得宝	703.95	747.54	788.12	831.76	885.19	945.95
麦当劳	270.06	275.67	281.05	274.41	254.13	246.22
克罗格	903.74	967.51	983.75	1 084.65	1 098.30	1 153.37
永旺	659.89	693.23	642.40	652.73	677.58	757.72
百思买	511.16	450.87	452.25	419.03	397.45	394.03
好市多	889.15	991.37	1051.56	1 126.40	1 161.99	1 187.19
欧尚	616.98	603.12	638.25	709.08	601.58	588.62
梅西百货	264.05	276.86	279.31	281.05	270.79	257.78
西尔斯	415.67	398.54	361.88	311.98	251.46	221.38

资料来源 财富中文网. 2012—2017财富世界500强排行榜［EB/OL］.［2018-05-10］. http://www.fortunechina.com/fortune500/node_65.htm.

2）连锁经营国际化趋势不断加强

随着科技的发展、信息的迅捷传递，国家之间的经济往来更加密切，连锁经营在全球经济一体化的潮流中进入了国际化时代。不少发达国家的连锁企业凭借其雄厚的资金实力和成熟的技术，纷纷进军海外市场，这使得目前连锁经营的一个最明显的趋势就是国际化。全世界最大的10家连锁企业都在世界各地拥有众多门店，形成了巨大的跨国连锁系统。沃尔玛的业务遍及28个国家和地区，包括美国、墨西哥、巴西、阿根廷、波多黎各、英国、加拿大、中国、尼加拉瓜、日本、洪都拉斯、危地马拉、萨尔瓦多、哥斯达黎加等。而麦当劳的国际化步伐更大，其餐厅遍布全世界6大洲121个国家和地区。如今，在许多国家和地区的大街小巷，随处可见麦当劳、肯德基、7-11、星巴克等著名连锁企业的标志。可以预见，随着全球经济一体化进程的加快，在今后，连锁经营国际化将成为一股不可阻挡的潮流。

3）连锁经营行业日益多样化

21世纪以来，连锁经营从原先主要集中于零售业和饮食业转而向新型行业进军，其范围进一步渗透到多个服务行业，包括旅馆业、不动产业、租赁业、健身美容业、家庭清洁、休闲旅游业、商业服务业、家具油漆维修、室内装修、教育培训等。有一个比较形象的说法是“连锁经营无禁区”，这充分反映了连锁经营在各个行业发展的广泛性，几乎是包罗万象。连锁经营在各个行业中正显示出越来越成熟和强大的生命力。

4）连锁经营出现多渠道融合的发展趋势

随着网络时代的来临，消费者的购物行为发生了很大的变化，越来越多的消费者借助互联网获取信息并决定购买行为。连锁企业也逐渐适应这一新的变化，开始涉足多种渠道经营，除了实体门店外，还包括网络购物、电话中心、社交网站、微信、微博等，不断开发个性化营销策略和新型顾客体验模式，以期赢得更大的市场空间。世界连锁经营普遍出现多渠道融合的发展趋势，不同业务类型的连锁经营也出现跨界交叉融合，行业边界逐渐模糊。线上线下的渠道融合使实体店不再是购物的终点，而是愈发成为一个范围更大的、互联性更强的顾客体验的一部分。

1.3.3　中国连锁经营发展概况

早在20世纪80年代中期，以特许经营方式风靡世界的麦当劳、肯德基相继在中国落户，它们在给中国带来快餐新概念的同时，也带来了连锁经营的新理念。国内学者对它们进行了研究和介绍，连锁经营的概念也开始被国内企业界人士所接受。

中国真正意义上的本土连锁企业是与超级市场一起成长起来的。20世纪90年代以来，中国零售业发生了根本性变化，开始出现真正意义上的现代零售组织。1990年年底，东莞虎门镇出现了国内第一家连锁超市——美佳超市，它于1991年迅速开了10多家分店。连锁超市这种开架自选的售货方式、较低的价格、面向居民区的选址以及完全统一的形象，对零售业产生了极大的影响，步其后尘者甚众。从此，连锁企业开始在国内迅速蔓延。

从1993年开始，连锁经营从超市、快餐店开始向其他业态渗透。在这一时期，中国品牌专卖连锁店的发展如火如荼。不到一年，中国几个大城市的主要商业街，如广州的北京路、北京的王府井大街、上海的南京路周边迅速被各种品牌专卖店所充斥，大大改换了容颜。为了快速发展，专卖店最早在国内成功地尝试了特许连锁经营。此外，一些服务行业，如冲印店、干洗店、房地产中介所等也开始尝试连锁经营。

1995—1996年是中国零售业发生巨变的时期，也是中国连锁业发生巨变的时期，世界顶级连锁“巨人”们在中国开始了“圈地运动”：全球第一大零售连锁集团沃尔玛于1996年进入深圳，全球第二大零售连锁集团家乐福于1995年进入北京，全球第三大零售连锁集团麦德龙于1996年进入上海，世界第一家仓储式商店万客隆于1996年进入广州。这些重量级的竞争对手给中国连锁企业带来了巨大的冲击和压力，迫使中国连锁企业不得不重新思考出路，为生存而斗争。

在激烈的竞争中，国内本土连锁企业迅速成长起来。1999年，上海联华超市的销售额终于超过上海第一百货公司，名列中国零售企业榜首。这标志着中国以传统单店为主导的商业组织形式已成功转型为以连锁经营为主导的商业组织形式，中国商业开始真正步入现代化行列。

中国市场巨大，连锁经营发展并不均衡，在一、二线城市日趋饱和且竞争加剧的背景下，占中国消费者人口60%～70%的三、四线城市和广大农村地区成了各大连锁企业竞相争夺的新战场。不少企业一方面加快实体店扩张步伐，纷纷在三、四线城市接连开店；另一方面也将触角深入互联网，涉足网络业务，由此带来了新一轮的连锁变革。在持续的变革中，中国连锁业获得了令人瞩目的发展。表1-4是2017年中国连锁企业前10强的销售额和门店数，它从一个侧面反映了国内连锁业的发展水平。

表1-4　　2017年中国连锁企业前10强的销售额和门店数

排序	企业名称	2017年销售额（亿元）	2017年门店数（个）
1	苏宁易购集团股份有限公司	2 433.4300	3 799
2	国美零售控股有限公司	1 536.9108	1 604
3	华润万家有限公司	1 036.4573	3162
4	康成投资（中国）有限公司（大润发）	954.0000	383
5	沃尔玛（中国）投资有限公司	802.7818	441
6	永辉超市股份有限公司	653.9986	806
7	重庆商社（集团）有限公司	582.8076	322
8	联华超市股份有限公司	564.5987	3451
9	中石化易捷销售有限公司	519.5000	25 775
10	家乐福（中国）管理咨询服务有限公司	497.9594	321

资料来源　中国连锁经营协会. 2017年中国连锁百强出炉［EB/OL］.［2018-05-10］. http://www.ccfa.org.cn/portal/cn/view.jsp?lt=1&id=434605.

目前，中国连锁经营发展出现了如下趋势：一是压力增大，连锁企业加快转型。随着市场竞争加剧，经济持续低迷，经营压力增大，近几年，国内连锁企业销售额增幅逐渐放缓，经营效率不断下降，一些企业纷纷关闭实体店。2014年，连锁企业百强榜中近1/4的企业关店数超过新开店数，连锁企业纷纷探索转型之路，开始步入调整期。二是渠道融合，线上线下一体发展。连锁企业开展网络营销和多渠道建设的步伐进一步加快，不少企业积极向线上拓展业务，以获得渠道拓展，打造跨渠道消费体验，为消费者提供更多样和更有价值的服务。线上线下相结合的交易模式盛行，移动端受到广泛的重视和应用，社交营销逐渐普及，移动销售占网上销售的比例迅速上升。三是不少连锁企业纷纷尝试新技术的运用。一些最新的智能技术，如脸部识别、传感器融合、大数据分析、VR技术、智能机器人、无人机等，迅速被运用于企业经营管理中，以提升运营效率，增强顾客体验。四是品牌群化，市场定位更加精准。不少连锁企业开发出多个连锁品牌，向目标顾客提供更加精准的服务内容和消费体验。如华润万家集团旗下拥有华润万家超市、Ole’精品超市、blt精品超市、苏果超市、VanGO便利店、欢乐颂购物中心等多个品牌。如家酒店集团拥有如家快捷、和颐酒店和莫泰酒店三大品牌。这种多品牌集合式经营，使得大型连锁集团在市场竞争中游刃有余，市场份额大大提升。五是跨界经营，行业界限日趋模糊。跨界经营带来的商机比比皆是，书店集购物、休闲、聚会、买书、看书为一体；流行美饰品店将发饰销售和发型设计合二为一；顺丰正在积极探索物流业务和便利店业务的最佳结合方式；星巴克早已将咖啡和网络融合一起，如今又推出艺术主题咖啡馆，不仅卖出了更贵的咖啡，而且挖掘出了喝咖啡人群深层次的商务社交需求。跨界经营一方面为连锁企业带来了更大的发展空间，另一方面也在重塑市场竞争新格局。

案例1-3 金逸影视的“影院+”战略

作为国内民营影投公司中的佼佼者，广州金逸影视传媒股份有限公司（以下简称金逸）多年来一直稳步发展，并于2017年9月正式在A股市场挂牌上市。截至2017年年末，金逸旗下共拥有341家已开业影院，经营区域横跨北京、上海、广州等50余个城市。

随着中国主流电影族群需求的变迁，中国影院正迎来功能升级，从原来单一的观影服务门店转型为线下消费者的流量入口。如何满足不同社群的细分需求，是目前院线亟待解决的课题。在这种背景下，金逸于两年前开启了院线品牌重塑计划，深耕年轻人群体，力图摆脱过去“千人一面”的院线品牌印象，全新设计了官方slogan——“在逸起，更精彩”，于2018年正式启用。

在影院建设上，金逸也进入了新一轮扩张期，发力布局高端院线品牌市场，针对主流电影族群观影需求的变迁，量身打造与之相匹配的高端影院品牌，凭借高品质和差异化的战略，精准锁定核心消费人群。近年来，金逸建成并投入运营了一批极具风格化的标志性主题影院，在杭州、苏州等地成立点播影院，并发力巨幕战略，在苏州金逸影视中心坐拥一块获颁吉尼斯世界纪录认可的全球最大的永久性35毫米电影银幕。2018年，金逸与杜比实验室也展开战略合作，计划在未来4年内开设20个杜比影院，在未来3年内在中国部署630套杜比数字影院系统。

此外，金逸成立了一个名为“商业零售中心”的部门，专门负责“影院+”业务的拓展工作。一方面重点发展影院的配套零售业务，致力于用零售反哺电影，有望在票房“天花板”到来前，为公司业绩打开全新的增长空间；另一方面尝试做大金逸影视中心。金逸加强了对制片、发行等业务的投入力度，近两年已先后成立了电影发行、投资和广告制作子公司，有望打通电影全产业链，向上下游进一步延伸。同时，金逸也在重塑自身的会员体系，为来到影院的不同社群用户提供精准服务。

无论是布局影院建设，还是做影片投资，金逸都目光长远，看重的并非眼前的短期利益，而是如何将公司打造成全产业链、多元化影视传媒集团，与合作伙伴实现携手共赢，共同助力中国电影产业的大发展和新腾飞。

问题：金逸大力推动的“影院+”战略主要包括哪些方面？

资料来源　艺恩网（公众号），2018-05-08. http：//www.entgroup.cn/news/Exclusive/0845767.shtml.

未来几年是中国连锁业转型发展的关键时期，各行业连锁企业将经受多方面的挑战。连锁企业普遍认识到，必须以提升顾客价值、改善消费者体验为出发点，通过多渠道的融合，以商品管理、供应链管理及渠道无缝对接为重点，立足于核心能力带来的竞争优势，真正实现从规模向效率转变，从外延向内涵转变，才能在未来的竞争中脱颖而出。

小思考1-3　连锁经营目前的发展呈现出哪些特征？

■ 本章小结

连锁经营是连锁商店所采取的一种经营方式和管理制度，它是指由同一经营总部领导下的若干分支企业或门店构成的联合体为实现规模效益所进行的统一的商业经营活动。连锁经营的内涵是高度统一，体现在四个方面：企业识别系统统一，商品和服务统一，经营管理统一，经营理念统一。连锁经营的特征表现为简单化、标准化和专业化。连锁经营在经营方式、管理方式、组织形式和管理手段上与传统单店经营有本质的区别。连锁经营可以分为直营连锁、自由连锁和特许连锁三种形式，这三种形式各有其特点和适用范围。连锁经营从产生到今天已有100多年的历史，仍然焕发出旺盛的生命力，中国连锁业20多年的高速发展便是对连锁经营这一经营方式所拥有的巨大生命力的最好诠释。

■ 主要概念和观念

连锁经营　直营连锁　自由连锁　特许连锁

■ 基本训练

□ 知识题

1.连锁经营的内涵是什么？如何看待连锁经营从低级化向高级化发展？

2.连锁经营与传统单店经营有什么不同？

3.连锁经营的特点是什么？为什么连锁经营要实行标准化管理？

4.直营连锁、自由连锁和特许连锁之间有什么区别？

5.连锁经营为什么会在国内外迅速发展？

6.近30年来国外连锁经营发展的特点是什么？

7.中国连锁经营发展出现了什么样的新特征？

□ 技能题

试根据一家便利店的业务，尝试为其形象、产品和服务水准制定一套标准化守则。

□ 能力题

1.案例分析

苏宁易购线下门店的创新与发展

在中国连锁经营协会公布的“2017中国连锁企业百强榜”中，苏宁易购以2 433亿元销售额稳居第一，在销售额和门店数上分别比上一年增长了29.2%和10.9%。这个奇迹究竟是如何发生的？

随着消费升级持续加速，越来越多的消费者愿意为个性化、高品质的生活方式买单。作为零售业变革的标兵，苏宁易购一直在寻求线上线下的突破。如何在传统门店的优势基础上拥抱互联网转型？苏宁人做出这样的回答：在互联网时代，零售商要做商品经营和消费者的数据营销，这就要与顾客进行交互的“界面”。苏宁人认为，电脑是界面，手机是界面，门店也是界面，只是角色不同而已。

基于这一理念，苏宁易购门店改变了过去“利润中心”的角色，变成“实现整体营销的手段、环节”。为此，苏宁易购进行了一系列创新，如以便利店、无人货架、自动售卖机的组合为消费者提供便利的商品购买及多样化的增值服务；针对三、四级市场，在进一步完善苏宁易购直营店网络的基础上，打造“零售云”平台，开放输出苏宁易购在供应链、仓储、金融、IT等方面的核心能力，赋能中小零售商，推进苏宁易购“零售云”加盟店开设。

我们重点介绍一下苏宁易购的新物种——苏宁极物。

2018年3月23日，全国首家苏宁极物在南京新街口开业，开业当天超过6 000人次进店。有苏宁易购这样一个强大背景，苏宁极物本身就自带流量。苏宁极物倡导“致敬美好生活”的生活理念，门店共有两层，占地面积400平方米。在场景设计上，门店以原木色为主，水泥与木纹相结合，黄色灯光营造出温暖而又文艺的情调。

这家苏宁极物集多种业务型态于一体，包括网红奶茶、咖啡、美学生活、原创设计师、创意空间等。苏宁极物以买手制为核心，产品甄选自苏宁庞大的优质供应链，专业买手团队通过研究商品、分析用户喜好，最终精选出与消费者匹配的高性价比商品，在一定程度上避免了产品的同质化，为消费者提供一种“泛娱乐”的体验方式。

苏宁极物在商品上打破了原有的分类边界，将百货、家居、3C、母婴、生鲜、生活电器等多个品类中的新奇特产品进行整体呈现。店内不仅有明星时尚单品系列、中国原创设计师系列、国际大奖设计产品系列、网红有故事款，还有苏宁极物定制系列。苏宁极物店内融合了许多新潮高科技产品，比如内置于24小时超市的智能机械臂，顾客可以体验无人支付、颜值机、新人红包、订单红包、砍神券等，还能外带一杯无人咖啡。据悉，苏宁极物2018年将开20家店，主要布局在一、二线城市的核心商圈，未来3年内将扩展至300家店。

让零售多样化，针对不同的消费场景确定不同的店面业态模式，是苏宁易购线下门店的发展思路。2017年，苏宁易购利用互联网技术推动线下门店的业态变革，形成了以“一大、两小、多专”为核心的智慧零售业态族群，推动了苏宁智慧零售发展。“一大”即苏宁易购广场；“两小”即苏宁小店、苏宁易购县镇店；“多专”即苏宁易购云店、苏鲜生、红孩子、苏宁体育、苏宁影城、苏宁极物、苏宁易购汽车超市。2017年12月，苏宁易购公布了自己的“大开发”战略，计划未来3年新开15 000家互联网门店，2020年门店数量将达到20 000家左右。

问题：苏宁易购线下门店转型的思路是什么？苏宁极物这种混业经营体的创新优势和风险何在？

资料来源 赢商网（公众号），2018-05-08. https://mp.weixin.qq.com/s/6s283a0z7bLzFKE-bXe5G_w.

2.网上调研

（1）试从互联网上调查国内连锁业发展出现的新动态。

（2）试从互联网上调查国外10家著名连锁企业最近1年的销售额和门店数。

第1章即测即评

第2章 连锁经营前提：认识消费者

学习目标

知识目标

- 了解消费者购买行为的特点及影响其购买的主要因素；
- 掌握消费者购买决策的类型、主要阶段及营销策略；
- 了解顾客价值、顾客满意度及顾客忠诚的具体含义；
- 了解连锁企业提升顾客忠诚的具体策略。

技能目标

- 学会制订企业市场调研计划及相应的调研指标；
- 掌握各类消费者调研活动的具体操作方法；
- 掌握消费者市场调研报告的主要内容，并会撰写调研报告。

能力目标

- 熟悉消费者市场调研的主要步骤，能组织和控制一次具体的调研活动；
- 能发现一家连锁企业在影响消费者购买行为的企业因素方面存在的不足并提出相关建议。

2.1 消费者购买行为分析

任何一家连锁企业要取得成功，首要的任务便是研究其目标顾客的购买行为特点。连锁企业面对的主要是消费者市场，即为了个人消费而购买物品或服务的个人和家庭所构成的市场。由于消费者市场的复杂多样性，研究消费者购买行为特点及购买决策过程，对于连锁企业开展有效的经营活动至关重要。

2.1.1 消费者购买行为的特点

消费者购买行为是指消费者为满足自身需求所表现出来的一系列与购买商品和劳务相关的行为。消费者购买行为具有如下特点：

1）消费者购买的非营利性及利益一致性

消费者购买产品的目的不是转卖，而是获得某种使用价值，所以消费者的购买是最终购买，是为了满足自身生活消费的需要，因而是非营利性的。同时，在消费者市场上，购买的受益者和购买的执行者可能会不一致，但利益是一致的，所以连锁企业可以从培养受益者的利益偏好方面开始影响执行者。例如，家长买礼物给孩子，购买的实际执行者是父母，但受益者是孩子，如果企业的营销活动能够打动孩子，最后也可能会促成父母购买。

2）消费者购买的情感性及伸缩性

消费品的种类千差万别，消费者对所购买的商品大多缺乏专门的甚至是必需的知识，对商品的质量、性能、使用、维修、保管、价格乃至市场行情都不太了解。尤其是对某些技术密集、操作复杂的产品，消费者通常不能从客观的角度，即不能用理性的性能指标来评价不同品牌产品间的差异。因此，在多数情况下，消费者的购买决策在很大程度上取决于个人情感，他们根据个人的喜好做出判断。消费者购买大多属于非专家购买、感性购买，受企业广告宣传和推销活动的影响较大。正因为感性购买特点比较突出，消费者购买行为具有易变性和伸缩性。许多消费者追求商品的品种、款式不断翻新，对某个新品种、新款式的共同偏好会形成一股消费风潮，而一旦某种消费风潮过去，消费行为马上发生改变，消费者又开始追逐新的风潮。同一种商品在不同时期的消费需求具有较大的弹性和伸缩性，这就要求连锁企业不断研究消费者的购买行为，调整自己的服务策略。

3）消费者购买的重复性及替代性

消费者购买的商品中有相当一部分属于生活必需品，如食品和日用品等。消费者对这些商品的消费有一定的周期性，当消费者购买的一批生活必需品消耗完以后，他会进行重复购买，以满足自己的重复需要。但是，在每次的购买过程中，同一类商品种类繁多，不同品牌甚至不同品种之间往往可以互相替代，如“立白”洗衣粉和“汰渍”洗衣粉可以相互替代。由于消费品的替代性和消费者的购买能力相对有限，消费者对满足哪些需要以及选择哪些品牌来满足需要必然要慎重地决策且经常变换，这导致了购买力在不同产品、品牌的企业之间流动。

4）消费者购买的季节性及群体性

消费者对许多商品的需求都具有季节性，这使其购买某些商品的行为也具有季节性特点。这种季节性特点主要由三个因素引起：一是季节性气候变化引起消费者对某些商品的季节性消费，如不同季节的服装消费不同，因而百货商店会根据不同时令来调整商品结构，以满足消费者的季节性需求；二是季节性生产引起的季节性消费，如消费者对水果的季节性消费十分明显，原因在于不同季节的水果产量不同，从而导致价格变化并引起消费需求的变化；三是风俗习惯和传统节日引起的季节性消费，如端午节吃粽子、中秋节吃月饼等。此外，消费者的购买习惯也常常表现出群体性特点，即不同性别、不同年龄、不同职业的消费者在消费需求上有较大的差异，而同类消费者的购买行为则具有较高的一致性。这为连锁企业进行市场细分、找准目标市场奠定了基础。

2.1.2　影响消费者购买行为的因素

消费者生活在纷繁复杂的社会中，购买行为受诸多因素的影响，要准确把握消费者购买行为，连锁企业必须分析影响消费者购买行为的有关因素。影响消费者购买行为的因素可分为外在因素、内在因素和企业因素。图2-1为影响消费者购买行为的各种因素的分类。

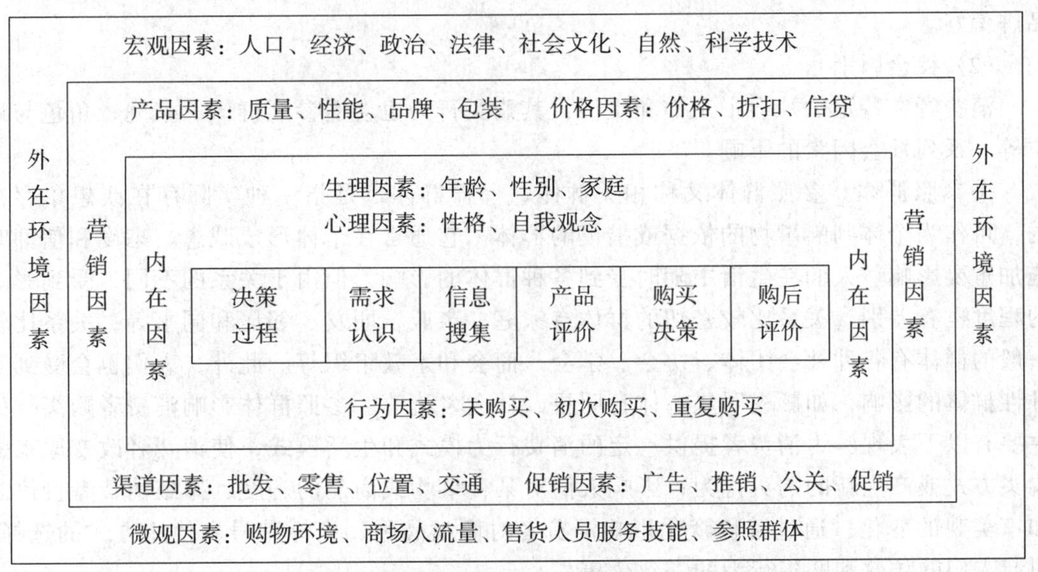

图2-1　影响消费者购买行为的各种因素的分类

资料来源　钱旭潮．市场营销管理：需求的创造和传递［M］．北京：机械工业出版社，2005.

1）外在因素

（1）文化因素

文化、亚文化和社会阶层等因素对消费者的购买行为具有广泛而深远的影响。

①文化。文化是人们在社会实践中逐渐形成的。它包括人们的价值观念、伦理道德、风俗习惯、宗教信仰、语言文字等。各个国家由于受历史、地理、民族以及生活方式等方面的影响，都有各自独特的文化。每个人都生活在一定的文化氛围中，消费者之

间通过认同、模仿、感染、追随、从众等方式，形成了共有的生活方式、消费习俗、消费观念、态度倾向、偏好、禁忌等，这些都影响到他们的购买行为。如在中国的传统文化里，老年人受到尊重，逢年过节大量老年人适用的保健品被年轻人买去赠送给长辈，而如果仅考查老年人的收入水平，这些保健品的市场恐怕不会很大。

②亚文化。所谓亚文化，是指存在于一个较大的社会群体中的一些较小的社会群体所具有的特色文化，这种特色表现为语言、信念、价值观、风俗习惯的不同。亚文化是文化的细分和组成部分，通常一个国家或社会内部并不是整齐划一的，其中若干社会成员因民族、职业、地域、年龄等方面具有某些共同的特性，组成相应的社会群体或团体。同属一个群体或团体的社会成员往往具有共同的价值观念、生活习俗和态度倾向，从而构成该社会群体特有的亚文化。例如，媒体上经常报道我国“80后”群体的消费特征和偏好，这是因为20世纪80年代出生的人属于我国第一批独生子女，他们所受的教育和生活方式与父辈迥然不同，因而形成了自己独特的个性与生活习惯。

③社会阶层。社会阶层是指在一个社会中具有相对同质性和持久性的群体，可依据职业、收入、受教育程度、社会地位以及居住区域等因素来综合划分。同一社会阶层的成员具有相似的价值观、兴趣、爱好和行为方式，因此，他们的消费行为也大致相似。如在服装、娱乐活动和高档商品的消费中，同一社会阶层往往显示出相似的产品偏好和品牌偏好。

（2）社会因素

消费者在特定的社会中工作和生活，其购买行为也会受参照群体、家庭、角色与地位等一系列社会因素的影响。

①参照群体。参照群体又称相关群体、榜样群体，是指一种实际存在或想象存在的，可作为个体判断事物的依据或楷模的群体。它通常在个体形成观念、态度和信仰时施加重要影响。人们在生活中随时受到各种群体的影响，但由于关系的不同，受到影响的程度也有差别。关系比较密切的群体有家庭、亲戚、朋友、邻居和同事等；关系比较一般的群体有各种社会团体、协会、学会、商会和宗教组织等。此外，人们也会受到崇拜性群体的影响，如影视明星、体育明星、社会名流等。参照群体影响消费者购买行为主要有以下表现：为消费者提供一定的消费行为模式和生活模式，使消费者改变原来的购买方式或产生新的购买行为；影响人们对某种事物或商品的态度，导致消费者价值观和审美观的变化；通过潜移默化影响消费者对商品品种、商标牌号和使用方式的选择，引起人们的仿效和购买行为的一致化等。

②家庭。家庭由彼此有血缘、婚姻或抚养关系的人群组成。它对消费者的购买行为影响最大，据统计，大约80%的购买决策与购买行为是由家庭控制和实施的。家庭不仅对其成员的消费观念、生活方式、消费习惯有重要影响，而且直接制约消费支出的投向、购买决策的制定与实施。一个人一生中一般会经历两个家庭：一是父母的家庭，也就是与生俱来的家庭。每个人的价值观、审美观、爱好和习惯大多是在父母的影响下形成的，家庭成员会对消费者产生种种有倾向性的影响，这种影响可能伴其一生。二是自己的家庭，也就是个人的衍生家庭。一般来说，由夫妻及子女组成的家庭是社会上最重要的“消费单位”，这一家庭中成员间的影响是最直接的，也是最大的。根据家庭成员

对商品购买的参与程度和作用的不同，购买行为可分为各自做主型、丈夫支配型、妻子支配型和共同支配型。

③角色与地位。人在一生中会隶属于不同的社会群体，如家庭、单位、协会及俱乐部等，并具有多重身份、扮演多重角色。一个人在社会群体中扮演的角色不同，意味着他承担的责任也不同，因而他对衣、食、住、行等的要求也不同，这对其消费行为会产生不同的影响。每一个角色都代表一定的社会地位，反映社会对一个人的尊敬程度或综合评价。一个人所扮演的每种角色都要顾及周围人的要求，在各种场合中有人们所期望的表现。因此，在购买商品时，消费者常常会选择代表自己身份的商品。例如，教师的职业特点决定了他在讲台上的衣着打扮必须整洁大方，而不能怪异张扬。

2）内在因素

影响消费者购买行为的内在因素主要有心理因素、经济因素、生理因素与生活方式等。

（1）心理因素

随着社会经济的发展、消费者收入水平的提高、商品的日益丰富和消费需求的多样化，心理因素对消费者购买行为的影响越来越大。心理因素主要包括动机、感觉和知觉、个性、学习，以及信念和态度等。

①动机。心理学认为，人的行为由动机引起，购买行为也不例外。动机是推动一个人实行某种行为的愿望或念头，是由人的某种需求没有得到满足而产生的紧张状态所引起的。关于动机对人们消费需求的影响，大家用得最多的是马斯洛的需求层次理论。该理论认为，人的需要从低级到高级分为生理需要、安全需要、社会需要、尊重需要和自我实现需要几个层次，只有未满足的需要才形成动机。当低层次的需要基本得到满足后，人就开始追求更高一层次的需要。

②感觉和知觉。消费者有了购买动机后，就要采取行动。至于采取什么行动，则受到认识过程的影响。感觉是指人脑通过自己的五官感觉（视觉、听觉、嗅觉、味觉、触觉）对外界刺激形成的反应。心理学家的研究结果表明，人们凭感觉接收到的外界信息中，83%来自眼睛，11%来自听觉，3.5%来自嗅觉，1.5%来自触觉，1%来自味觉。这些不同的感觉使人们在认识事物时，能够从各个方面了解其属性和特点。例如，消费者在选购商品时，用眼睛观看商品的外观，用手触摸商品的质地，用鼻子嗅闻商品的气味，用嘴品尝商品的味道。通过这些活动，消费者初步获得了对商品的感性认识，产生了诸如美观、新奇、新鲜、香甜等感觉，从而激发其购买行为。

知觉是人脑对直接作用于感觉器官的客观事物和主观状况的一种整体反应，通过知觉活动，消费者对商品信息进行加工处理，从而对商品属性的认识又加深了一步，由对个别属性的认识上升到对整体的认识。这种认识往往受过去知识、印象和经验的影响，并具有稳定的特点。

③个性。个性是指个人带有倾向性的、本质的、比较稳定的心理特征的总和，它反映了个体行为在一定时间内及在不同的情境下所表现出来的一致性。人们通过社会实践活动获得广泛的经验，有些发展为兴趣和爱好，有些转化为活动能力，有些促进了气质的形成和发展，有些沉淀为人格意志，这些方面反过来会支配人们的行为。消费者的个

性会影响其购买行为，例如，自我表现欲强的女性在选购化妆品时更喜欢新潮的、流行的商标牌号；崇尚社会地位、希望提高自己身份的女性则偏爱经典的老牌化妆品，不轻易更换自己熟悉的品牌；“依赖型”顾客比较喜欢能提出建议和比较主动的营业员；“独立型”顾客更喜欢被动型的营业员。由此可见，个性对消费者购买行为的影响是广泛而复杂的。

④学习。学习是指由于经验积累而引发的个人行为的改变。它是消费过程中不可缺少的一个环节。事实上，消费者的购买行为很大程度上是在后天学习的过程中发生改变的。内在需要引起购买某种商品的动机，这种动机可能在多次购买之后仍然重复产生，也可能在一次购买之后立即消失。而消费者购买行为的重复或消失，主要来自后天经验。

⑤信念和态度。通过行为和学习，人们获得了自己的信念和态度，而信念和态度又反过来影响人们的购买行为。所谓信念，是指人们对事物的认识及情感的倾向性。消费者对产品的信念实际上就是产品在消费者心目中的形象。消费者对产品的信念一旦建立，往往很难改变。因此，企业在创业初期或推出一种新产品时，要特别注重树立良好的企业及产品形象。所谓态度，是指人们对事物所持有的一种具有持久性和一致性的行为倾向。态度对人们的行为有决定性影响，消费者对产品好与坏的态度会直接影响其购买行为。因此，企业应当通过调查研究，了解不同消费者对商品的态度，生产与消费者既有态度相一致的产品，更好地满足消费者的需求。

（2）经济因素、生理因素与生活方式

①经济因素。经济因素指消费者可支配收入、储蓄、资产和借贷能力，是决定购买行为的首要因素。它决定能否发生购买行为以及发生何种规模的购买行为，同时决定购买商品的种类和档次。收入水平高的消费者，其购买欲望的实现能力较强；而收入水平低的消费者，其购买欲望的实现能力较弱。比如，由于购买能力的限制，我国低收入家庭一般不选择购买汽车、珠宝等奢侈品，他们主要购买基本生活必需品以维持温饱。对未来收入水平的预期也会影响消费者的购买行为，如果消费者预期未来收入没有保障或可能降低，他就可能适当紧缩现时消费，增加储蓄，以保证未来的生活水平。

②生理因素。生理因素包括年龄、性别、体征（高矮胖瘦）、健康状况和嗜好等。它决定了人们对产品款式、构造和细微功能有不同的需求。比如，年轻人偏爱时尚商品，而老年人更注重实用性和保健性；健康的人可能对旅游和玩乐有较大的兴趣，而卧病在床的人对药品的种类和功能十分敏感。

③生活方式。生活方式是一个人在生活中表现出来的活动、兴趣和看法的模式。具有不同生活方式的群体对产品和品牌有不同的需求，营销人员应设法从多个角度区分这些群体，如节俭者、奢华者、守旧者、革新者、高成就者、自我主义者、有社会意识者等，在设计产品和做广告时也应明确针对某一生活方式群体。例如，为吸引中国新兴的富裕阶层，越来越多的国际奢侈品品牌频繁到中国开展营销活动。

3）企业因素

（1）商品

零售连锁企业归根结底是为顾客提供购物的场所，任何一项经营策略的实施，无非是吸引顾客以满意的方式购买到称心如意的商品。如果离开了商品这一关键因素，即使有更优良的服务、更好的店址和购物环境、更低成本的运作模式，也是枉然。因此，商品因素是其他因素的基础，其他各因素只有围绕商品这一核心因素来展开才能发挥其应有效应。

零售连锁企业通过商品吸引顾客的方式主要有：

①商品和服务的种类更多、更具选择性，能满足一站式购物需要；

②商品和服务的品质更可靠；

③商品更新率高，更具时尚性和新颖性；

④开发出独特的自有品牌商品。

与制造业不同的是，零售连锁企业大多经营他人生产的商品，不具有商品专有性（自有品牌除外），竞争对手在大多数情况下也能购进和销售同样的商品，因此，要靠商品来吸引顾客有时是十分困难的。这就需要零售商与供应商建立良好的、稳固的关系，可以用比竞争对手更低的价格或更好的合同条款购进商品，也可以保证畅销商品的供应。零售连锁企业同供应商之间的关系，就如同零售连锁企业与顾客的关系一样，需要经过长时期的培养，而且要避免被竞争对手所破坏。

在餐饮连锁店里，吸引顾客的商品因素就是食品本身，包括食品的营养程度、鲜度、口味、分量、卫生状况及可选择性。一些老牌餐饮连锁店，如麦当劳和肯德基提供的食品虽然早已被多数人熟知并接受，但它们至今仍在不断改进食品的配方、用料及制作方法，以求更完美，并努力改变一般人认为快餐食品缺乏营养的观念。

对服务业连锁店而言，吸引顾客的商品因素是无形商品，即企业提供的核心服务，如干洗店的干洗技术，旅行社的旅游线路，酒店、旅馆的客房、用餐服务等。这些无形商品是吸引顾客前来的主要原因，连锁企业只有提供更高品质或更多选择的核心服务才可能留住顾客。

（2）价格与促销

价格与促销本是吸引顾客的两个不同因素，但由于许多商家的促销活动主要围绕价格来进行，促销活动常常演变成价格促销，因此这里将二者合并介绍。价格因素也常常被人说成价值因素，因为只有在同质量的商品上比较价格才有意义。沃尔玛的商品可能不够时尚，却让消费者对其质量放心，再加上价格撒手锏，赢得了广大消费者的信赖。世界上除了极少数最高档的百货商店或礼品店外，几乎没有不打“价格牌”的。这种情形在零售商店如此，在其他连锁商店亦如此。要使价格最低，连锁企业必须是低成本运作专家，如果经营成本高于竞争对手，企业就不能通过较低的价格来吸引顾客，迟早会被淘汰出局。

要以低价吸引顾客，连锁企业还可以考虑灵活的价格促销方式。一些连锁企业无法在成本控制上取得优势，只能靠一轮又一轮的促销，以价格时高时低来吸引顾客。事实上，连锁企业促销并非只有价格促销可供选择，促销的含义极其广泛，涵盖了企业与顾客进行沟通的一切行为。这种沟通不是为了简单地实现短期的促销目标，而是希望达到实现企业定位的长期目的。世界上没有一家企业能靠价格促销持续发展，因为一次次的价格促销如同在赌顾客的心理，不可能永无止境，而顾客最终也会选择符合自己定位的商店。

（3）服务

这里的服务是指连锁企业为促进商品销售或核心服务的销售而提供的一系列辅助性服务。顾客进入一家门店，除了希望得到称心如意的商品和核心服务外，还希望得到令人满意的相关服务，尤其是在各商店经营的商品相差无几的情况下，服务水平成了顾客选择商家的一个重要因素。服务因素是现代市场竞争中各行各业都关注的焦点，世界各地都在掀起一场“以消费者为中心”“以消费者满意为导向”的服务革命。全美畅销书《追求卓越》的作者在调查了美国最杰出的43家企业后发现：“不管这些公司是属于机械制造业、高科技工业，还是属于卖汉堡包的食品业，它们都以服务业自居。”人们已经认识到，要在21世纪消费者主导的市场竞争中生存，服务已成为赢得消费者、留住顾客的竞争优势来源。

优质的顾客服务能培养和保持顾客的忠诚度，这对连锁企业而言至关重要。美国一家咨询公司调查发现，顾客从一家企业转向与之竞争的另一家企业的原因，10人中有7人是因为服务问题，而不是商品质量或价格的缘故。纵观那些颇有建树的连锁企业，无不在服务方面有口皆碑。美国诺顿（Nordstrom）百货公司赢得了零售业服务典范的称号，并不是因为其服务标新立异，而在于其真正将顾客服务做到了无微不至的地步，于是，诺顿百货公司就建立了领先于竞争对手的服务优势。连锁企业一旦赢得了服务上的声誉，那么它就能够长久地保持顾客忠诚，因为对竞争对手来说，建立可与之相匹敌的声誉是很困难的。即使Builders Square公司就在家得宝附近开设了一家商店，而且商品的花色品种稍多、价格也略低，然而忠诚的顾客还是会继续在家得宝购物，因为他们相信家得宝提供的专业服务才是一流的。

（4）便利性

顾客对便利性的要求其实也是对服务的一种要求，要使连锁门店定位在“便利”的位置上，可以通过一些设计得以实现：在最便利的位置开设门店，要考虑顾客行走时间、交通拥堵状况、停车位的数量和便利性；有合理的布局和明确的商品信息标示，保证顾客用最少的时间找到商品；提供良好的专业服务，为不知所措的顾客提供解决方案；拥有足够的存货，缺货会浪费顾客的宝贵时间；提供快速、灵活的支付手段。

便利性的一个重要体现是门店位置。店址对于连锁企业的成功是一个关键性因素，好的位置是企业的一笔无形资产，将源源不断地带来可观的盈利，为其赢得长远的优势。对顾客而言，便利性是其选择商家购物的一个重要因素，如果购物或消费成为一个艰难跋涉的过程，即使再好的商品和服务也会令人望而生畏、踌躇不前。许多人把门店经营成功的首要因素归结为“Place，Place，Place”（选址，选址，还是选址），可见店址选择是举足轻重的。当然，位置对企业管理者而言是不可调整的因素，当位置处于劣势时，要尽量想办法通过其他方式方便顾客，如电话订购、网络购物、送货上门等。

（5）购物体验

购物体验是一个综合性因素，它涵盖了诸多方面，如服务、商店气氛、便利性、时尚性等。舒适的购物环境、别出心裁的购物体验对顾客具有较大的吸引力。不同的顾客在不同的商店中购物或消费，实际上都会获得一种整体零售体验（total retail experience），这是连锁企业提供的一系列经营要素的组合，这些要素会激发或抑制顾客的购物兴趣。

许多因素，如售货员的数量与素质、商品陈列、环境气氛、停车场车位、付款时间、安全卫生条件等都会影响顾客的购物情绪。为了吸引尽可能多的顾客前来，让顾客尽可能多逗留一段时间，并产生尽可能多的冲动性购买，管理者可谓煞费苦心、绞尽脑汁。他们要研究顾客的购物心理，了解顾客的喜好，恰当地安排商品所处的位置和空间，分析不同商品的陈列方式，甚至连通道的宽窄、颜色的搭配、灯光的明暗、音乐声的大小、气味的类型等都要考虑到，也许一个细节的疏忽就会使企业的所有努力前功尽弃。

案例2-1 单人经济催生呷哺呷哺

越来越多的人选择一个人生活。"一个人"群体中自然少不了单身未婚人士，他们享受一个人的生活。这个群体中还有很大的比例是银发及离婚一族，以及成家却离家工作的人。在消费领域，单人经济的内涵更为广泛，和家人居住在一起也可能单独消费。82.9%的中国网民有过一个人消费的经历，如一个人吃饭、一个人看电影、一个人逛街或一个人旅游等。

创立于1998年的呷哺呷哺就是顺应单人经济而兴起的小火锅模式，是吧台小火锅的鼻祖。它主打中低消费人群，让吃火锅像吃快餐一样方便，人均消费在40~60元。凭借这种快餐化模式、超值性价比以及高翻台率，呷哺呷哺以近50%的市场份额成为目前行业公认的"快火锅之王"。

近两年，呷哺呷哺一直在谋求改变。从2016年开始，呷哺呷哺推出了2.0餐厅，在门店装修方面做了较大提升，整体风格偏向年轻时尚范儿。此外，它一方面推出独立运营的中高端火锅品牌"凑凑"，以抢占中高端火锅市场；另一方面改变以北方市场为主的扩张策略，放眼全国市场。从2017年的业绩来看，其转型效果还不错。

从2016年6月首次亮相至今，凑凑的发展速度比较快。第一家门店开业半年后，它又连续新增了两家新店。2017年全年，其门店数已经增至21家，扩张速度明显加快。凑凑与呷哺呷哺是完全不同的两个品牌，它们无论是在产品定位、装修风格还是在服务方式上，都很大区别。凑凑面对的是中高端消费人群，主打的是"台式火锅+手摇茶饮"，推出的菜品多为进口肉类，人均消费在130元左右。

过去，呷哺呷哺的门店拓展一直以北方市场为主。截至2016年年底，在呷哺呷哺全国637家门店中，有80%的门店在北方地区。但从2017年的业绩来看，这个差距正在逐渐缩小。呷哺呷哺2017年业绩报告显示，在137家新增门店中，南方地区增长最快，有57家新店。同时，呷哺呷哺还在谋求新的业绩增长点，它将加快开发"呷哺小鲜"外卖业务，充分利用午晚餐高峰时段的营业时间，提升销售密度。

呷哺呷哺对未来的餐饮市场十分看好，它认为，大众餐饮的刚性需求一直存在，随着经济由投资驱动模式转向消费导向模式，一个人生活方式愈发盛行，一个人居住、一个人吃饭、一个人旅行，这些正在创造单人经济浪潮。对于当下商业社会的企业而言，这是机会也是挑战。呷哺呷哺预期国内餐饮市场将继续大幅增长。

问题：是什么支撑着呷哺呷哺近几年的持续快速增长？

资料来源 新店商研习社（公众号），2018-03-25.https：//mp.weixin.qq.com/s/_pD0ARVSWmC-wDpHH7si6Tw.

2.1.3 消费者购买决策

消费者的购买行为往往跨越多个渠道，搜索、比较、决策和购买在多个渠道完成，网络口碑和朋友推荐对消费者的影响至关重要，消费者熟练使用新技术和主动获取信息的能力比任何时候都强。连锁企业管理者在分析了影响消费者购买行为的各种因素之后，还需进一步研究消费者是如何做出购买决策的，即分析是谁做出购买决策、购买行为的类型、购买决策的具体过程等。

1） 消费者购买决策的参与者

消费者在购买活动中可能扮演不同的角色，包括：

（1）倡议者或发起者，是首先提议或先有意向购买某种商品和服务的人。

（2）影响者，是其意见或建议对最终购买决策有一定影响的人。

（3）决策者，是对部分或整个购买决策（如是否买、买什么、何处买、何时买、如何买）做出最后决定的人。

（4）购买者，是实际执行购买决策的人。

（5）使用者，是实际使用或消费产品的人。

每一个购买角色都在购买过程中发挥各自的作用，对企业的产品设计、广告宣传、营销活动都有一定的影响。连锁企业应分析、研究每一个购买角色的特点，有的放矢地采取各种促销措施。例如，从家用汽车的购买来看，丈夫可能扮演倡议者、决策者、购买者和使用者的角色，汽车企业应将大部分广告针对丈夫来宣传；妻子可能扮演影响者和使用者的角色，汽车企业也应做一些汽车特征方面的广告来取悦妻子。了解和掌握每一个购买角色所起的作用，有助于企业制订正确的经营方案。

2） 消费者购买行为类型

消费者购买不同种类的商品，其购买行为的复杂程度是不同的，如购买一支牙膏与购买一台电脑的复杂程度显然有很大差别。一般来说，商品越昂贵、同类商品不同品牌之间的差异越大，消费者越是缺乏商品知识和购买经验，感受到的购买风险就越大，购买过程就越复杂，消费者考虑得就越慎重，所涉及的参与者也就越多。根据商品品牌的差异程度和消费者的参与程度，可将消费者购买行为划分为四种类型，见表2-1。

表2-1 **消费者购买行为类型**

时间和精力 品牌	投入多	投入少
差别大	考究型购买行为	变换型购买行为
差别小	调适型购买行为	常规型购买行为

（1）考究型购买行为。这种购买行为发生在购买比较昂贵、不经常性购买且品牌差异较大的商品时。例如，消费者在购买汽车、住房等商品时会高度参与，全身心地投入。在购买这类商品时，由于消费者缺乏相关的商品知识，需要一个学习过程，消费者会广泛搜集商品的信息资料，详细了解各品牌商品之间的差异，分析比较不同品牌商品的优缺点，然后形成对某品牌商品的信念和态度，最后做出慎重的购买决策。对于这类

购买行为，企业要了解消费者获取信息资料的途径，通过多种媒介及时地向消费者传递商品信息，同时还要帮助消费者辨别各品牌间的差异、了解本企业产品的优势，以影响消费者的品牌选择，并承诺有完善的售后服务，让消费者买得称心、用得放心。

（2）调适型购买行为。这种购买行为发生在购买价格比较高、品牌差异不大的商品时。例如，消费者在购买彩电、空调等商品时也会高度参与，但因各品牌之间差异不明显，消费者往往只在价格、售后服务等方面进行比较，很快就会做出购买决策。消费者购买商品以后，在使用过程中可能会发现商品的某些缺陷，或者了解到某个品牌商品的品质更好，此时，消费者会觉得自己的这次购买不太成功，心理会产生不平衡。出现这种情况后，消费者一般会主动搜集与自己购买的商品有关的信息，试图证明自己当初的购买决策是正确的，以减轻、化解自己内心的不平衡。对于这类购买行为，企业在进行营销沟通时，不仅要及时提供商品的相关信息，还要及时提供政府相关部门、媒体及老顾客对商品的评价信息，增强消费者对商品品牌的信心，使消费者在购买商品后相信自己的购买决策是正确的。

（3）变换型购买行为。这种购买行为发生在购买价格低、品牌差异大的商品时。例如，消费者在购买方便面、饮料等商品时，可能经常变换品牌，以尝试各种不同品牌的商品。消费者变换品牌只是为了寻求口味上的变化，尝尝新鲜，而并非对原商品不满意。对于这类购买行为，企业应保证货源并做反复提醒式的广告，促使消费者形成习惯性购买行为。对于推出新产品的企业，其营销的重点是发布强调新产品特色的广告、采取低价策略以及开展各种营业推广活动，鼓励消费者选择新商品。

（4）常规型购买行为。这种购买行为发生在购买价格低、经常购买、品牌差异不大的商品时。例如，消费者在购买食盐、味精等调味品时，因商品价格低，购买时参与程度也低；又因商品品牌之间差异不大，品牌间无须多做比较，购买只是出于一种习惯，除非其他品牌的产品价格优惠，否则会重复以前的购买行为。对于这类购买行为，企业的主要任务是设法保持消费者的购买习惯。为此，可采取低价、折扣等有效的营销手段，也可在广告中突出商品的商标，给消费者留下深刻的品牌印象。

3）消费者购买决策过程

连锁企业在分析了影响消费者购买行为的各种因素之后，还需进一步研究消费者是如何做出购买决策的，即分析购买决策过程的具体步骤等。

在复杂的消费者购买行为中，消费者购买决策过程主要由引起需要、搜集信息、分析选择、决定购买和购后评价五个步骤构成，如图2-2所示。

图2-2　消费者购买决策过程

从图2-2中可以看出，消费者的购买过程早在实际购买以前就已开始，并延伸到实际购买以后，这就要求连锁企业关注消费者购买过程的各个阶段，而不是仅注意销售这一个环节。

（1）引起需要。这是消费者受到某种刺激而对客观事物产生欲望和需求的阶段。这种刺激来自两个方面：一是来自消费者内部的生理或心理缺乏状态，即内部刺激，如消费者生理上感到饥饿和口渴等，就会购买食物和饮料；二是来自外部刺激，如消费者看到亲戚、朋友购买了某一商品，或者看到一则商品推销广告，唤起了购买的欲望等。内部刺激和外部刺激共同作用的结果，可以引发消费者的某种需要，这就是引起需要阶段。连锁企业应关注引起消费者某种需要和兴趣的环境，并注意两方面的问题：一是要了解那些与本企业的产品需求相关的潜在驱动力；二是要注意消费者对某种产品的需求强度会随着时间的推移而发生变化，并且由一些诱因所触发。在此基础上，连锁企业要善于安排诱因，促使消费者对本企业产品产生强烈的需求，并产生购买行为。

（2）搜集信息。消费者的需求被唤起以后，有的不一定能立刻得到满足。这种尚未满足的需求会造成一种心理紧张感，促使消费者乐于接受想得到的商品的信息，甚至会促使消费者主动地搜集相关信息。消费者的信息来源主要有以下四种：

①个人来源，来自家庭、朋友、邻居、同事等。

②商业来源，来自广告、推销员、经销商、商品包装、展销会等。

③公共来源，来自大众传播媒介、消费者团体组织等。

④经验来源，来自购买、使用、维护产品的经验等。

由于商品种类和消费者个人特征不同，各类信息来源的影响力也不同。一般来说，商业来源通常起告知作用，个人来源和公共来源则具有评价的作用，经验来源往往能起评判商品是否有价值的作用。连锁企业应及时掌握消费者搜集信息的过程和动向，了解各类信息来源对消费者的影响力以及消费者对企业和产品的评价，并设法扩大对企业和产品有利的信息传播范围。

（3）分析选择。消费者从各种渠道获取信息资料后，将根据个人的经济实力、兴趣爱好及商品的效用，对各种可供选择的商品和品牌进行认真的比较、评价，对比它们的优缺点，淘汰不满意或不信任的商品和品牌，选择具有最高性价比和最大满意度的商品和品牌。消费者进行分析选择的一般步骤如下：一是分析商品的性能和特点，特别是与其消费需求密切相关的各种属性；二是根据自己的需求，分析各种属性的重要性，排定顺序；三是根据自己的偏好确定品牌选择方案。在这一阶段，连锁企业应了解消费者对信息资料的处理过程和评价标准，以便掌握消费者的购买意向。同时，连锁企业可帮助消费者比较、评价各品牌之间的差异，发挥必要的参谋作用。

（4）决定购买。消费者通过对商品进行反复的比较、评价，形成指向某品牌的购买意向，但从购买意向到购买决策，还会受两个因素的影响：

①其他人的态度。其他人的态度即消费者周围的人对消费者偏好的品牌所持的意见和看法。它会影响消费者的购买决策，影响的程度取决于周围的人所持态度的强度及周围的人与消费者之间关系的密切程度。一般来说，反对的态度越强烈，或周围的人与消费者的关系越密切，影响就越大，消费者改变购买意图的可能性也越大。

②意外情况。消费者的购买意图是在预期的家庭收入、预期的商品价格和预期的购买满意度等基础上形成的，如果出现了消费者失业、产品涨价及听到该产品的负面评价信息等意外情况，则消费者很可能改变购买意图。

消费者的购买意图能否转化为购买决策，还受所购商品价格的高低、购买风险的大小和消费者自信心的强弱等因素的影响。由于一些消费者没有实际消费经验，难免心存疑虑，为减少风险，常先购买少量商品试用，以证实商品是否货真价实，然后才会大量购买。此时，连锁企业要向消费者提供详尽的商品信息，以消除消费者的顾虑，促使消费者坚定地实施购买行为。

（5）购后评价。消费者购买商品以后，会根据实际使用情况和他人的评判来考虑自己的购买行为是否明智、商品的效用是否理想，从而形成购后评价。消费者购后评价一般有以下三种：

①满意的评价。消费者对所购商品感到满意，甚至感觉比预期还好。这种感受会强化消费者对所购品牌的信念，增加其重复购买的可能性，还会促使其积极向他人进行宣传。

②不满意的评价。在使用过程中，消费者对所购商品感到失望。这种感受可能会导致消费者要求退货，并对厂家产生不信任感，以后不再购买这一品牌的商品。如果所购商品不符合其愿望，或效用很差，消费者还会发泄其不满情绪，散布不良口碑，阻止他人购买。

③不安的评价。这种评价介于满意与不满意之间，往往是在使用过程中遇到一些问题时，消费者会怀疑自己的选择是否明智，设想如果改买其他品牌的商品也许会更称心，于是产生不安的感觉。这种不安的感觉可能会使消费者对该品牌做负面宣传，这种负面宣传对其他消费者的影响相当大。

连锁企业要重视消费者的购后评价，因为它不仅影响消费者的重复购买，还会影响其他消费者的购买意向。对连锁企业来说，要加强售后服务工作，建立售后回访制度，及时了解消费者的购后评价，改进企业的营销活动，提高消费者的购买满意度。

小资料2-1　消费者画像

消费者画像是连锁企业通过市场调查，或在信息管理系统中运用大数据技术对消费者行为进行多维度描述，从中找到其消费行为的规律性、关联性和有价值的信息，帮助企业准确识别消费者类型并提供相应的服务。消费者画像的方法如下：

（1）基本信息登记与身份识别。消费者画像的第一步是信息登记与识别。识别的信息越简单越好，如手机号、人脸等。如果是以手机号为唯一ID的消费者识别，要想办法让每个消费者的每种关键行为与手机号相关联。

（2）铺设数据关联通道。根据消费者画像的内容要求，先重点后次要地铺设数据关联通道。例如，超市的重点是建立手机号与品类的关联，百货店的重点是建立手机号与品牌的关联。在这个过程中，要确保数据采集通道的登记环节和支付环节准确无误。

（3）确定单维分析的颗粒度。消费者画像是由各个维度的素材组合而成的，首先要确定单个维度的画像内容要描述得多么细腻，不同维度之间的逻辑关系如何。如为购买婴儿奶粉的妈妈画像，从价格上可以分为不同的层次，购买过程需要分成几个阶段来分析。画像越细腻，成本也越高。

（4）汇总多维应用。将消费者画像的不同维度数据综合起来，可以得到一个消费者或消费者群体的基本面貌，以此作为零售商进行决策的依据。当然，这种画像需要数据的沉淀，没有全面的、长时间的信息记录是很难画准确的。

例如，阿里研究院的一份研究报告根据淘宝数据对北京母婴产品用户的画像是：购买母婴产品最理性，不易受评论影响；72%的母婴产品购买者是女性；优质用户集中，母婴产品购买单价高；拥有丰富知识的妈妈崇尚科学健康喂养；购买母婴产品毫不含糊，净水器、空气净化器、口罩等关联产品消费金额全国最高；尿不湿购买价位以150~199元、100~149元为主，奶粉购买价位以200~299元、100~199元为主。

又如，一份研究报告对上海网吧人群的画像是：我月收入1万元以下，可我还年轻，中年危机是什么鬼？我已婚，但无车无孩，自由一身轻。爱夜宵外卖，爱饮品小吃，爱甜辣。爱游戏改编，爱动漫，爱萌系。爱高端机，也爱低价快餐。爱对战，也爱直播，偶尔也煲剧购物。我是一个爱泡网吧的青年男子，我也为80%的上海网吧人群代言。

连锁企业最核心的资产是顾客。在过去很长一段时间，大量的消费者行为数据被浪费了，今天我们借助大数据技术，可以将消费者的一切活动记录下来加以利用，这对于连锁企业更加清晰有效地认知顾客、描述顾客并满足顾客需求，延伸各种业务将大有帮助，这将是连锁企业又一大核心能力。

小思考2-1　连锁企业可以在影响消费者购买行为的哪些因素中做努力来吸引消费者？

2.2 消费者市场调研

连锁经营的前提是认识消费者，即研究消费者的需求及购买行为特点，而要认识消费者的需求和购买行为特点就要进行充分的市场调研。连锁企业的市场调研是以顾客为核心，通过调研找到企业所存在的问题，然后对症下药，以达到顾客满意的目的的过程。因此，对连锁企业来说，掌握一些基本的市场调研方法是十分必要的。

2.2.1 市场调研的程序

市场调研由一系列活动组成，主要有以下程序：

1）确定调研目标

确定调研目标是开展市场营销调研工作的第一步，它必须围绕企业经营中迫切需要解决的问题来确定。因为市场营销决策过程涉及的内容十分广泛，不可能通过一次市场调研解决决策中的所有问题，因而要找出关键和迫切需要解决的问题。调研目标越具体明确，调研活动越容易展开，如一家连锁企业的调查目标是顾客对新推出的一项服务的反应。有时候企业开始时并不能精确地描述调研目标，如一家连锁企业近3个月来销售额明显下降，究竟是消费者的购物习惯发生了变化还是竞争对手推出了更吸引人的产品？是不是自身经营管理出现了问题呢？对于这类开始目标不太明确的调研，需要先做一个试探性调查，一般可以利用企业的内部资料和能够公开得到的外部资料进行分析，或者在小范围内找一些专家、业务人员、顾客进行座谈，找出问题，明确调研目标。

2）制订调研计划

调研目标确定之后，连锁企业要根据调研目标制订详细的调研计划。调研计划主要包括资料来源的确定、调研方法的确定和调研费用的确定。

（1）资料来源的确定

搜集准确详尽的调研资料是调研分析的基础，调研资料根据来源可以分为二手资料和一手资料。

与原始数据相比，二手资料的优点是资料搜集的成本低、速度快、来源多种多样。当二手资料来源于政府部门、商业机构、文献数据库等渠道时，其不仅具有可靠性，而且可能具有唯一性；但二手资料可能并不符合实际的调研目标，比如使用的统计口径不一致、时效性差等。常见的二手资料包括企业内部的二手资料和企业外部的二手资料。企业内部的二手资料包括预算、销售报表、利润表、库存记录、以往的调研报告、业绩报告等；企业外部的二手资料包括政府部门发布的各种统计数据，以及期刊、书籍、专题文章和其他不定期出版物。此外，企业还可以从渠道成员那里获得二手资料，或委托商业调研机构进行调研。

一手资料是针对当前正在研究的特定问题而采集的原始数据。它常来自现场调研，优点是针对性强，数据新鲜，来源可知可控，可靠性有保障；但一手资料的搜集成本高，搜集时间长，有些信息企业无法获得，具有一定的局限性。大部分营销调研项目都需要采集一手资料。当二手资料不能解决问题时，原始数据是唯一的选择。

（2）调研方法的确定

连锁企业在确定调研方法时，首先要确定由谁来完成这项工作。企业可以自行搜集数据，也可以委托专门的调研公司搜集数据，前者虽然成本低但效果不如后者好。其次要确定调研方法。市场调研的方法有很多种，最主要的是询问法、观察法、实验法等。每一种调研方法都有其优缺点，适合不同的调研情况，下面还将具体介绍几种调研方法的特点。在确定调研方法的过程中，需要进一步设计调查问卷和选择调研的抽样方法，是随机抽样还是非随机抽样。除了选择具体的调研方法外，还要明确调研的组织架构，如可分为资料组、实地调研组、数据分析组等。此外，还应规定具体的负责人员、完成时间及质量要求，以便调研工作有条不紊地进行。

（3）调研费用的确定

任何一个调研项目都要花费一定的人力和资金。没有充足的调研经费，难以取得可靠的调研结果；但调研经费过高，即使结果理想，也将得不偿失。因此，市场调研人员在制订调研计划时，必须仔细地估算用于市场调研的各项可能费用，编制调研费用预算表，以便估算该项调研的成本并作为考核的依据。

3）实施调研计划

实施调研计划主要是指资料的搜集过程，这一过程需要花费较多的时间和人力。实地调研工作应由既懂调研技术又有调研能力，举止稳重、擅长社交、反应敏捷、耐心细致的人来进行。如果问卷调查内容比较复杂，还必须对调研人员进行培训，主要是对调研的目的、调研方法、问卷中每一个指标的内容及调研过程中可能出现的问题进行详细介绍，以便统一认识和行动。

4）数据整理和分析

在许多情况下，市场调研人员会发现问题不是找不到资料，而是找到太多的资料，以致无法判断其有效性、适用性和真实性。此时，需要对搜集到的二手资料和一手资料进行整理和分析。首先要对采集到的资料数据进行仔细甄别，剔除错误的资料；其次是筛选掉对营销决策不重要的信息，以免信息超载而影响决策效率；最后是对有用的资料进行详细的分析。目前，越来越多的市场调研公司借助数学分析方法对问卷调查采集的数据进行定量分析，再辅之以经验分析和判断，从而提高调研结论的准确性。

5）撰写调研报告

调研报告的撰写是市场调研的最后一步。针对数据整理和分析发现的问题，提出相应的结论与建议，是营销调研的主要目的。调研报告的格式一般如下：第一部分是引言，主要阐述市场调研的目的、时间、地点、方法、对象、样本的分布及选取办法、问卷回收率及有效率等；第二部分是正文，主要涉及调研结果的描述和分析、提出的结论和建议等；第三部分是结尾，进一步阐述调研中的重要观点，对样本误差等情况进行说明；第四部分是附件，包括与调研有关但不宜放在正文中的一些资料，如设计的问卷、根据数据整理的图表、统计方法的说明等。

2.2.2 市场调研的方法

1）询问法

询问法是将拟调查的内容，以当面、电话和书面的形式向被调查者询问，以获得调查资料的调研方法。询问法的优点是：调查有深度，可以深入了解被调查者的状况、意愿和行为；灵活性强，调查者可以灵活掌握问题的次序，随时解释被调查者的疑问；准确性强，调查者可以充分解释问题并从不同角度提问，答复的误差率可以降到最低。询问法也有一些缺点：费用高昂，时间较长，调查质量容易受其他因素的干扰，而且可能带有调查者的个人偏见（如调查者无意识地向被调查者暗示某种观点）。

询问法的形式很多，根据询问内容传递的方式不同，可以分为面谈询问、邮寄询问、电话询问等具体形式，这几种形式的特点见表2-2。在询问法中，最常见的是面谈询问。面谈询问又分为个人询问和焦点小组座谈两种形式。

表2-2 询问法不同形式的特点比较

询问法的形式	特点
面谈询问	● 优点：谈话灵活，能引起被调查者的注意和兴趣，并能解释复杂的问题，能引导询问方向，能观察被调查者的反应和行为 ● 缺点：成本较高，时间较长，调查对象样本有限，不一定有代表性
邮寄询问	● 优点：调查对象比较广泛，被调查者有充分的时间考虑，可能给出更诚实的回答，调查成本低 ● 缺点：不够灵活，缺乏针对性，回收率较低
电话询问	● 优点：可迅速得到信息，灵活性高，调查者可以解释较难的问题，回答率稍高，对被调查者的控制较好 ● 缺点：时间短促，难以深入提问，易受个人偏见影响

焦点小组座谈是指邀请符合调查目的的受访者，以小组座谈会的形式，在主持人的主持下，围绕调查目的所涉及的问题进行座谈、讨论，从而获得所需信息的一种调查方法。这种方法目前十分流行，它有如下优点：比一对一的面谈更容易发现新概念、新创意，因为被访者的发言能互相激励、互相启发；搜集信息速度快且成本低。但这种方法由于参加的人数有限，若代表性不强，则误差可能比较大。随着现代通信技术的发展，许多公司开始在网上展开焦点小组座谈。要成功召开一次座谈会，主持人需要准备好提纲。提纲应该给出小组要讨论的所有主题，还要对主题的讨论顺序做合理的安排。下面以连锁西式快餐店为例拟出一个消费者座谈会提纲。

小资料2-2　座谈会提纲

1.预热话题和发言规则（10分钟）。

2.小组成员互相介绍（3~5分钟），一般从主持人开始，顺时针进行。

3.上饭馆吃饭的态度和情感测试、消费行为（15分钟）（具体问题略，下同）。

4.对快餐的态度和情感测试、消费行为（15分钟）。

5.对西餐的态度和情感测试、消费行为（20分钟）。

针对没有比萨店用餐经历的小组：

6a.测试对西餐店的态度和认知（20分钟）。

7a.对西餐店服务的期望（10分钟）。

8a.对西餐店内部装饰的期望（10分钟）。

针对有比萨店用餐经历的小组：

6b.了解在西餐店的消费行为细节和对用餐经历的评价（30分钟）。

7b.对西餐店用餐服务的评价（10分钟）。

8b.消费者对西餐店内装饰的认知和评价（10分钟）。

9.概念测试1（出示概念板1，10分钟）。

10.概念测试2（出示概念板2，10分钟）。

11.谢谢参与，结束座谈，并说明如何领取礼品或报酬。

2）观察法

观察法是指在现场，调查者凭借自己的眼睛或摄像、录音器材对被调查者进行观察、记录和分析的调研方法。这种方法通常在被调查者不知情的情况下，通过调查者或者仪器进行，结果比较客观、真实。观察法常用于调查消费者购买行为以及产品、服务、商店气氛、促销等方面。该种方法的优点是：不需要被调查者合作，能客观、准确地反映被调查者的行为；简单易行，直接性强，可以将人为的偏见降到最小；有助于发现平时被忽视的一些细微情况。其缺点是：时间长，费用高；只能观察现象，不能了解背后的原因和动机；受调查者的经验影响较大。

观察法主要有以下几种：

（1）直接观察法。它是指凭调查者的眼睛直接观察现场发生的真实情形以获取信息的一种方法。直接观察法又可分为顾客观察法和环境观察法。顾客观察法是指以局外人的方式跟踪记录顾客的行踪，以取得所需资料的一种方法；环境观察法是以普通顾客的身份对调查对象的所有环境因素进行观察，以获取所需资料的一种方法。

（2）间接观察法。它是指通过对购物现场遗留下来的实物或痕迹进行观察以了解或推断过去的消费者行为的一种方法。例如，连锁超市的管理人员经常通过观察收银机旁装满商品却被遗弃的购物车或购物篮来判断顾客对超市收银服务的看法。

（3）亲身经历法。它是指调查者亲自参与某项活动来搜集信息的一种方法。例如，商店举行大型促销活动，调查者逐一参与各项促销活动以了解其效果和实施细节。又如，一些连锁企业的管理人员为了解自己产品或服务的特点，经常去竞争店购物以了解对手的情况，并进行比较，找出自己商店的不足，做到“知己知彼，百战不殆”。

（4）行为记录法。它是指通过调查者笔录或用仪器记录被调查者的行为以搜集有关信息的一种方法。例如，国外有些连锁商店为了检查自己商店的货位布局是否理想，专门研究了一套“动线调查法”。所谓动线，就是顾客从门外进店、四处浏览、购货或走进之后兜一圈又走出去的流动路线。商店先绘制一张店内配置图，并在店内安装一种特殊的装置来扫描每一位顾客的行走路线，再连接计算机绘成动线，最后将大量顾客的动线画在一起，就可显示哪些部位是顾客经常走到的地方，哪些部位是顾客很少走到的死角；再对死角的成因进行分析，究竟是商品配置不当、通道设置不良，还是照明不佳等；最后根据分析结果加以调整，即可改变现状。

（5）神秘顾客调查法。它是目前连锁企业常用的一种调研方法，是指企业雇人扮成顾客，观察连锁店的经营活动，如现场销售状况、服务质量、商品陈列效果等。一些专业调研公司还有自己的“神秘顾客”，如美国洛杉矶的全国购物服务公司拥有1万多名“神秘顾客”。他们在商店里购物、在餐馆里就餐，但他们都有一个目的：观察和评价身边发生的事情，如商店的氛围、员工的态度和着装、交易的效率等。他们要填写一份评估表，此表经过分析之后汇总成报告呈送给委托方，用于分析问题、改进经营、提高服务质量。

采用观察法的重点是确定观察点，并设计每一个观察点的调查问题。表2-3是某专卖店采用观察法进行调查的问卷部分内容。

表2-3　**某专卖店采用观察法进行调查的问卷部分内容**

序号	监测点	是	否	说明
	一、走进专柜			
1	在监测的时段内促销员是否在岗（监测时间为30分钟）			
2	所有灯是否亮着且无破损（背板灯、店内顶灯、灯箱、家具内置灯）			
3	店内背景板、宣传海报、X展架是否无破损或污渍			
4	宣传海报是否及时更新（海报与柜内陈列的产品型号一致即可）			
5	宣传海报张贴得是否整齐、规范			
6	店内是否干净、整洁，无杂物摆放			
	二、接触促销员			
7	该促销员是否是名单上所提供的促销员（如不是，请认真填写该促销员的姓名和工号，否则视同无效问卷）			
8	该促销员是否主动问候走近柜台的顾客			
9	该促销员站姿是否规范，有无歪斜、倚靠柜台、懒散等现象			
10	该促销员是否着统一工作服且服装干净、整洁；是否端正地佩戴胸牌			
11	促销员是否主动了解顾客的购买需求（功能、外观等）			

3）实验法

实验法是调查者在可控环境下操纵某些要素进行实验，然后对实验结果进行分析的一种调研方法。它是研究问题各因素之间因果关系的一种有效方法。在实验法中，只有被研究的要素才被调整，其他要素保持不变。比如，要知道价格变化对销量的影响，只要调整商品的价格就可以了，其他因素不变。如果实验控制得好，可以提供很多高质量的专门数据；但如果存在无法控制的因素，如天气、竞争等，实验的结果就会受到影响。实验法的最大特点就是把调查对象置于自然状态下开展市场调研，其核心问题是将实验变量或因素的效果从众多因素的作用中分离出来并给予鉴定。

小资料2-3　数据让旅行变得更美好还是更危险?

现在，网络大数据的收集和分析不仅是企业研究消费者需求和行为的重要手段，也是企业核心竞争力提升的重要手段。

当今社会，人们越来越喜欢旅行了，我们可以去很多地方：海边、高山、繁华都市、宁静乡村……在旅行前，你会通过搜索攻略决定去什么地方玩；在旅行中，你可以尽情玩乐，可以通过APP订票、订酒店。所有这一切，不仅让我们旅行的足迹落在了山川大河之中，也落在了线上。线上的旅行足迹是什么？其实就是数据。

你在订票及使用各种服务时，会产生很多交易数据。网络知道你去过哪个城市，住了哪家酒店，酒店是什么价位的；当你使用APP的时候，网络知道你在哪个网页停留了多长时间，点了哪个链接。你的一举一动都会被系统追踪，很多酒店也会上传图片。你在旅行中会写些点评，甚至写些游记，其中有大量的图片、文本、视频、语音，这些都是非结构化的数据。

那么，旅行数据能告诉企业什么呢？例如，订酒店时大家关心什么？大部分人关心位置，37%左右的人关心星级，还有11%左右的人关心价格。所以，位置、星级、价格是消费者在选择酒店时会重点考虑的因素。再看一下点评，大家去淘宝购物会看点评，去住酒店也会看点评，点评也是消费者选择酒店时一个非常重要的因素。如果某家酒店的点评在4分以下，几乎就没有人会选择这家酒店了。

借助交易数据，企业知道你住过什么酒店、喜欢什么星级、接受什么价位、喜欢什么服务；也会知道不同的酒店可以提供什么样的服务、大家对它的点评如何等。企业将这两方面的数据结合起来，再借助精准算法，就可以帮助消费者方便快捷地找到他们需要的商品了。

数据和算法可以帮助人们使旅行变得更加便捷、更加美好，可是数据是一把双刃剑，如果这些数据被过度使用，拥有数据的企业不够克制，也是非常危险的事。数据应该存储在什么地方、敏感的信息该如何加密、该如何控制数据访问的权限等，是每一家企业都应该考虑的问题。

资料来源　造就（公众号），2018-05-09.https：//mp.weixin.qq.com/s/Ed2SBokpHFUi1qbHcDVp8g.

小思考2-2　连锁企业能将消费者市场调研的各种方法结合起来运用吗?

2.3 顾客满意与顾客忠诚

在消费者购买决策中，最重要的一环不是如何吸引顾客进店购买，而是购买完成后的顾客评价，即如何让消费者感到满意，并使其成为企业忠实的顾客。连锁企业的经营围绕以消费者为中心或消费者导向的理念展开，许多连锁企业都用精辟的口号宣传它们的这一理念，如“顾客至上”“顾客是上帝”“顾客永远是对的”等。以消费者为中心的经营理念要求连锁企业必须重视消费者的需要，并在合适的时间、合适的地点、以合适的方式向其提供合适的商品和服务，使顾客满意，赢得顾客忠诚。

2.3.1 顾客价值

近年来，顾客价值（customer value）作为一个新的管理理念越来越受到学界和业界的重视。虽然连锁企业面对的顾客是最终消费者，使用消费者价值似乎更贴切，但这里我们沿用学界已经成熟的概念，仍然采用“顾客价值”一词。

顾客价值是指消费者从产品或服务中所获得的利益，这种利益既可以是物质的，也可以是精神的，或者兼而有之。通常情况下，顾客总是选择能给他带来最大利益或最大满足感的产品和服务，但他获得这种利益必然要付出一定的成本，所以，顾客价值的大小实际上可以用顾客让渡价值来衡量。

1）顾客让渡价值

顾客让渡价值是一个基于顾客感知的概念。它是指顾客从购买的产品或服务中所获得的全部感知利益与为获得该产品或服务所付出的全部感知成本之间的对比（如图 2-3 所示）。如果感知利益等于感知成本，则物有所值；如果感知利益高于感知成本，则物超所值；如果感知利益低于感知成本，则物非所值。

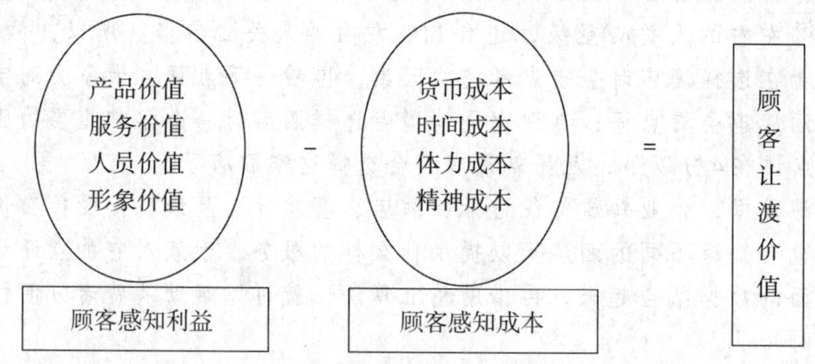

图 2-3 顾客让渡价值示意图

由于顾客是企业产品或服务的最终购买者，他们的感知对企业来说就是一切。无论产品或服务的实际情况如何，只要顾客感觉好就是好。所以，从顾客角度出发，如果顾客感觉一家企业的产品价值高，那么这家企业的产品就有竞争力。因为在每一个行业，顾客都有许多产品可以选择，一家企业要获得可持续的竞争优势，就必须向顾客提供相对于其他竞争对手来说更高的顾客价值。企业可以通过提高感知利益或降低感知成本来实现顾客价值的提高。

2）顾客整体价值

顾客感知利益包括以下几个方面：产品价值、服务价值、人员价值、形象价值，这些价值综合起来就构成了顾客整体价值。

（1）产品价值。产品价值是顾客对购买的产品的功能、质量、外观、品牌、材质等各个方面的综合评价。它带给顾客的感受是顾客购买的直接目的，是满足顾客需求的主要因素。由于时代的变化，顾客的需求也在不断变化，过去顾客关注的价值可能在几天以后就显得不那么重要了，取而代之的是另外一些因素。如在经济落后地区，服装对于消费者而言更重要的是功能、质量价值；而在经济发达地区，款式、颜色及质地成为顾客关注的焦点。因此，产品价值并不是一成不变的，它随着消费者需求的变化而变化。

（2）服务价值。服务价值是指伴随着产品实体的出售，企业向顾客提供的各种附加服务，包括产品介绍、送货、安装、调试、维修等活动所产生的价值。这种价值是为了使顾客购物方便或消除顾客购买后的顾虑而提供的。随着科学技术的发展，产品的技术含量越来越高，企业为顾客提供的附加价值越大，顾客从中获得的实际利益也就越大。

（3）人员价值。人员价值是指顾客直接从与之接触或为之服务的企业人员身上感受到的价值，其服务理念、业务水平等直接影响顾客对产品或服务的感受，因而产生顾客价值。在连锁企业市场营销中，人的因素占很大的比例。在一个影楼接受摄影服务，专家级摄影师和普通摄影师提供的服务是不一样的。同样，在医院、学校等机构，服务提供者不一样，顾客感受到的价值也不一样，因而会产生人员价值的差异。

（4）形象价值。形象价值是指企业及其品牌在社会公众中的总体形象所产生的价值，包括企业的产品品质、技术、质量、包装、商标等构成的有形形象所产生的价值。顾客在一个高档餐馆用餐和在一个快餐店用餐得到的满足是不一样的；同样，学生穿耐克运动鞋与穿普通运动鞋心里的感觉也是不一样的，尽管它们的功能是一样的。服务或产品提供者的品牌形象不同，其给顾客带来的形象价值就会有差异。

3）顾客整体成本

顾客感知成本包括以下几个方面：货币成本、时间成本、体力成本和精神成本，这些成本综合起来就构成了顾客整体成本。

（1）货币成本。货币成本就是顾客购买一种产品或服务所支付的价格。这一价格意味着他购买该产品失去了获得另一种产品的代价。货币成本一般是顾客最为关注的成本，当产品的功能、品质相同时，顾客总是倾向于购买价格低的产品，而且相对于其他成本要素而言，货币成本是最容易比较的。

（2）时间成本。时间成本是顾客在购买某一产品或服务时所花费时间的长短。便利店出现后，由于其地点方便、陈列方便、收银迅速，最吸引顾客的是能把购物时间缩到最短，从而为生活节奏很快的人们带来了许多方便。

（3）体力成本。体力成本是顾客购买某一产品或服务过程中的体力消耗。例如，购买大件商品时企业提供免费送货服务，则对顾客的体力成本是一种节约。但有些连锁企业为降低成本而拒绝送货，如麦德龙采取“现付+自运”的经营模式，希望将节省下来的成本让利给顾客，于是，顾客在获得较低的货币成本时却不得不多付出一些体力成本。

（4）精神成本。精神成本是顾客在购买和使用产品过程中的精神耗费，如学习、评价、冲突、困扰等。在假冒伪劣商品依然存在的今天，顾客之所以选择名牌商品而放弃一般商品，正是因为精神成本在起作用。对于一个顾客自己不能完全相信的品牌，顾客担心购买之后会产生一些不必要的烦恼，因而会选择一个自己信任的品牌。接受服务也是一样，如美容服务，顾客宁愿多花一些钱去口碑较佳的美容院，也不愿意去一般的美容院，因为她担心花钱之后买来的是毁容的效果。

2.3.2 顾客满意度

顾客满意度是指顾客把一种产品或服务可感知的效果（或结果）与他的期望相比较后，所形成的愉悦或失望的感觉状态。当效果低于期望时，顾客就会不满意；当效果与期望相当时，顾客就会满意；当效果高于期望时，顾客就会非常满意。

顾客期望的形成一般源自过去的购买经验、亲友的影响、销售者和竞争者的信息及许诺等。可见，如果连锁企业将自己所提供的商品或服务的效果夸大，就会提高顾客的期望，也就容易使顾客失望，导致顾客不满。

顾客满意度是一个难以精确衡量的指标。即使购买同样的产品或服务，不同顾客的期望也不一样，因而满意度也不同；而同一个顾客在不同时期和不同场所对购买的同一种产品或服务的满意度也是不同的。连锁企业经营者需要随时了解目标顾客的满意度，以便及时改变营销策略。

一般来说，企业需要根据目标顾客的需求以及自身产品或服务的特点来构建一套顾客满意度指标，该套指标往往包括多个方面。下面是一家干洗店的顾客满意度指标。

小资料2-4　干洗店顾客满意度指标

一、洗衣效果

- 没有损坏或丢失。
- 洗衣干净。
- 安全卫生的洗衣剂。
- 按时完成洗衣工作。

二、工作人员

- 态度友好礼貌。
- 外表整洁。
- 动作麻利。
- 准确提供相关信息。

三、洗衣店环境

- 清爽的店面。
- 舒适的休息椅。
- 清楚的公告和收费信息。
- 整齐的店内布置。

● 叠放有序或悬挂整齐的成品。

四、收费及附加服务

● 收费合理。

● 收送服务。

● 可用信用卡支付。

● 可做更换及修改。

● 延长营业时间。

● 对损坏或损失的赔偿。

在确定了顾客满意度指标之后，接下来就是顾客满意度跟踪调查。连锁企业可以通过以下7个方面来收集顾客方面的信息：顾客投诉、与顾客直接沟通、问卷调查、密切关注的团体、消费者组织报告、各种媒体报告、行业研究结果。其中，问卷调查是企业常用的一种方法。美国彭尼百货公司每年都在下属分店做几万份问卷调查，其指标每年相同，通过这些调查可以发现顾客满意度是提升了还是下降了，并进一步分析原因，提出改进对策。

2.3.3　顾客忠诚

1）顾客忠诚的价值

顾客满意并不一定会形成顾客忠诚。"满意"和"忠诚"是两个有所关联又有所区别的概念。顾客满意是一个基于心理感受的感性评价指标，顾客在购买产品之前，往往对产品有一个心理预期，如果达到这个预期就会觉得满意，如果超过这个预期就会感到惊喜。顾客忠诚是顾客对某一企业、某一品牌的产品或服务的认同和信赖，表现为顾客持续性、排他性的购买行为。顾客忠诚是顾客满意不断强化的结果，是顾客在理性分析基础上的肯定、认同和信赖，是企业追求的主要目标。

顾客忠诚对连锁企业有重要的意义。对大多数连锁企业而言，其大部分销售额来自少数顾客，"20%的顾客实现了企业80%的销售额"，这20%的顾客就是企业的忠诚顾客，也是关键顾客。忠诚顾客给企业带来的价值不仅带动了企业的销售，还表现在其他三个方面：基本利润、成本节约、口碑效应。忠诚顾客会主动再回来购买，从而使得企业在他们身上投入的营销和销售成本比招徕新顾客所投放的成本低得多。企业对忠诚顾客很了解，不必在交易时花太多时间；忠诚顾客的购买量也较新顾客多，且容易接受商店推出的新产品和新服务。

"花几个月才能争取一个新顾客，而在几秒钟就有可能失去一个老顾客。"研究人员在过去20多年的调查中发现，顾客背离或顾客动摇现象在服务业和零售业中颇为常见。这对连锁企业而言代价很高，因为必须开发新顾客代替失去的顾客，这种代替需要很高的成本，除了涉及运营费用外，还有广告、促销和销售成本。从其他企业获得顾客也是昂贵的计划，把竞争者的顾客转移到自己的企业与保持现有顾客相比，需要在服务上做出更大的改进。

忠诚顾客往往传播积极的口碑，可为连锁企业吸引新顾客进而提高市场份额。口头传播是顾客普遍接受和使用的信息收集手段，由于服务具有较强的不可感知性和经验性等特点，顾客在购买服务时，相关信息更多地依赖人际渠道获得。有调查表明，口碑对顾客购买决策的影响力是广告的两倍。对连锁企业经营者来说，口碑并非管理者所能操纵，企业能采取的行动就是提供使每一位顾客都非常满意的服务，使之对企业保持忠诚。

2）顾客流失的成本

与顾客忠诚相反的一个现象就是顾客流失。顾客流失是指本企业的顾客由于种种原因转而购买其他连锁企业的产品或服务的现象。由于当今市场竞争的白热化及顾客购买行为的个性化，许多企业管理者都把这种流失看成自然现象，对其视而不见。事实上，顾客流失不断损耗连锁企业的人力、财力、物力，往往是一个成功企业逐渐丧失竞争优势的先兆。顾客流失对企业造成了严重损害，对于一个希望维持顾客忠诚的连锁企业而言，顾客忠诚首先应从分析顾客流失的原因开始。

测定顾客流失率可以使用两个公式：

（1）绝对顾客流失率=流失的顾客数量÷全部顾客数量×100%

（2）相对顾客流失率=流失的顾客数量÷全部顾客数量×流失顾客的相对购买额×100%

如果一家连锁商店的顾客数量从2 000名减少到1 800名，那么流失的顾客数量为200名，绝对顾客流失率为10%。绝对顾客流失率把每位流失的顾客等同看待，相对顾客流失率则以顾客的相对购买额为权数来考虑顾客流失率。在上例中，若流失的200名顾客的单位购买额是平均数的两倍，那么相对顾客流失率为20%。

连锁企业应该估算一下顾客流失的成本。假设还是上述这家商店的情形，按照以往的数据估算，商店每流失1名普通顾客，年营业额平均就要损失1 000元，那么，当年该商店一共损失营业额20万元（200×1 000）。如果该商店的毛利率是20%，那么，该商店因流失200名顾客就要损失毛利4万元（20×20%）。在以后的年份中，该商店还会损失这么多毛利。如果流失的200名顾客中有一部分是大顾客，即单位购买额远远高于平均数，则流失的毛利会更多。

顾客流失问题应受到连锁企业的高度重视。首先，必须分析顾客流失的原因。可能有一些客观的自然原因，如顾客迁走了；也可能有企业自身的原因，如企业服务水准下降、产品质量降低、价格过高等；还可能是市场上出现了一个强有力的竞争对手，它为顾客提供了更有价值的产品或服务。其次，要分析顾客修复的可能性及费用。有些顾客流失属于自然现象，是正常流失；有些流失的顾客属于非关键顾客，修复关系的成本要大于其为商店带来的效益，因而不必进行修复。只有在流失的顾客是关键顾客且流失成本较大时，才应该采取措施尽量挽回。再次，要确定顾客流失警戒线。连锁企业可以参照同行业的平均水平，并结合自己的具体情况，设置顾客流失的警戒线。在现实中，一些企业制定了非常详细的分层流失警戒线，如重要顾客流失的警戒线和一般顾客流失的警戒线，这种做法有利于企业采取相应的措施来应对。最后，连锁企业必须采取一定的措施来制止顾客流失并尽力挽回流失的顾客，包括提高品牌价值、增加产品或服务的附加值、加强情感联系、设置顾客退出障碍等。

3）如何培养顾客忠诚

（1）建立顾客档案

要识别关键顾客或将一般顾客培养成忠诚顾客，首先必须建立顾客档案，收集、整理顾客资料。一般而言，顾客资料可以通过开展活动的方式来收集，具体方法有：

①利用开业或节庆促销时的DM（direct mail，快讯商品广告）剪角，顾客填写基本资料可兑换纪念品；

②利用抽奖活动的奖券来收集顾客资料；

③利用办理会员卡来收集顾客资料；

④利用上门去住户家拜访收集顾客资料；

⑤利用居委会的现成资料收集顾客资料；

⑥利用POS（point of sale）收银系统累积顾客购物资料。

顾客资料一般包括以下主要项目：家庭人口数，住址和通信方式，家庭成员姓名和出生年月，户主及其配偶的出生地和学历、职业、收入水平、生活态度、购物习惯、购物品牌、特殊嗜好等。资料收集是一项长期工作，不是一次可以完成的，因而必须落实责任人，由具体人员负责收集和整理顾客资料，每隔一段时间要及时更新。

（2）提供超值服务

①贵宾卡和特权。关键顾客有权申请贵宾卡，并享受一定的贵宾服务，如购物打折、新产品优先供应、更完善的个人服务、促销信息优先等。英国玛莎百货通常会在圣诞节前夜为其最重要的顾客安排一次特殊的购物活动。

②电话订购，送货上门。送货上门服务需要门店花费一定的成本，如果企业无法为全体顾客提供这项服务，可以有选择地对关键顾客实施优待，使之感受到企业的特别关怀。

③每月提供个人购物目录。国外有些连锁企业借鉴银行的做法，每月将顾客的购物目录打印出来寄给顾客，为顾客节省开支提供参考。

④奖励顾客。商店可以采用积分的方式，对于经常来店购物的顾客，在其积分达到一定标准后给予购物券奖励，有时也可以送一些小礼物给常客意外的惊喜。

⑤人性化待遇。根据顾客信息寄发生日贺卡、节庆贺卡或健康保险等，以增进双方之间的感情。贺卡最好由店长亲笔签名，及时寄到，并每年更换不同形式。

⑥提供消费信息。定期给关键顾客寄送消费信息，包括企业促销活动、新产品供应、消费常识、采购小知识等，所提供的资料要有知识性、趣味性和实用性，有时可以与DM一起发放。

案例2-2 神一样的超市Costco

2018年5月8日，开市客（中国）投资有限公司（Costco）与上海浦东康桥（集团）有限公司正式签署投资协议书，Costco将在浦东康桥设立中国区投资性总部，并和合作伙伴星河控股集团共同建立一家会员俱乐部零售旗舰店。经过两年多的洽谈，Costco首次进入中国大陆，希望通过在上海建立Costco仓储式零售门店扩展其在中国区的业务。

Costco的第一家店于1983年在美国开业，此后30多年该公司突飞猛进，一跃成为全球排名第二的零售商。其成功的原因主要有以下几点：

第一，Costco以贴近成本的低价格著称。在Costco内部，有两条硬性规定可以使高质量的产品卖得便宜：一条是所有商品的毛利率不得超过14%，一旦高于这个数字，就需要向CEO汇报，再经董事会批准。另一条是如果一家外部供应商给其他企业供货的价格比给Costco的低，那么它的商品将永远不会再出现在Costco的货架上。这两条硬性规定被严格地执行下来，造就了Costco商品的低价。

第二，随时、随地、随性退货政策。Costco的退货政策不问原因、不限时间，只要你不满意，随时可以退换。比如，有人成功退掉已经烂了的桃子、蔫掉的盆栽、吃到只剩一颗的巧克力、买了几年的衣服、用到残破的拖把。不管你的理由是什么、有没有收据、时间过去了多久，只要你的Costco会员卡里有消费记录，都可以成功退货。对于Costco来说，退货多并不是坏事，相反，它认为退货有利于产品质量的提高，因为被退了很多货的供应商肯定会感觉“压力山大”，以后会更注重产品的品质。

第三，与众不同的会员制度。要享受Costco的服务，首先要成为会员；而要成为会员，就得交一笔入会费。Costco的会费分两档：55美元/年和110美元/年。不论哪一档会员，都可以享受卖场的免费服务，如免费安装轮胎、免费视力检查和镜架调整以及免费停车。Costco承诺，顾客在交纳会费后，任何时候若对服务不满意决定退出，都将获得全额的会费返款。但Costco的会员续费率达到了惊人的90%，这就意味着客户的回头率是90%。在Costco商品高质量、低价格的驱动下，Costco会员有着超高的忠诚度，每年都为Costco贡献一笔稳定的利润。

问题：Costco是如何保持顾客忠诚的？

资料来源 零售学堂（公众号），2018-05-10.https：//mp.weixin.qq.com/s/8qQzVg_w0W31UP5rc-ZUb_Q.

（3）举办多种顾客活动

①顾客意见访问。企业可以用在各门店设置顾客意见箱、人员访问或电话访问的形式经常征询顾客意见。意见箱可长期放置，人员访问或电话访问则根据需要不定期实施。需要注意的是，企业要重视顾客提出的意见或建议，及时解决相关问题；意见箱要定时开启，长期实施，否则就不要轻易设置；向顾客征求意见的访问要有明确的主题，以便顾客有针对性地回答；对提供意见者要给予奖励，每月最好抽奖并公布姓名，以激发参与者的兴趣。顾客一旦看到自己的意见有了反馈并受到重视，会增强对该门店的关注和喜爱程度。所以说，越是挑剔的顾客，也越是忠实的顾客。

②邀请顾客参与决策或管理。事实上，一些社区型连锁门店的经营不仅是经营者的事，也是关乎整个社区的事，有些忠诚的顾客往往表现出对门店的高度兴趣，甚至将门店经营的好坏当作自己的责任，经常给门店管理者提意见。对此，门店仅设置意见箱是不够的，最好能聘请一些热心顾客成为荣誉店员，并成立顾客顾问团，参与门店的决策和管理。具体做法是：由店长定期举行咨询会议，事先将主要议题告诉与会者，征询顾客对门店各项促销活动、服务项目设置、服务水平改进的意见，每次会议前公布前一次采纳意见的实施成效，并向参与者赠送纪念品或特殊购物优惠券。

③成立顾客俱乐部，即用某种形式将分散的顾客组织起来，使连锁企业与顾客的关

系更加正式化，也更加稳固化。例如，一些书店成立了“读者俱乐部”，将偏好相同的顾客组织起来交流读书感受；一些药店成立了“健康俱乐部”，经常向顾客讲授保健知识，组织患者交流养生之道，或请著名医生讲授治病防病知识。

④参与社区公益活动。连锁企业各门店要赢得社区居民的好感，应将自己作为社区的一员，关心并积极参与社区的公益活动，如赞助当地学校、参与植树活动、热心举办各种文体活动等。麦当劳的许多门店在圣诞节前会组织当地社区开展大型娱乐活动，这些活动已获得社区居民的认可并成为当地的传统节目。肯德基进入中国后，也经常结合各地的实际情况举办各种文体活动，如“肯德基杯青少年英语邀请赛”“肯德基青少年科技百花园展览”“肯德基杯儿童漫画大赛”“肯德基杯小学生足球赛”等。这些活动的执行要点是：选择与本企业经营理念相符的项目来实施，鼓励附近门店或其他公益团体共同举办，以新闻的方式进行宣传，引发社会热点。

小思考2-3　除上述方法之外，连锁企业提升顾客忠诚度还可以采取哪些具体方法？

■ 本章小结

连锁企业面对的主要是消费者市场。影响消费者购买行为的因素可分为内在因素、外在因素和企业因素。外在因素主要有包括文化、亚文化和社会阶层在内的文化因素和包括参照群体、家庭、角色和地位在内的社会因素；内在因素主要有包括动机、感觉和知觉、个性、学习、信念和态度在内的心理因素，经济因素、生理因素和生活方式等；企业因素主要包括商品、价格与促销、服务、便利性、购物体验等。消费者购买决策过程主要由引起需要、收集信息、分析选择、决定购买和购后评价五个步骤构成。消费者购买行为可划分为四种类型：考究型购买行为、变换型购买行为、调适型购买行为、常规型购买行为。市场调研是由一系列的活动组成的，主要有以下程序：确定调研目标、制订调研计划、实施调研计划、数据整理和分析、撰写调研报告。市场调研方法主要有三种：询问法、观察法、实验法。顾客价值是指消费者从产品或服务中所获得的利益，这种利益既可以是物质的也可以是精神的，还可以兼而有之。顾客满意度是指顾客把一种产品或服务的可感知效果（或结果）与他的期望相比较后，所形成的愉悦或失望的感觉状态。顾客忠诚是顾客对某一企业、某一品牌的产品或服务的认同和信赖，表现为顾客持续性、排他性的购买行为，它是顾客满意不断强化的结果。

■ 主要概念和观念

消费者行为　购买决策　市场调研　顾客价值　顾客满意度　顾客忠诚

■ 基本训练

□ 知识题

1.消费者购买行为具有哪些特点？影响消费者购买行为的因素主要有哪些？

2.消费者购买决策由哪几个步骤组成？可以分为几种类型？

3.消费者市场调研有哪些程序？市场调研方法主要有哪些？

4.顾客价值和顾客让渡价值的含义是什么？

5.什么是顾客满意度和顾客忠诚？它们之间的区别是什么？

6.连锁企业如何才能提高顾客忠诚？

□ 技能题

1. 分析当前大学生市场消费需求的特点，并评价大学周边的一些商店针对大学生市场所开展的营销活动的有效性。

2. 试设计一家超级市场的顾客满意度调查问卷，并进行实地调查，分析该商店顾客满意情况和影响因素，提出相应对策。

3. 试拟一份关于顾客对中式快餐店产品质量态度的焦点小组座谈会提纲，详细列出座谈的内容。

□ 能力题

1. 案例分析

小米是谁？小米为什么而奋斗？

2018年5月3日，小米向港交所递交了招股书。这家创立8年的公司2017年实现了1 146亿元的收入和122亿元的经营利润，收入同比增长67.5%。这一幅度在全球收入超千亿且赢利的互联网公司中排名第一。

就在同一天，小米创始人雷军在其公众号上推出文章《小米是谁？小米为什么而奋斗?》，下面是该文章的节选内容：

具体而言，小米是一家以手机、智能硬件和IoT平台为核心的互联网公司。2010年4月小米成立时，我和我的合伙人只有一个简单的想法：做一款让我们自己喜欢、觉得够酷的智能手机。我们的使命是，始终坚持做“感动人心，价格厚道”的好产品，让全球每个人都能享受科技带来的美好生活。

“感动人心，价格厚道”这八个字是一体两面、密不可分的整体。远超用户预期的极致产品，才能做到“价格厚道”，才能真正“感动人心”。创新科技和顶尖设计是小米基因中的追求，我们的工程师们醉心于探究前人从未尝试的技术与产品，在每一处细节都反复雕琢，立志拿出的每一款产品都远超用户预期。我们相信打破陈规的勇气和精益求精的信念才是我们能一直赢得用户欣赏、拥戴的关键。

不止于技术，我们推崇大胆创新的文化。从手机工艺、屏幕和芯片等技术的前沿探索，到数年赢得的200多项全球设计大奖；从“铁人三项”商业模式，到“生态链”公司集群；从“用户参与的互联网开发模式”，到小米线上线下一体的高效新零售……创新精神在小米蓬勃发展并渗透到每个角落，推动我们不断加快探索的步伐。

优秀的公司赚的是利润，卓越的公司赢的是人心。更让我们自豪的是，我们是一家少见的拥有“粉丝文化”的高科技公司。被称为“米粉”的热情用户不但遍及全球、数量巨大，而且非常忠诚于我们的品牌，并积极参与我们产品的开发和改进。

小米创办之初，我们就有一个宏大的理想：要改变商业世界中普遍低下的效率。小米有勇气、有决心推动一场深刻的商业效率革命。2011年年初，当小米迎来第一次年会时，我向在场的全公司100多名员工和他们的家属们说，我们要做出性能、体验都最好的智能手机，只售300美元——当时主流的智能手机售价普遍在600美元以上。

伟大的公司都是把好东西越做越便宜，把所有精力都投入到做好产品中去，让用户付出的每一分钱都物有所值。

我们的很多用户说，进入小米之家或者登录小米商城，可以放心地“闭着眼睛买”，因为品质一定是最优的、价格一定都是最低的。这是对我们最大的肯定，也是我们的终极追求。

“感动人心，价格厚道”不是一句空话，这八个字是我们的价值观和精神信条。我要向所有现有和潜在用户承诺：从2018年起，小米每年整体硬件业务的综合净利率不会超过5%。如有超出部分，我们将回馈给用户。

我们始终坚信，相比追求一次性硬件销售利润，追求产品体验更有前途；相比渠道层层加价，真材实料、定价厚道终究更得人心。

我们始终坚信，我们的信念——大众消费商品应该主动控制合理的利润——将成为不可阻挡的时代潮流，任何贪恋高毛利的举措都将走向一条不归之路。

我想向您说明，我们更看重长期用户价值的维护，小米的商业价值和您的投资价值也将来源于且仅来源于用户价值的不断实现。

问题：小米为什么可以让顾客“闭着眼睛买”？

资料来源　雷军（公众号），2018-05-03.https：//mp.weixin.qq.com/s/ykGJFJnE2A30_zSDPTDcXQ.

2.网上调研

（1）试在网上做一个消费者调研活动，调查消费者对某一连锁企业的满意度。

（2）试在网上调查几个著名的连锁企业是如何提升顾客满意度的。

第2章即测即评

第3章 连锁总部战略管理

学习目标

知识目标

- 了解连锁企业几种组织形态的不同和总部与门店的基本职能；
- 掌握连锁企业四种管理模式的特点及优缺点；
- 掌握连锁企业品牌形象战略的管理内容；
- 掌握连锁企业商品战略、价格战略等营销战略的管理重点；
- 了解连锁企业信息化战略的管理内容。

技能目标

- 掌握连锁企业品牌形象诊断和策划技巧；
- 掌握连锁企业开发自有品牌的基本策略和方法；
- 掌握连锁企业商品规划和商品定价等战略的实施技巧。

能力目标

- 能正确诊断连锁企业品牌形象存在的问题并提出针对性建议；
- 能为连锁企业设计商品组合策略及定价策略。

3.1 连锁企业组织设计

连锁经营之所以在世界各地迅猛发展，就在于它赋予了企业一种完全不同于传统单店经营的组织机制，这种组织机制使企业的人、财、物、信息等各种资源能得到有效组合并充分发挥作用。可以说，正是连锁经营的组织形式成就了沃尔玛今天的辉煌，连锁企业的核心竞争力实质上来源于其组织要素的整合与协调方式，不深入研究连锁企业的组织结构，就难以准确理解连锁经营的本质特征。

不管是哪种形式的连锁企业，其基本的组织结构一般都由两大部分组成：总部和门店。总部是连锁企业的高层组织，是连锁经营的指挥领导层、经营决策层和后勤服务层；门店是连锁经营的基础，承担具体的执行功能。连锁企业必须明确总部与门店的组织结构，通过总部的标准化、专业化、集中化管理使门店的作业单纯化、高效化。设计连锁企业组织结构是一项复杂的系统工程，内容广泛，本节仅着重介绍不同规模连锁企业的组织形态、总部和门店的基本职能，以及权利划分的不同管理模式。

3.1.1 不同阶段连锁企业组织形态

1）小型连锁经营组织

小型连锁企业一般可以采用直线型组织结构（如图3-1所示）。这种组织结构适用于门店数目不多（约10～20家）、门店面积不大、经营商品较少、经营区域集中的连锁企业，主要是初创期的连锁企业。由于连锁企业在初创期规模较小，管理并不复杂，因此可以由总经理一人负责所有总部业务，各分店对总经理负责。

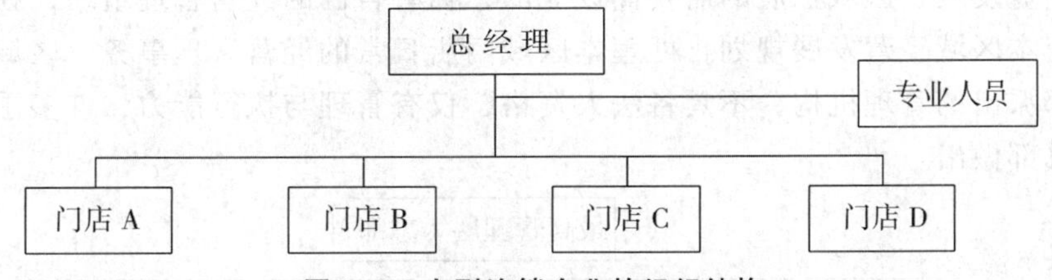

图3-1 小型连锁企业的组织结构

直线型组织结构虽然专业分工较差，但由于承担责任的总经理往往就是连锁企业的所有者，而且他精通业务，因此可以承担起小型连锁企业总部管理的任务。其决策快、控制及时、人员少、效率高。当连锁门店不断增加而导致管理事务增多时，一些专业职能可以由专业人员来承担，如财务职能由专业财务人员承担，采购职能由专业采购人员承担，但不设置专门的职能部门。

2）中型连锁经营组织

随着连锁企业的进一步发展，其规模不断扩大，商品品种不断增加，经营区域也不断扩大，直线型组织结构无法满足管理需求，就要增加相应的职能部门，此时，连锁经营组织将过渡为直线职能型组织。大体上，中型连锁企业在组织形态上一般分为两层：上层是总部管理整体事业的组织系统；下层是门店。以直营连锁超市公司为例，图3-2

是其组织结构的基本图示。

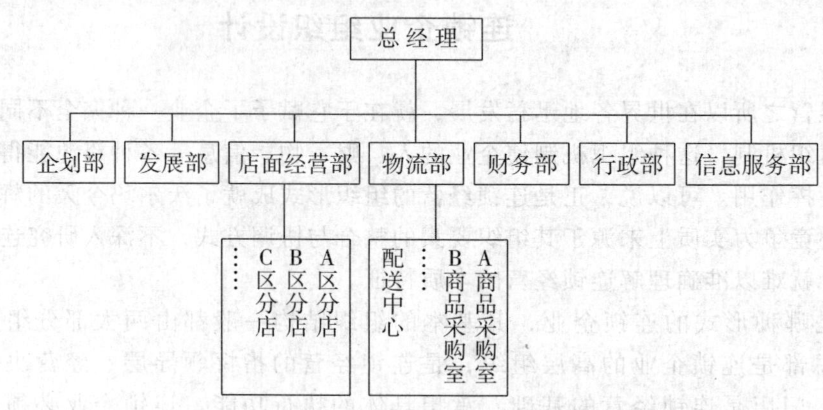

图3-2　中型连锁企业的组织结构

在该组织结构图中，部门按照职能设置，科室也基本按照职能划分，只有店面经营部按照营业区域设置分店，物流部按照商品类别设置采购室。门店根据连锁企业区域的扩大而增加设置；采购室根据经营商品类别的增加或划细而增加设置。如果该连锁企业是复合型连锁企业，即不仅有直营连锁门店，还有特许连锁门店，则职能部门还要增加一个特许经营部，专门负责特许加盟事务。

3）大型跨区域连锁经营组织

大型连锁企业的特点是门店数量较多、地域分布较广，有些连锁企业甚至跨国经营，因此宜采用三级组织机构，即总部—区域管理部—门店（如图3-3所示）。在三级组织结构中，连锁总部的部分职能转移到区域管理部的相应部门中去，总部主要承担企业政策和发展规划的制定、监督执行，协调各区域管理部统一职能活动。区域管理部是适应连锁企业发展、区域扩展的需要而设立的，拥有自己的经营管理组织，在总部指导下负责制定本区域经营发展规划，处理本区域门店日常的经营管理事务。区域管理部实际上是总部派出的管理机构，不具备法人资格，仅有管理与执行能力，许多重大问题的决策仍由总部做出。

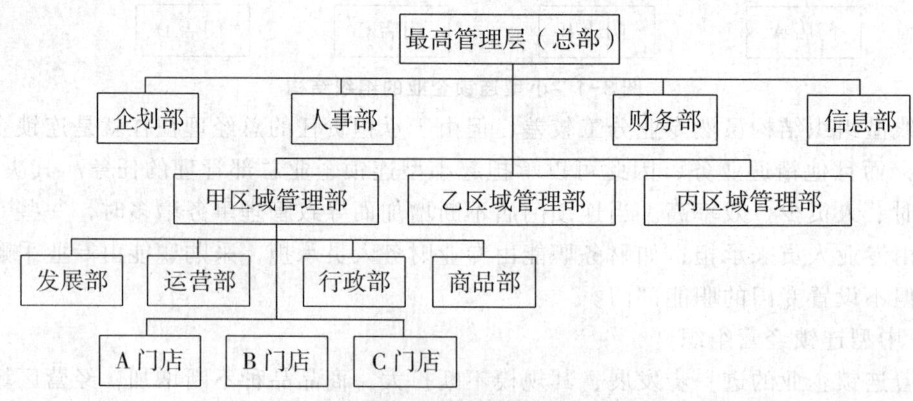

图3-3　大型跨区域连锁企业组织结构

在我国，全国性连锁企业组织结构中，最常见的区域管理部往往分为7个：华北区、华东区、东北区、西北区、西南区、华中区、华南区。至于7大区域所划归的省市，不同的企业不完全一致。

如果连锁企业的发展跨出了国界，那么其组织结构也要发生相应的变化，一般是在总部设立国际事业部，负责海外连锁企业的发展；在相应的海外发展地区设立合资或独资公司，实现法人当地化，以具体开展连锁业务。而当连锁企业进一步扩大，跨国经营逐渐成为企业主要的利润来源时，以国际事业部来管理海外连锁业务已不利于资源与优势整合，因此组织结构又会出现新的变化，国内业务和国际业务不再被严格区分开来，而是并行设立亚洲事业部、欧洲事业部、北美事业部、非洲事业部等，一视同仁地管理各大区域的连锁业务，此时的连锁企业就真正成长为国际性连锁组织了。

3.1.2 连锁总部与门店的基本职能

1）连锁总部的基本职能

连锁总部（指门店以上的管理系统，包括最高层连锁本部和各级管理总部）是企业的决策管理中心和后勤服务中心。只有建立一个健全而有力的总部，才会有门店的良好业绩，并有助于进一步完善企业自身的组织功能和服务功能。总部与门店是一体两面的命运共同体，彼此唇齿相依、密不可分。尽管门店依赖总部的程度视企业经营形态的不同而有所差异，但无论何种形态的连锁经营，其总部均要承担以下职能：

（1）经验积累职能。连锁企业运作是否成功，总部责无旁贷。在竞争激烈的市场中，门店已无法仅靠个人的经验来运作，必须依靠集体的智慧。总部担负着连锁企业长期可持续发展的重任，因而有责任积累各种成功经验，明确未来发展方向，并将不断成熟的管理技巧传输给门店管理者，以便使所有门店的管理水平达到一致。

（2）教育培训职能。连锁企业运作成功的关键是将连锁企业运作的精华传递给每一家门店的管理者和员工，也就是让门店员工系统地接受连锁企业运作的成功经验并可以很快地运用。在这里，教育培训扮演了非常重要的角色。很多连锁企业专门设立了培训机构，甚至是培训大学，其目的就是让进入企业的每一个员工都接受企业的经营理念和岗位操作技巧，成为熟练的执行者。

（3）指导职能。门店一旦开门营业，其运作问题将接踵而至，仅靠教育培训是无法应付各种问题的，总部有必要安排专业人员持续地指导门店的运作。这样做，一则可以将总部的最新经营技术和政策规划及时传递给门店；二则可以随时解决经营中出现的问题，协助门店提高运作绩效。

（4）营销职能。这里的营销是一种广义的营销，涵盖了商品采购、价格制定、整体形象的塑造、服务设计等。从战略的角度安排各种营销方案的工具和组合，从根本上提升企业的竞争力，是连锁企业总部必须长期研究的内容。

（5）展店职能。连锁企业的发展实质上就是连锁门店的扩张，尽管规模大并不一定代表企业强，但不断扩张本身便反映了企业的成功趋势，而不断萎缩则反映了企业的失败趋势。要提高开店成功率，总部就必须设计出真正属于自己的开店策略，包括全面展店计划、市场潜力分析、商圈调查与评估、开店流程制定与执行、开店投资与效益评估等，以保证连锁企业枝繁叶茂，不断发展。

（6）物流服务职能。连锁企业总部物流配送服务一般是以配送中心为核心，集中采购、统一配送，高效率地将门店销售的商品及经营所需的原料和用具送达各连锁门店，从而达到降低成本、提高门店运作效率的目的。连锁企业的规模效益很大一部分是通过总部的物流服务职能实现的。

（7）研发职能。研发职能对连锁企业总部而言是非常关键的，尤其是当企业的发展上了一个新台阶之后，或是目标市场的顾客需求发生变化之后，如何进一步提升企业管理水平、适应顾客的需要，就成了企业持续发展的重要课题。只有持续不断地进行研发，提供满足顾客需要的产品和服务，创建更有效率的运作体系，才能保持企业发展的活力。

（8）财务职能。财务职能包括连锁企业资金的筹集与有效使用。该职能发挥正常，能有效避免企业出现营运危机，甚至会因为资金的灵活调度而增加非营业方面的收入。

（9）信息职能。信息职能主要集中在顾客消费、经营环境变化、国内外行业发展趋势、新观念和新技术及企业内部信息的搜集和整合上。及时有效的信息搜集与处理，对企业制定科学的经营决策具有重要作用。

2）门店的基本职能

门店是连锁经营的基础，其主要职责是按照总部的指示和服务规范要求，承担日常销售业务。它是连锁企业总部各项政策的执行单位，用一句话来说，就是不折不扣、完整地把连锁企业总部的目标、计划和具体要求体现到日常的作业化管理中。门店的具体职能如下：

（1）店面环境管理，主要包括店面的外观管理以及气氛营造、卫生管理、经营设施管理等。

（2）人员管理，主要包括员工管理及顾客关系管理。

（3）商品管理，主要包括商品质量、商品缺货、商品陈列、商品盘点、商品损耗以及商品销售活动的实施等方面的管理。

（4）现金管理，主要包括收银管理和进货票据管理等。

（5）信息管理，主要包括门店经营信息管理、顾客投诉与建议管理、竞争者信息管理等。

门店虽然是总部政策的执行者，从理论上看似乎不需要多大的主动性和灵活性，但实际上，总部制定的任何提升竞争力的政策要得以实施，无疑需要每家门店都积极地运用这些政策，而能否成功运用总部的政策取决于门店管理者能否真正了解顾客在哪里、顾客想要什么、顾客如何消费、如何快速抓住顾客的心。过去，门店运作的管理重心在于追赶竞争对手，把竞争对手作为一个标杆来加以研究，分析对方的长处并找出自己的不足，通过模仿或创新超越竞争对手。今天，日益激烈的市场竞争对门店运作提出了更高的要求，门店必须关注顾客的需求，把顾客作为最终的靶心，运作管理的重心在于如何吸引顾客、千方百计满足顾客的需要。如果门店真正懂得了顾客需求、赢得了顾客的心，即使在某些方面做的不如竞争对手好，也能在当地市场上脱颖而出。

案例3-1 永辉超市的员工合伙制

在中国连锁经营协会公布的“2017中国连锁企业百强榜”中，永辉超市以近654亿元销售额排名第六，比上年提升了4个名次，销售额增长20.2%。这一成绩的取得，固然与永辉超市大胆尝试新零售分不开，也与其员工合伙制分不开。

在永辉超市董事长张轩松看来，如果一线员工在“当一天和尚敲一天钟”的状态下工作，他们码放果蔬的时候就会出现“往那儿一丢”“往那儿一砸”的现象，这类受到过撞击的果蔬通常几个小时后就会出现变黑的情况。如何解决这一问题呢？4年前永辉超市开始了运营机制的革命，即对一线员工实行合伙制。

员工发现，自己的收入和品类或部门、科目、柜台等的收入是挂钩的，只有自己提供更出色的服务，才能得到更好的回报，因此合伙制对于员工来说就是一种收入方面的“开源”。鉴于不少员工组和企业的协议是利润或毛利分成，那么员工还会尽量避免不必要的成本浪费。以果蔬为例，员工至少在码放时就会轻拿轻放，并注意保鲜程序。这样一来，节省的成本就是所谓的“节流”，这也就解释了在国内整个果蔬部分超过30%损耗率的情况下，永辉超市只有4%~5%损耗率的原因。

在合伙制下，企业的放权还不止这些，部门、柜台、品类等的人员招聘、解雇都是由员工组的所有成员决定的——你当然可以招聘10名员工，但是所有的收益是大家共同分享的。这也就避免了有人无事可干，也有人累得要死的情况。最终，这一切都将永辉超市的一线员工绑在了一起，大家是一个整体，而不是一个个单独的个体。员工合伙制极大地降低了企业的管理成本，员工的流失率也显著降低。

这种合伙制在永辉超市是因“店”制宜的，在一家店铺中，既可以以部门为单位，又可以以柜台、品类、科目为单位，非常灵活。为了避免短期行为，总部每个月都会对这些“项目组”进行跟进和沟通，每个季度都会进行分析和目标调整，以便得到更高效的团队和更好的成果。

永辉超市目前在全国设立了7个大区，在全国数百家门店推广此项制度。永辉超市员工合伙制的核心是增量利润的再分配，即总部与经营单位（合伙人代表）根据历史数据和销售预测制定一个业绩标准，如果实际经营业绩超过了设立的标准，增量部分的利润按照比例在总部和合伙人之间分配。2014年，永辉超市在全公司推广员工合伙制，包括门店的基层岗位。目前，永辉超市有近5成员工成为“合伙人”，这一比例还在不断扩大。

永辉超市推行员工合伙制以来，有不少基层员工从中获益。有很多员工在原来工资、奖金一分钱不少拿的情况下，每月都能多拿上千元分红，有的相当于工资在原来的基础上翻了一番。员工合伙制还解决了永辉超市一系列经营管理的瓶颈问题，永辉超市的员工离职率、商品损耗率不断下降，上货率、更新率大幅上升，商品管理效果、服务质量不断提升。

问题：永辉超市实施员工合伙制是出于什么考虑？

资料来源 地产与商业（公众号），2018-02-27. https://mp.weixin.qq.com/s/vjWlHuR-BOkM9mA2JHpJafQ.

3.1.3 连锁企业的管理模式

连锁企业的管理模式主要是指由连锁企业总部与门店之间的权利划分程度及划分方式而形成的不同管理运作方式。连锁企业要形成统一的形象和统一的管理规范，在理论上必须采取集权管理，权利一般高度集中在总部。但在现实的企业运作中，由于各市场消费需求差异较大、市场竞争激烈程度不一，以及各地政府的规定不同，企业的营运难以达到完全的统一，必须将一部分权利诸如定价权、商品和服务的选择权等在一定程度上下放给区域管理部门或门店，以适应当地市场的需要。于是，根据权力下放的多少和下放方式的不同，便出现了相对而言的集权管理模式、分权管理模式、混合管理模式和契约管理模式，并形成了不同类型的总部与门店之间的权利分配关系。

1）集权管理模式

集权管理模式是指权利高度集中在总部，总部不仅拥有分店的所有权，而且控制着经营权、人事权、行政权等各项权利，分店是总店的附属机构，完全没有决策权，只有执行权。这种管理模式一般适用于直营连锁企业，且该连锁企业所在的行业环境比较稳定，经营技术变化不大，经营品种相对较少。典型的集权管理模式多见于连锁加油站、快餐店等。

（1）集权管理模式的优点

①总部控制力较强。企业运作的各项决策均统一由总部制定，总部指挥力强，便于树立企业整体形象，能真正实现整合资源、获取规模效益的目的。

②统一营销规划，降低促销成本。连锁企业的品牌塑造以及短期促销活动均由总部统一规划、集中宣传，门店统一行动，能扩大影响力，提高促销效果，而促销成本分摊到各门店则相对较少。

③集中采购，降低采购成本。集中采购是体现连锁经营优势的关键之处，各门店的商品和用具、器械由总部统一议价、采购。由于采购量大，总部谈判时议价能力强，能获得较大的价格优惠，带来更多的利润空间。同时，集中采购能减少采购人员，从而也节省了采购成本。

④有利于资源整合，产生连带效应。总部集中管理、统一运作，不仅能大大提高资源使用效率，而且能大大提高连锁企业的品牌影响力，成为供应商新品上市、广告、营业推广的首选，因而可以使企业获得更多的支持和其他收入。

⑤作业系统与服务品质较为一致。由于门店的作业流程均由总部统一设计且高度标准化，各门店严格落实执行，没有权利修改标准和流程，因而各门店的服务水准一致、作业体系一致，可以形成完全一致的企业形象。

⑥人员招聘和培训工作容易实施。总部统一招聘和培训，可以做到花费较少但效果显著，培训出来的员工容易达到企业的要求。

（2）集权管理模式的缺点

①门店运作缺乏弹性。由于门店没有经营权，一旦市场行情发生变化，门店很难根据市场变化调整经营策略；如果遇上强劲对手，门店很可能处于被动局面。门店要做一些竞争性策略调整时需要层层上报，容易延误时机，导致机遇丧失。

②总部事务繁多，管理成本增大。门店所有的运作管理均由总部决策，这会使总部管理人员陷入繁忙的事务之中。特别是在两层的连锁机构中，最高管理者也是疲于奔命，不得不花大量时间解决门店经营的日常琐事，难以进行长远发展战略的思考。此外，随着企业规模增大，专业化分工越来越细，协调成本也不断增大，这会导致管理人员增多，总部人力成本较高。

③难以兼顾有差异的单店。各地区消费水平和消费习惯存在差异是客观事实，而集权管理的整齐划一模式使总部在整体规划时只能考虑整个连锁企业的总体情况，难以顾及个别门店的特殊情况，容易造成其经营模式在某些地方“水土不服”。

④易造成组织僵化。因总部管理事务繁杂，且几乎所有作业流程均标准化，门店事无巨细均要请示汇报，容易导致组织僵化、对外界反应迟钝、延误决策。

⑤不利于门店考核和门店人员的培养。由于门店没有任何经营权，不能对所经营的商品及价格等问题发表意见，只是决策的执行者，一旦出现亏损，很难分清是决策失误还是执行失误，易出现“踢皮球”现象，不利于调动门店员工的积极性。同时，由于门店管理者没有太大的经营压力，得不到有效的锻炼，也不利于其成长。

2）分权管理模式

分权管理模式是指总部拥有重大问题和各项经营原则的决策权，但具体的经营策略决定权大部分下放到各门店，以便门店根据实际情况进行调整，满足不同商圈消费者的需要。这种管理模式适用于外部环境变化较大且各个市场差异较大的连锁企业，也适用于产权联系不紧密的自由连锁组织。

（1）分权管理模式的优点

①总部管理重点突出。由于总部授权权限较大，许多事情由门店自行处理，门店自主权较大，从而使总部事务相对较少，可以集中精力专注于关键环节的管理，或更多地考虑企业的长远发展问题。

②总部人力成本较低。因为大部分权利都下放了，总部管理的事务大大减少，所以组织相对简单，人力配置少，人力成本降低，部门与部门之间的协调成本也大大降低。

③有利于门店管理者的培养。由于门店的所有工作以及营销策略均由门店管理者负责，管理者压力增大，易调动起管理者的积极性和主动性，有利于管理者迅速成长。

④门店适应性和应变力增强。由于各门店可以根据市场变化及时调整经营策略，组织适销对路的商品，有利于提高门店反应速度，增强门店的经营弹性及应变力。

⑤有利于门店的考核，调动门店人员的积极性。门店的权利增大了，相应的责任也增大了，经营状况如何完全由门店自行负责，因而可以极大地调动门店员工的积极性，发挥他们的经营潜力。

（2）分权管理模式的缺点

①总部控制力弱，商品和服务不统一，可能导致企业对外形象不统一，易形成各自为政的局面，不利于资源整合。

②商品进货价格较高。因门店有采购权，可自行采购进货，进货量小，议价能力有限，导致进货成本较高。

③促销成本大，促销效果差。各门店自行策划促销活动，力量分散导致效果减弱，且促销费用占营业额的比例较高。

④门店管理者培养时间长。由于分权管理对管理者的要求较高，培养成本也较高，当企业快速扩张时，管理人才的培养往往跟不上，从而严重影响连锁企业的扩张。

严格说来，即使在自由连锁企业中，也不能采取完全的分权管理模式；否则，连锁企业就不能从资源整合中获取规模效益，从而失去连锁经营的意义。这种管理模式带给企业的启发是：总部应该充分尊重门店的意见，考虑各门店的实际情况，给门店管理者一定的权利发挥其积极性。这一点在特许连锁和自由连锁中尤为重要。成功的特许连锁总部总是将门店的成功看成自己的成功，一意孤行、不顾加盟者利益的连锁总部最终会被加盟者所抛弃。

3）混合管理模式

混合管理模式是指将一部分经营权集中，由总部各职能部门负责；而另一部分经营权下放，使门店有一定的灵活性，门店在价格制定、服务策略、商品组合策略、促销策略、商品陈列等方面有一定的决策权。其目的是既实现资源整合获取规模效益，又调动门店的灵活性和积极性，提高连锁企业的应变能力。

（1）混合管理模式的优点

①门店经营有一定的灵活性，有利于调动各门店的积极性，避免制度僵化的危害。

②能在一定程度上满足当地商圈消费者的需要，更好地适应不同地区的情况。

③门店保留一定的经营权，在竞争中能掌握主动，有利于提高竞争力。

④在采购上可以同时享受规模化和差异化的好处。对于销量较大的商品和器具，统一采购有利于降低进货成本；对于销量不大且有地区偏好差异的商品，分散采购有利于适应不同市场的环境变化。

（2）混合管理模式的缺点

①如果权利划分不当，可能导致集权管理和分权管理两方面的弊病。

②不易形成统一的管理风格，其授权效果容易受管理者个人风格的影响。

可见，这种管理模式成功的关键在于总部授权，如果授权不当可能出现集权管理和分权管理两方面的弊端，而授权得当则能享受集权管理和分权管理两方面的好处，达到最佳效果。

4）契约管理模式

契约管理模式是指总店和门店之间的关系是通过合同、契约等法律形式确定的，以合同、契约的建立、延续和终止为两者间关系的建立、延续和终止的依据。其典型形式就是特许连锁经营，此外还有自由连锁经营。在特许连锁经营体系中，总部在合同中规定门店必须按其提供的经营模式（包括商品、价格、陈列、服务、制作流程等）进行经营，而门店拥有人事权、财权等一些权利。契约管理模式的特点是：契约中规定的权利完全集中于总部，而契约上没有规定的权利则完全分散到各门店。这与前三种管理模式中某一权利在一定程度上的集权和分权有本质区别。

（1）契约管理模式的优点

①因为门店的所有权归管理者所有，而不是归总部所有，管理者承担了全部的经营风险，因而能最大限度地调动门店管理者的积极性。

②能享受到连锁经营进行资源整合所带来的规模效益，从而实现单店经营不能达到的业绩。

③总部和门店的共同努力对品牌价值的提升有较大帮助。

④总部在关键的经营模式方面对门店进行指导和监督，而不需要事无巨细地对门店进行管理，可以省去相当一部分人力成本，从而将精力集中在连锁企业发展的重大问题上。

（2）契约管理模式的缺点

①由于门店管理者不由总部指定，一旦因管理者素质问题导致门店经营失败，会给整个连锁企业造成不良影响。

②门店管理者拥有一部分权利，有时可能不完全按总部规定经营，这会给统一的连锁品牌形象带来不利影响。

③若总部与门店发生矛盾和冲突，总部需要花很多时间和精力去解决，甚至要诉诸法律。当矛盾不能解决时，两者关系有破裂的危险。

④由于契约的时间性限制，双方关系可能不会长久，经营可能出现不稳定状况。

小思考3-1　契约管理模式与混合管理模式的区别是什么？

3.2 连锁企业品牌形象战略

3.2.1 品牌形象构成及价值

1）品牌形象构成

连锁企业品牌形象是指在消费者头脑中所唤起和激活的有关商店所有客观的或主观的、正确的或错误的想象、态度、意见、经验、愿望和感觉的总和，也可以简称为商店形象。品牌形象战略是指企业管理者对连锁企业品牌形象进行策划、设计及系统化，将企业的经营理念、管理特色、社会使命感、商店风格及营销策略等因素融入其中，通过整体传播手段将其传达给消费者，使消费者对品牌形象产生一致的认同感和价值观，以赢得消费者的信赖和忠诚的一种规划活动。

商店形象的特点是：第一，商店形象是一个具有多元属性的概念，包括功能性属性和情感性属性。商店形象既是客观上可以观察到的商店的功能性属性，又是主观的、只能间接地加以了解的顾客对商店的想象和评价等。第二，商店形象是一个多层次的概念，一般包括三个层次：视觉形象、行为形象与理念形象。第三，商店形象的形成是顾客和商店之间的互动过程，顾客过去的经验和判断会对其未来的行为产生影响。和顾客对商店的态度相比，商店形象的形成过程更为复杂，一旦形成就会在较长的时间内保持稳定，并持续地影响商店今后的行为。

表3-1列出了商店形象的构成要素及评价内容。

表3-1　　商店形象的构成要素及评价内容

要素	内　容
商品价格	低价格、折扣和特价、有价值的价格、公平价格或竞争价格、高价或吓人的价格
商品质量	质优（次）产品、质优（次）部门或目录、品牌产品或设计师产品、设计良好的产品、时尚产品
商品品种	选择的深度和广度、我喜欢的商品、品牌的选择、礼品
销售人员	关心的人、员工数量和能力、员工的专业知识、礼貌的和谦恭的、有效的服务
位置方便性	到家的距离、到工作地点的距离、公共交通的选择、良好的地理位置
其他便利条件	方便停车、安全保障、营业时间、与其他商店的距离近
所提供的服务	付款方式的选择、延长的信用期限、洗手间、其他服务设施
家庭服务	有效的目录、电话订货、网络订货、送货上门
促销手段	例行促销、特别事件、忠诚度计划
广告宣传	广告宣传的冲击、风格和质量，利用媒介、名人，广告的真实性
商店气氛	内外部陈设、标志和颜色、活泼的或昏昏欲睡的、令人愉快的或不愉快的、简单的或复杂的
商店陈列	通道的舒适性、拥塞的程度、电梯和升降梯、找到商品的容易程度、陈列的质量
老主顾	主要是老年人或年轻人、最时髦的或赶时髦的、高收入的或低收入的、高智商的或低智商的、大部分是单身或是夫妻或是家庭
声誉	担保或保障、退货政策、方便退换、换货政策、公正的名声
商店个性	诚挚的、令人兴奋的、能干的、世故的、粗野的
社会形象	保守的或现代的、可靠的、值得信赖的、合乎道德的、运动型的
相关联想	人、动物、政治团体、国家、文化
视觉形象	图片、场景、插曲、幻象

资料来源　麦戈德瑞克. 零售营销［M］. 裴亮，等，译. 北京：机械工业出版社，2004.

对上述各组成要素的评价构成了一个商店的基本形象。例如，下面是一个连锁商店形象，包括七个方面：

（1）市场形象：认真考虑消费者的问题，对顾客的服务很周到，善于进行广告宣传，竞争力强。

（2）外观形象：有令人愉快的设计，传统文化浓厚，形象标识鲜明突出。

（3）商品形象：商品时尚，质地优良，有丰富的选择，价格适中，对新产品开发很热心。

（4）经营者形象：很优秀，有魅力，对事业非常投入。

（5）企业风气形象：具有健康清新的形象、良好的风气，员工和蔼可亲、有礼貌。

（6）企业个性：积极进取，富有现代感，是中产家庭喜欢消费的场所。

（7）综合形象：是一流的企业，经营规范，值得信赖。

上面的表述并没有将所有商店形象构成要素都列出来，但足以说明衡量商店形象至少与多个不同要素相关，如商品、服务、顾客、气氛、便利性、视觉、促销、陈列、宣传、声誉等。需要强调的是，各要素的重要性在不同市场、行业、竞争态势以及细分客户群之间是不同的，因为不同地区会被不同的细分顾客群所主导，他们不可避免地抱有不同的态度、需要和偏好，他们也许对某些要素没有多少感觉，但对另一些要素特别重视，这是他们区分不同商店的重要方法。对商店管理者来说，要根据当地的情况突出消费者敏感的要素，以形成鲜明的商店形象。

2）品牌形象的价值

连锁企业的品牌形象有强势和弱势之分。强势品牌形象是指大多数消费者对商店形象的看法是趋于一致的，连锁品牌在消费者头脑中具有鲜明的形象特征，足以影响其购买行为；弱势品牌形象是指众多消费者对商店形象的看法不太一致，连锁品牌在消费者头脑中印象模糊，没有突出的特色。麦当劳就是一个强势品牌，其形象在世界各地的消费者头脑中基本一致，即全世界的麦当劳都较好地体现了总部设计的“品质、服务、清洁、价值”的经营理念。

一个强势品牌形象具有如下价值：

首先，具有强势品牌形象的连锁企业可以向顾客传达清晰的价值感。这种价值感可能与价格、质量、方便性、道德观有关，消费者选择企业商品或服务的自信心会增强，经验也得以丰富。从连锁企业的角度来看，它可以提高顾客忠诚度，市场营销活动会更有效，利润空间也会更大。

其次，具有强势品牌形象的连锁企业可以向员工传达清晰的价值感。这种价值感有助于在企业内部形成群体意识，强化员工的向心力和认同感，产生强大的凝聚力，并因规范化、秩序化和条理化而有利于企业的经营和管理，从整体上提高企业管理水平。

最后，具有品牌形象的连锁企业可以向整个社会传达清晰的价值感。强势品牌形象是组织完善、制度健全的表现，不仅可以增强社会大众的好感，有助于企业吸引优秀人才；也会增强金融机构、股民的信心，有利于企业筹集资金。它还有利于企业开展特许连锁经营，增强加盟者的信心；有利于提高企业与供应商的谈判能力，更易于开发新的产品或向新领域延伸。

强势品牌形象需要很长时间才能在消费者头脑中形成，形成后它就趋向于稳定不变。一个强势品牌形象，由于得到消费者的普遍认同，要改变它是很困难的，因此，随着时间的推移，当该品牌形象不符合企业新的经营宗旨和定位时，要改变这一形象可能需要较长时间。

3.2.2　连锁品牌形象设计

1）形象诊断

对连锁企业当前商店形象的了解，可以从内部和外部两方面入手。很多研究者发现，企业管理者对自己商店的评价往往与顾客的评价有很大的差异，与员工的评价也有差异。与顾客和员工的评价相比，管理者一般会高估自己商店的形象，风评较差的商店尤其如此。这就有必要弄清楚差异所在及产生的原因。

商店形象的内部调查可以分两组进行：一组是中高层管理者，一组是基层员工。对企业管理者的调查主要以相互信赖和共同发现问题为基础，针对企业经营现状、内部组织、经营方向等问题进行深入探讨，力求抓住商店形象中的关键问题和核心要素；对基层员工的调查主要是忠诚度、归属感、向心力等状况，以及员工对企业内部的工作环境、福利待遇、作业流程、管理制度等方面的看法，这些是开发、设计商店形象的重要参考资料。

商店形象的外部调查主要是调查消费者、关联企业等。调查内容主要有：

（1）消费者对商店的印象如何？

（2）消费者对商店形象的评价是否与企业的市场占有率相符合？

（3）消费者对商店的评价与对竞争对手的评价分别是怎样的？

（4）消费者观念中的商店形象最重要的项目是什么？

（5）哪些地区的消费者对商店评价好？哪些地区的消费者对商店评价不好？原因是什么？

（6）和连锁企业有往来关系的公司最希望连锁企业提供什么服务？它们对连锁企业的活动有什么建议？

由于商店形象的组成要素较多，调查者可以根据每一要素的重要性给出一个权数和数量值，让被调查者对该要素打分，最后调查者将所有要素的分值乘以权数加总，就可以得出被调查者对商店形象的综合评价。用这一方法可以比较管理者与员工、消费者对商店形象认识的差异。

有学者指出，企业管理者与消费者对商店形象的认识差异来自以下原因：

（1）原有形象对新形象产生了强烈的影响；

（2）竞争对手有准备地树立企业形象所造成的影响；

（3）企业自身或其对手所犯的错误或造成的事故；

（4）某些有影响力的人物或媒体赞扬或攻击企业所造成的影响；

（5）眼前的利益没有被潜在顾客看到或认识到；

（6）商店形象的信息传递不到位。

通过调查和分析，管理者可以评价连锁企业原有形象的合理性（是否符合企业的精神理念、经营哲学、发展目标和经营特色）、准确性（内部员工及外部公众对企业形象认知的准确程度）、竞争性（现有形象对企业盈利状况的影响、对企业在市场竞争中所产生的影响等），并根据形象诊断结果，确定连锁企业形象策划的目标：是巩固现有形象，还是改善消极形象，或是重塑新的形象。

2）确定商店形象主题

这是指寻找一个鲜明的主题来突出商店形象所代表的企业理念、市场定位和风格定位，规划企业在社会公众心目中的特定位置和印象。

在确定商店形象主题时，管理者面对众多概念往往不知所措，许多企业会选择随大流或模仿其他企业。一种比较明智的做法是让顾客来确定商店形象主题。这种做法在短期内是难以实现的，但在长期的累积中，可以明显地感觉到变化，而且效果惊人。这样的形象一旦树立，就会比竞争对手有优势。

在确定商店形象主题时，可以采用“关键词”法，即对员工和消费者进行调查，让他们参考列出来的形象项目，选择适合商店或自己最欣赏的几个关键词。比如，体现商店形象的关键词有：信赖感、新鲜感、健康的形象、现代感、丰富感、积极进取、和蔼可亲、服务周到、社会责任感、品质优良、价格实惠、传统风格、活泼感、反应敏锐、便利性、舒适性、关心人、清洁感、富有活力等。

当然，关键词不止上述这些，但关键词太多，也可能会出现消费者拒绝反应或反应模糊的情况。因而，调查前要拟好一些与企业宗旨和市场定位比较吻合的关键词，由员工和消费者选择他们最喜欢也最能体现企业理念的关键词出来。

需要注意的是，商店形象主题的确定最好能与众不同，即创建差异化形象，这样可以给顾客留下一个深刻的印象。这种做法有一定的风险，但可以引起公众的注意。有时候，仅仅是商店形象主题便可表明本企业与其他企业不同，也许服务内容是一样的，但表现的形式和突出的重点可以是不同的。例如，某地段有两家超市，它们的价格、服务和商品组合都很相近，但是其中一家的表现要明显优于它的竞争对手。对两家超市的商店形象进行研究后发现，该竞争对手在管理中没有找到实现差异化定位的关键点，而那家成功的超市则以“干净整洁”“在这里你可以会会你的朋友”“这家店里的人喜欢帮助别人”等特点将自己与竞争对手区别开来。

3）设计商店形象的视觉识别系统

商店形象主题一旦确定下来，就要将其理念应用于企业标志、标准字、商标、商店外观设计和卖场内部设计上。即使已经找到很好的商店形象主题和理念，如果不能找到完美的表达方式，品牌形象战略也可能功亏一篑。所以，连锁企业管理者要设法将企业成长、创新、前瞻性等理念转换成图案、颜色等要素，以视觉形象来显示企业的内在精神。

首先，企业要使商店形象达到容易辨别的目的，除了使形象概念具体化为标准字、标准色和商标等标志以外，最重要的就是在市场上发挥“共鸣”效应。标志的特点是简洁、明快，易于识别，并且具有象征性，它是顾客认识和记忆一个企业或品牌的第一要素。如果标志的读音朗朗上口、寓意深刻，就会大大增强标志设计的传达效果，使人一目了然、过目不忘。强调标准字、标准色和商标等基本要素的重要性，是因为只有透过这些始终不变的基本要素，才能使任何一个看到它、使用它的人产生鲜明的印象，不会与其他企业相混淆，又有助于加深人们的印象，这就是共鸣性。麦当劳大大的金黄色“M”标志，相信谁也不会弄错，人们即使不进去消费，也很清楚那就是麦当劳，是世界一流的快餐公司。

其次，企业要将标准字、标准色和商标等基本要素延伸到商店里所有消费者都能看到的地方，包括海报、广告、商务用品、员工服装、购物袋、运输工具、服务台、招牌、邮寄宣传单、室内设计和陈列工具等。这是一个系统化设计，关键在于一致性和连续性。企业要长期保持其形象和信息的一致性，不一致的形象会使消费者产生困惑，带来不良后果。

最后，商店设计的任何方面都要体现商店形象的诉求，让顾客能够清晰地感觉到。例如，如果商店强调的是高质量，店内设计可以采用豪华的地毯和大理石来表现，它在给人高质量的印象时也可能产生高价位的感觉；如果商店强调的是有竞争力的价格，则日光灯管和陈列商品原包装的大箱子可以让人联想到“便宜”二字。

即使不突出功能性价值，而是要突出某种抽象价值的商店形象，也可以通过细节设计凸显出来。例如，创立于20世纪60年代的Esprit，为了强调对社会负责的企业形象，积极参加“世界地球日”宣传活动，把印有“绿色环保”口号的服装发给员工，在店内张贴环保海报，并鼓励顾客在市区种植树木及进行清扫活动。Esprit倡导健康的生活方式，它在海报上的“每天一苹果，大夫远离我”宣传口号已经深入人心。

总之，连锁商店形象视觉识别系统的设计与运作，应最大限度地开发一切可传递信息与传播形象的载体，使形象塑造与信息沟通的手段多样化，从而形成综合性、全方位的形象传播体系。

案例3-2 真功夫中式快餐的品牌形象演变

真功夫餐饮管理有限公司（以下简称真功夫）创立于1990年，至今已有28年历史。其前身是“双种子”，LOGO看起来很像两颗小种子，寓意“种子萌芽，携手弘扬中华饮食文化”。2002年，“双种子”蒸品连锁餐厅的业绩已在国内遥遥领先。为了获得更大的发展，“双种子”委托一家营销策划公司对原品牌形象进行详细调查。调查表明，“双种子”带给人的是一种朴实、亲切的农村、乡镇形象，没有现代感。2003年，该公司找到了切合中国主流文化的关键词——真功夫。

中国功夫源远流长，威震世界，而且中国人说一个人做事用功、用心，就会说他“下了功夫”，有非常正面及积极的寓意。就像麦当劳的麦当劳大叔、肯德基的山姆上校、万宝路的牛仔一样，真功夫需要一个能充分体现“功夫文化”的形象载体。李小龙在全球华人心中是民族精神的象征，是中国功夫的化身。于是，一个酷似李小龙的英雄形象横空出世，“他”的眉目间继承了李小龙的正气凛然，“他”的动作及衣服的褶皱里充满了力量，“他”是中国功夫的化身，更是健康的代言，“他”就是“小龙哥”。

2004年6月，该公司在广州开了第一家真功夫原盅蒸饭餐厅。经市场测试，真功夫的营业额明显超过“双种子”。经过深思熟虑后，新品牌“真功夫”全线启动，同时使用一个富有动感的人物造型作为LOGO。顾客在被时尚的店面门头吸引的同时，也能感受到真功夫在产品和服务上“全情投入，用足功夫”。“真功夫”的品牌形象很好地诠释了其“营养还是蒸的好”的经营定位，在消费者心目中树立了一个鲜明的企业形象，也迅速占领了市场。

在弘扬中华饮食文化和做大做强真功夫的同时，该公司于2013年年底创立了公益品牌——善功夫，提出“善有膳报”的理念并广为传播。2015年，该公司首度发布“中式快餐孵化器”战略，开始其生态化产业布局。如今，真功夫已遍布全国50多个城市，成为行业第一品牌，拥有600多家直营门店和2万多名员工。他们的梦想是：将中国“蒸”的饮食文化发扬光大，让世人都能品尝到营养美味的蒸制食物。

问题：真功夫出于什么原因要不断转换品牌形象？

资料来源　天下粤商（公众号），2017-06-09.https：//mp.weixin.qq.com/s/HLUeX6-Py8RPG-zXd61q3mw.

4）设计商店形象的行为识别系统

商店形象的表现包括视觉表现和行为表现两大层面。视觉表现传达的商店形象主题或企业理念必须与企业员工的行为表现相一致，才能让消费者完整地接受。行为识别系统包括两个方面：一方面是员工外在的行为，即消费者能直接感受到的员工态度、服务水平、对顾客的关心程度、团结合作精神等；另一方面是员工的隐性行为，即后台工作，是消费者也许不能直接看到或感受到，但通过环境体验能间接感受到的员工行为，是支撑外在行为识别系统的后台工作。行为识别系统必须从每一个工作岗位的执行标准开始设计，从后台的日常工作一直到前台的服务工作，都要围绕连锁企业理念体系和形象主题，进行规范化管理。企业应通过严格的培训使员工按标准操作，尽量向社会公众展示企业活动行为准则和经营理念。同时，企业也要积极开展各种公益性活动，塑造自身的良好形象。

制定各项作业的执行标准是维持商店形象的基础性工作，也是商店形象行为识别系统的重要工作。7-11便利店在执行标准中对"清洁"一词的诠释，值得大家借鉴。各店铺每天清扫工作的内容很详细，有店内地板的清扫、店门口的清扫、停车场的清扫、电灯的擦拭、厕所的清扫、复印机的擦拭、招牌的擦拭、柜台周围的清扫、垃圾袋的更换、垃圾箱的清扫、食品柜台的冲洗、店内设备的擦拭、公用电话的擦拭等。除了对售货的店铺进行清扫外，店后临时存货间、临时货架等也都必须清扫。清扫时间规定如下：上午11点用拖把清扫，然后用湿抹布擦拭，此后，清扫时间是下午2点半、5点，晚间9点、11点，凌晨2点，早上6点，一昼夜共拖7次，其中要用浸湿的抹布擦拭4次。每天用清洗上光机清扫2次，一次是下午2点半，另一次是凌晨2点半；用机器清扫后，必须用拖把再拖一次。这种严格的规定很好地保持了7-11便利店的清洁形象。

5）编制管理营运手册

在品牌形象设计及实施标准设计完成之后，就要将所有内容编辑成一本管理营运手册，将来所有营运方面的解释、应用都以手册为标准，这样才不会出现因人而异的现象。编制管理营运手册有以下优点：

（1）统一解释。不会有不同的说法，造成执行上的差异。

（2）方便管理。将来连锁门店开到任何地方，都可以通过管理营运手册进行标准化作业。

（3）作为调整的依据。商店形象规划常常因时因地而调整设计，尽管不能完全照搬原设计，但设计者可以根据管理营运手册的要求进行调整，达到形不似而神似的效果。

（4）有利于培训。管理营运手册是培训的基本依据，员工可以了解如何做及做到什么程度。

（5）强化加盟者的信心。完整的管理营运手册代表企业的管理水平，使企业更容易被加盟者接受。

3.2.3 品牌形象战略实施

1）旗舰店的建设

旗舰店是树立连锁企业新形象的最佳手段，虽然目前还没有一个得到广泛认可的定义，但这是所有连锁企业都熟悉的一个词。对管理者而言，旗舰店就是将商店形象设计的所有元素都完美地体现出来的一个标准店或样板店，它往往设在人流量最大的购物中心或大城市繁华的商业中心，向人们展示该企业的最新品牌理念，出售该企业几乎所有商品，有精心设计的商品陈列和卖场氛围，卖场规模比一般门店大得多。旗舰店的建设往往是连锁企业导入品牌形象战略的第一步。

国外许多知名连锁企业都选择在伦敦、巴黎和纽约等国际化大都市的大型购物中心打造自己的旗舰店，旗舰店的作用与其说是销售商品，不如说是推广企业的品牌形象战略。旗舰店发挥着公关的功能，为行业和大众媒体了解新的商店概念和产品系列提供了便利的场所，也使开展特许经营的连锁企业能全面展示其可视化的商店经营模式。

旗舰店最初出现在服装连锁店中，后来，超市、百货商店、专业大店也陆续开设旗舰店推广自己的品牌形象战略，展示新的视觉销售理念并试销新产品。当然，旗舰店已经不局限于零售连锁企业，许多服务连锁企业也纷纷效仿，甚至一些制造商也利用旗舰店提升品牌价值，如伦敦、纽约和芝加哥的耐克城就是最著名的例子。

2）品牌形象战略推广

（1）内部推广

当旗舰店成功地树立起商店新形象的样板后，下一步就是将这一样板向所有连锁门店推广。如果连锁企业想让商店新形象在顾客心中深深扎下根来，必须先让其在所有门店的员工心中深深扎下根来。如果员工对商店形象缺乏认识或对为什么这样做不理解，在心理上没有做好准备，就不可能以适当的态度和行为来表现商店的形象理念，通过行为传达企业精神。因此，连锁企业品牌形象战略在向外推广时，必须在企业内部得到广泛的理解和认同，只有这样品牌形象战略推广才会比较顺利，否则将受到制约。

内部推广首先是品牌形象战略理念的推广，要让员工了解连锁企业管理者希望把商店塑造成什么样的形象，让各层次人员理解和接受连锁企业的使命、战略方针、战术及各项形象战略。其次是管理营运手册中行为准则的推广，要通过系统的培训让所有员工掌握管理营运手册中的每一个细节，并严格按各种执行标准来操作，以达到维护商店形象的目的。最后是确保员工受到激励，以主动的态度配合商店新形象的树立。

（2）外部推广

外部推广首先是将旗舰店所展现的商店形象推广到所有门店中，让各地的消费者都能够切实感受到商店鲜明的形象特征。总部对每家门店的视觉系统都要按照旗舰店的标准进行改造和适当调整，使公众从视觉角度识别独具特色的连锁企业形象。其次是总部要有计划地落实公益性活动、公关活动及广告宣传活动，将企业品牌形象信息通过多途径、多媒体向外传递，力求迅速获得公众认同。

3）品牌形象战略监控

（1）督导制度

为了保证品牌形象战略的实施，许多连锁企业都制定了督导制度，由专门的督导员对门店工作进行指导和沟通。一方面督导员起着上传下达的作用，将总部的各项精神传达给门店，并将门店运营的具体情况向总部汇报，使双方得到有效沟通；另一方面督导员负责对门店的各项工作进行指导并监督实施，尤其是对员工的作业流程进行监督，以保证其行为符合管理营运手册上的操作标准，从而保证商店形象得到有效维护。

（2）考核制度

完善的门店考核制度有助于品牌形象战略的实施。一般来说，连锁企业对门店的考核由督导员进行，但门店人员对督导员十分熟悉，难免会有弄虚作假的嫌疑。现在，一些企业开始实施“神秘顾客”考核制度，即由新招进的员工或聘请的专家装扮成“神秘顾客”到门店购物或消费，根据门店人员的服务情况匿名打分。这种做法在门店人员不知情的情况下进行，相对公正可靠。下面介绍麦当劳实行多年的匿名打分制度。

麦当劳历来就有顾客考核制度，但是过去的考核制度不够科学。例如，从两个不同顾客给出的几个相同分数中，谁能辨别他们是否获得了相同质量的服务？因而考核的结果只不过是“轶事趣闻”而已。后来麦当劳决定建立一种人人都能明了的打分制度，把原来的顾客打分改为由独立的、专门从事调研的公司人员上门匿名打分。他们在预先设计好的表格上就以下项目给出分数：服务速度，食品温度，服务态度，食品味道，柜台、餐桌和摆放调味品的地方的清洁度，服务人员是否对顾客实行微笑服务。打分的结果每4个月在公司内部的网站上公布，年底还公布年终积分。所有这些被打分的项目事先都向各门店公开，使各门店能集中精力在这些项目上下功夫。这样，各门店负责人可以随时将自己取得的分数与地区平均分数对比，起到刺激各门店提高服务质量的作用。与此同时，麦当劳总部先后派出多人到各门店去帮助“微调”各项营业操作，并举办各门店负责人讲演，传授和交流经营管理经验。这种“微调”和经验传授详细到怎样设置工作人员的岗位等，提高了整体工作效率。

考核的目的不在于区分谁好谁差，关键在于促进门店的各项工作。麦当劳的考核结果公布在网站上，一方面帮助各门店认识自己的不足；另一方面由总部派人进行调整和指导，并传授和交流经验，提高了门店的服务质量，使企业形象得以真正树立起来。这才是制定考核制度的最终目的。

小思考3-2　连锁企业品牌形象战略为什么要首先向内部员工推广？

3.3　连锁企业营销战略

根据经典的营销组合四要素分析，连锁企业营销战略也包括四个部分：产品战略、价格战略、网点开发战略和促销战略。由于网点开发战略在第5章中会专门论述，而促销战略的具体实施方法与门店运作管理十分密切，因而这里主要介绍产品战略和价格战略。

3.3.1　产品战略

产品是企业营销战略中重要的一环。这里的产品既指零售和餐饮连锁企业出售的有形产品，也指服务连锁企业出售的无形产品。产品战略的重要性一方面体现在市场需要只能通过提供某种产品或服务来满足；另一方面体现在连锁企业的营销战略总是先决定向目标市场提供什么产品，然后才考虑价格战略、促销战略和网点开发战略等。因此，产品战略直接影响其他营销战略组合的管理。

1）产品价值设计

现代营销理论提出了整体产品概念，认为产品分为五个层次：核心产品、形式产品、期望产品、附加产品和潜在产品。

核心产品是最基本的产品层次，也是顾客真正要购买的服务或核心利益。例如，对旅馆来说，晚间的顾客购买的就是“休息和睡觉”；而对美容院的顾客来说，其真正购买的是“美丽”；对超市食品购买者和餐馆消费者而言，其真正购买的是“消除饥饿和美味享受”。

明确了核心产品后，连锁企业接下来要把核心利益转换成具体的一个个产品，也就是形式产品。例如，旅馆就是包含许多出租客房的建筑物，超市就是包含许多食品和日用品的商店。

产品的第三个层次是期望产品，也就是消费者购买产品时期望的一整套属性和条件。例如，对旅馆的客人来说，他期望的是干净的床、香皂和毛巾、洗浴设备、电话、衣橱和安静的环境；对超市的顾客来说，他期望的是丰富的商品、干净整洁的环境、安全新鲜的食品等。如果大多数旅馆和超市都能满足这种最低限度的期望，顾客就会在相同条件下选择一家最便宜的旅馆和超市。

产品的第四个层次是附加产品，也就是产品包含的附加服务和利益，它是把一个企业的产品与其他企业的产品区别开来的重要标志。对旅馆来说，它可以通过提供电视、香波、鲜花、快速结账、美味餐饮和优质房间来增强其产品的内涵。

产品的第五个层次是潜在产品。附加产品表明了产品现在的内容，而潜在产品则指出了产品将来可能的演变。有些连锁企业提供的产品可能不存在潜在产品这一层次，而存在这一层次的产品对顾客而言具有更强烈的满足感。

由于潜在产品的价值是属于未来的、具有不确定性的价值，因而更容易被顾客感受到价值的是附加产品。今天的竞争主要发生在附加产品层次。在较不发达国家和地区，竞争主要是在期望产品层次。产品的附加内容使管理者必须正视购买者的整体消费因素，即所有引起消费行为变化的各种因素和整个消费过程。通过这种形式，管理者会发现增加产品附加价值的许多机会，以便有效地进行竞争。一些成功的连锁企业为其产品附加价值，不仅是为了满足顾客，更是为了取悦他们，因为这意味着会给顾客带来意想不到的惊喜。例如，旅馆的客人发现可以免费享受一篮子水果、录像机和互联网服务，会感到意外并十分高兴。

产品价值设计就是连锁企业确定提供给消费者的产品属于哪一层次，即以哪一层次的产品作为竞争的基础。例如，是以最低的价格提供期望产品，还是以适当的价格提供附加产品？产品的附加价值应该是多少？这种设计需要了解目标顾客的真正需要，因为每增加一定的附加价值都意味着增加一定的成本，管理者要知道顾客是否愿意支付这么多钱以补偿产品成本。顾客的需要是多样化的，有些顾客可能更看重附加价值，有些顾客可能更看重产品价格，这就是为什么当有的企业在提高附加产品的价格时，有些竞争者会以更低的价格提供“削减产品”，两者都可能成功。我们一方面可以看到一些大城市豪华酒店、宾馆快速增长；另一方面可以看到经济型酒店不断涌现，以满足那些只需要基本产品的顾客。

如果一家公司的产品带给顾客的附加价值比其他同类公司产品要多而花费相同，那么这个产品就具有更强的竞争力。例如，艾克在1985年年初建设Formula One时，它是一家一星级的连锁旅店，主要面向学生和推销员。一般旅店的优点应包括店址选在交通便利的位置、干净、24小时接待、安全，但Formula One除了具备以上条件外，还为顾客提供更好的卫生条件、更安静的房间、更舒适的床铺，这是在其他经济型旅店中得不到的好处，而其价格则远低于同类旅店。

需要指出的是，如果同行业的竞争对手都提供相同的附加产品，附加产品可能很快就变成期望产品了。例如，旅馆的客人期望房间内有电视机、香波等物品，而当行业内所有旅馆都提供时，这些物品就变成了期望产品中的一部分，这就意味着企业不得不提供进一步的服务和利益来满足或取悦顾客。为顾客创造附加价值的机会存在于顾客和公司发生联系的全部活动中，抓住这样的机会，不仅给顾客提供了附加价值，而且帮助顾客解决了问题，最终将赢得顾客的忠诚。

2）产品组合规划

产品组合是连锁企业提供给顾客的一组产品，包括所有产品线和产品项目，即我们通常所说的产品广度和产品深度。所谓产品广度，是指连锁企业提供的产品线的种类，即具有相似的物理性质、相同用途的产品种类的数量，如化妆品类、食品类、服装类、衣料类等。所谓产品深度，是指产品品种的数量，即同一类产品中，不同质量、不同尺寸、不同花色品种的数量。规划合理的产品组合，对连锁企业的发展有重要作用。产品广度和深度的不同组合，形成了目前连锁企业产品组合的不同配置，而不同的产品组合各有利弊。产品深度和广度的组合见表3-2。

表3-2　**产品深度与广度的组合**

产品品种 / 产品种类	深	浅
广	产品种类多 产品品种多	产品种类多 产品品种少
窄	产品种类少 产品品种多	产品种类少 产品品种少

下面，我们根据零售连锁企业的特点，分析以下四种不同产品组合的利弊：

（1）广而深的产品组合

这种产品组合是指连锁企业提供种类较多的产品，而且每类产品可供消费者选择的品种也多，一般为大型综合商场所采用。由于大型综合商场的目标市场是多元化的，常需要向消费者提供“一站式”购物服务，因而必须备齐广泛的产品类别和品种。

这种产品组合的优点是：目标市场广阔，商品种类繁多；商圈范围大，选择性强，能吸引较远的顾客专程前来购买，客流量大；基本上能满足顾客“一次进店购齐一切”的愿望，能培养顾客对商店的忠诚感，易于稳定老顾客。

这种产品组合的缺点是：产品占用资金较多，而且很多产品周转率较低，导致资金利用率较低；这种产品组合广泛而分散，试图无所不包，但也因主力商品过多而无法突出特色，容易造成企业形象一般化；企业必须耗费大量人力用于产品采购；由于产品比较容易过时，企业也不得不花大量精力用于产品开发研究。

（2）广而浅的产品组合

这种产品组合是指连锁企业经营的产品种类多，但每一种产品中花色品种的选择少。在这种组合中，企业提供广泛的产品种类供消费者购买，但对每类产品的品牌、规格、式样等给予限制。这种策略通常被廉价商店、杂货店、折扣店、普通超市等零售连锁企业所采用。

这种产品组合的优点是：目标市场比较广泛，经营面较广，能形成较大商圈，便于顾客购齐基本的所需商品；便于对商品进行管理，可控制资金占用；强调方便顾客。

这种产品组合的缺点是：由于花色品种相对较少，满足需要的能力较差；顾客的挑选范围有限，很容易产生失望情绪；不易稳定长期客源，易形成较差的企业形象。长此以往，连锁企业不能保持商品特色，在多样化、个性化趋势不断增强的今天，即使企业加强促销活动，也很难保证持续发展。

（3）窄而深的产品组合

这种产品组合是指连锁企业经营较少的产品种类，但每一种产品的花色品种很丰富。这种组合体现了连锁企业专业化经营的宗旨，主要为专业连锁店、专卖连锁店所采用。一些专业商店常通过提供精心选择的一两种产品，在产品组合中配有大量的花色品种，来吸引偏好选择的消费者群体。

这种产品组合的优点是：专业产品品种齐全，能满足顾客较强的选购愿望，不会因花色品种不齐全而丢失销售额；能稳定顾客，增加重复购买的可能性；易形成企业经营特色，突出商店形象；便于企业专业化管理，树立专业形象。这种模式较为今天的消费者所欢迎。

这种产品组合的缺点是：过分强调某一大类，不能实现“一站式”购物，不利于满足消费者的多种需要；很少经营相关产品，市场有限，风险大，需要对行业趋势做准确的判断，并通过更大的努力来扩大商圈。

（4）窄而浅的产品组合

这种产品组合是指连锁企业选择较少的产品种类和在每一种类中选择较少的产品品种，主要被一些小型商店，尤其是便利连锁店所采用。要成功使用这种策略，有两个关键因素，即地点和时间。在消费者想得到产品的地点和时间，采取这种组合能够成功。

这种产品组合的优点是：投资少，成本低，见效快；产品占用资金不多，经营的产品大多为周转迅速的日常用品，便于顾客就近购买。

这种产品组合的缺点是：种类有限，花色品种少，可挑选性不强，易使顾客产生失望情绪；商圈较小，吸引力不大，难以形成企业的产品经营特色。

上述零售连锁企业产品组合的分析方法也适用于其他连锁企业。

连锁企业在规划产品组合的广度时，需要考虑每一个产品种类的销量和利润情况，管理者需要了解产品组合的广度中每一个产品种类对总销售量和总利润所做出贡献的比例。假设一家连锁企业规划了五大产品种类，第一类产品占总销售量的50%，占总利润的30%；前两类产品占总销售量的80%和总利润的60%。如果这两个产品种类突然遭到竞争对手的打击，企业的销售量和利润就会急剧下降。把销售量高度集中在少数几个产品种类上，意味着产品线非常脆弱，企业必须小心监控并保护好这些产品种类。如果最后一类产品仅占销售额和利润的5%，管理者甚至可以考虑将这一销售不畅的产品种类从企业产品组合中撤除。

连锁企业在规划产品组合的深度时，需要考虑企业追求的目标和每一个品种对企业的贡献。那些希望有较高市场份额与市场增长率的连锁企业倾向于更深的产品组合，而追求高额利润的连锁企业则会慎重挑选产品品种来规划产品组合的深度。在确定最佳产品组合深度的问题上，管理者可以尝试增加或削减产品品种来平衡。如果增加产品品种能增加企业利润的话，就说明现有的产品组合太浅；如果削减产品品种能增加企业利润的话，就说明现有的产品组合太深。因为产品品种的增加会带来一些费用的上升，如设计费、仓储费、订货费、运输费以及新产品项目的促销费等，最终上升的费用会侵蚀新产品的利润，于是，这种产品组合深度不断发展的势头会被遏制。

案例3-3　西贝餐饮模式的创新

在“2018中国连锁餐饮峰会”前夕，《北京商报》记者采访了西贝董事长贾国龙。燕麦面、麦香村两个快餐项目的折戟并未阻挡西贝“10万+”梦想，上海的社区小型店、北京的外卖专门店，以及在盒马鲜生开出的微型店，成为西贝在小店模式上的新探索。目前，西贝约有230家直营店，2017年的销售额为43亿元。

北京的麦香村店改成了外卖专门店，负责人介绍说：“我们在尝试不同的产品结构：现在什么产品适合顾客？堂食顾客、外带顾客、外卖顾客分别需要什么？堂食空间有限，产出也有限，那就鼓励外带和外卖，这两块不受限，空间大着呢。”

上海的麦香村店则在2018年1月6日改成了“杂粮小铺”，也就是后来的“超级肉夹馍”店。据负责人介绍，他们考虑过各种复制性较强的模式，凉皮专门店、红烧肉专门店等，后来决定把西贝的经典小吃拿来做“小吃小喝，西贝一人食”。到了3月份，这家有50个餐位的店，最高营业收入一天做到22 000元。他们想进一步尝试更好的模式，于是调整为“超级肉夹馍”店。

西贝最新尝试的店型模式还有盒马鲜生店。在位于上海的盒马鲜生上海湾店内，“精品厨房”在2018年1月底开始试营业。这个店是西贝跟盒马鲜生合作的第一家店，也是一个新模式的尝试。与超市店、机场店类似，这是一种小型化的精品店，这家店只有30平方米左右，配备4名员工。这个店型的产品选的是杂粮、莜面、套餐和小吃饮品，主要是方便售卖、适合盒马鲜生线下销售为主的产品。这种店型的线上产品结构、线上线下结合模式可以跟其他店型互补，跟未来发展趋势有更多契合点，是西贝跟新零售接轨的尝试与磨合。

为什么要不停地创新？西贝董事长贾国龙说：餐饮业是高频消费行业，如果顾客去了一次感觉不好，很可能不会再去第二次，因而一刻都不能懈怠。即便是知名企业、百年老店，一旦懈怠了，马上就会被其他企业超越。

问题：西贝的几种门店创新模式在产品设计上分别满足什么场景消费？

资料来源　中国连锁经营协会（公众号），2018-04-03.https：//mp.weixin.qq.com/s/pA5AXDFoxc-Mqddl2cxM8mA.

3）自有品牌开发

自有品牌开发是零售连锁企业的一种产品品牌战略。自有品牌（private brand）也称PB品牌，是零售商通过搜集、整理、分析消费者对某类商品需求特性的信息，提出新产品功能、价格、造型等方面的开发设计要求，自设生产基地或选择合适的制造商进行加工生产，最终由零售商使用自己的商标对该新产品注册并在本企业销售的商品品牌。与PB品牌相对应的是面向全国市场销售的制造商品牌或称NB（national brand）品牌。

自有品牌在最近几十年取得了长足发展，成为零售市场营销的一个里程碑。实际上，20世纪60年代后期，自有品牌被视为制造商品牌的一个强有力威胁，特别是在有包装的日用消费品市场。这一势头很快向其他市场扩散，到20世纪70年代，任何产品市场都难逃自有品牌的入侵。

自有品牌在零售业大行其道已是不争的事实，众多零售连锁企业，尤其是国际知名零售连锁巨头选择PB战略已成功地为自身打开了另一道丰厚的利润之门。零售连锁企业之所以纷纷采用自有品牌战略，是因为其具有开发自有品牌的诸多优势，如信誉优势、价格优势、展示优势、信息领先优势等，这些优势使它们开发的商品较易被消费者所接受而成为企业的“摇钱树”。20世纪80年代，许多大型连锁零售商发现开发自有品牌能获得高价差。著名管理咨询公司麦肯锡公司1987年的研究表明，生产商创品牌的费用将近总成本的23%，如果零售商能节省这笔创牌花销，就能获得高额利润。于是国外一些大型零售商纷纷开发自有品牌，随后其他商家也纷纷效仿，并愈演愈烈，自有品牌的开发成为当今零售业的一种潮流。

零售连锁企业运用自有品牌战略需要注意以下问题：

（1）自有品牌商标策略。一般较为注重自有品牌战略的企业均选择了多个商标，并且对不同种类商品和不同价格档次的商品采用不同的商标策略。国内连锁企业在开发自有品牌时，最好谨慎使用与企业名称一致的品牌商标，尤其应避免将企业名称作为商标使用在低档次的商品上；否则，将降低企业信誉，对企业未来的发展和形象提升也不利。

（2）自有品牌商品选择。选择恰当的自有品牌商品品类是成功的前提，零售连锁企业可以考虑选择的商品主要有：品牌意识不强的商品，销售量大和购买频率高的商品，单价较低和技术含量低的商品，保鲜、保质要求程度高的商品。总之，被选择的商品应该是企业有信心控制质量并有一定的价格吸引力，还能提高消费者品牌忠诚的商品。对初次尝试自有品牌的超市而言，选择品牌集中度较高而技术较复杂的商品必须慎之又慎。

（3）自有品牌价格策略。自有品牌商品一般采取低价定位，以薄利多销吸引对价格敏感的消费者。只有当自有品牌商品的品质确实比非自有品牌商品高出许多时，才可考虑采用较高的价格。PB商品的价格低廉不是通过降低商品品质获得的，而是通过企业全方位压低经营成本获得的。如果企业开发的自有品牌商品质量低劣，即使价格再低也无人问津，还会降低企业的信誉。连锁企业采用PB商品战略之所以成功，很大原因在于其具有价格优势，具体表现为：第一，连锁企业自己组织生产自有品牌商品，使商品进货省去许多中间环节，节约了交易费用和流通成本。第二，开发自有品牌的商品不必支付巨额的广告费。由于自有品牌商品仅在开发该商品的连锁企业内销售，因此其广告宣传主要是借助企业的商业信誉，采用广告宣传单、企业公众号、论坛或顾客群等方式进行，其广告成本极低。第三，大型连锁企业拥有众多连锁店，可以大批量销售自有品牌商品，能取得规模效益，从而降低产品成本。

(4) 自有品牌价值来源。自有品牌成为畅销商品的最根本原因在于企业本身的信誉。信誉好的企业无疑对消费者具有很大的吸引力，特别是在假冒伪劣商品泛滥的时代，信誉几乎成为质量的保证。由于有良好信誉作保证，再加上价格较低，连锁企业采用自有品牌战略，就能充分激发起消费者的购物欲望。因此，具备相当规模和实力是自有品牌战略成功的保证，每一家连锁企业在实施自有品牌战略之前，首先要做的事情就是提升自己在消费者心目中的知名度和美誉度。

小思考3-3　连锁企业如何保证自有品牌的成功?

3.3.2　价格战略

影响连锁企业制定价格的因素是多方面的，一个相当重要的因素是消费者对商品或服务的备选价格将做出何种反应。产品成本构成价格的最低界限，直接关系到企业的竞争能力；细分市场上现有的和潜在的竞争对手限制了管理者选择价格的随意性。此外，法律与道德约束也对价格决策形成一定压力。当然，任何企业都不能孤立地制定价格，而必须与企业的目标市场及定位相一致。在对上述因素进行全面分析的基础上，连锁企业可以选择一个适合的定价战略，然后确定定价政策和定价方法，以执行定价战略。

1）定价战略选择

(1) 高价战略

高价战略是指连锁企业制定的商品价格高于市场价格或竞争对手价格。要实行高价战略，连锁企业必须具有非价格竞争方面的独到之处，这种独到之处可以由以下因素中的一个或多个来证实：开设地点的优势、为顾客提供高水平的服务、经营的产品声望较高、商店的气氛有异乎寻常的吸引力、独家专卖、专门促进销售的有吸引力的措施等。如果连锁企业拥有以上优势，尽管顾客购买同样的商品付出了更高的价格，但是他仍会觉得物有所值。高价战略往往在以下情况运用：

①为标志消费者地位和财富实施高价战略。在商品价格与需求的关系中，存在一种“凡勃伦效应”，这是指价格相对高和与之相联系的社会购买声誉高，从而使商品和服务受到欢迎。凡勃伦是19世纪初美国制度学派的创始人，按照他的观点，这种效应一般针对那些处于级别顶点的社会群体，他们追求的是自己独占某些奢侈品，所以高价是需求增加的重要原因之一；而削价则会导致需求下降，因为削价意味着有社会声誉的物品的贬值。当顾客去某家商店购买某种商品是为了显示其与众不同的地位和财富时，换句话来说，当商店的目标顾客是那些社会阶层比较高的人士时，必须采取高价战略，如某些名牌服装专卖店。

②为标志商品高品质而采取高价战略。在商品价格与需求的关系中，存在一种“质价效应”，即消费者通常把高价看做优质商品和优质服务的标志，因而在商品价格较高的情况下，也能刺激和提高需求。在有些情况下，消费者往往以“一分价钱一分货”

“好货不便宜，便宜无好货”等观念去判断商品的质量，因此，高价能使人们产生高级商品、优质商品的印象。对于一些无法凭充分资料判定价值和质量的商品，消费者往往根据价格的高低得出结论。尤其是对一些需要较长时间才能分清质量好坏的商品，如化妆品等，采用高价战略，反而能让顾客对商品质量产生信任。

③为标志企业服务高水平而采取高价战略。如同商品高价位能显示商品高品质一样，高价位同样能显示服务的高水平。对于采取高价战略的企业，除了要时刻注意消费者对商品的反应、不断提高商品质量、增加商品功能、创造更新的款式外，还要搞好服务工作，增强消费者对商品使用的安全感和信赖感。高价位所标志的高水平服务也能满足一些人的需求，因而也是企业定价的一个策略。美国的诺顿百货公司以此定价非常成功。该公司一直强调为顾客提供最好的服务，事实上它也做到了这一点。尽管如此，该商店的经理还是不断问员工：“什么服务是顾客需要的？什么是必要的？或者顾客自己还不清楚的？我们的卖点是什么？”

（2）低价战略

许多零售连锁企业采用了每日低价战略，这种战略强调把价格定得低于市场价格或竞争对手价格，但不排除某些商品价格也许高于竞争对手大打折扣后的价格。最成功的零售连锁企业沃尔玛就采用低价战略。

低价战略在通常情况下是极具竞争力的，但是并非“价格低廉”就一定有利于销售，因为过于低廉的价格会使顾客对商品和服务质量产生不信任感和不安全感。顾客会认为，“那么便宜的商品，恐怕很难达到想象的质量水平，性能也未必好”。要卓有成效地运用这一战略，连锁企业必须具备的条件是：

①进货成本低，业务经营费用低。低费用才能支撑低价格。

②存货周转速度快。经常降价尽管使利润受损，但连锁企业可以尽快把商品销售出去。

③顾客对商品和服务的性能、质量很熟悉，价格便宜会使顾客大量购买和消费。

④能够向顾客充分说明价格便宜的理由。

⑤企业必须在顾客心目中享有较高的信誉，不会有销售假冒伪劣商品和提供劣质服务之嫌。

（3）温和价格战略

这是连锁企业定价的中庸之道，当企业的非价格因素不具有独特的竞争优势，而企业又不具备采用低价战略的条件时，通常会采用温和价格战略。温和价格战略就是将商品价格与市场价格、竞争对手价格保持一致，这样，商品价格既能得到消费者的认可，又不会招致竞争对手的敌意行为。温和价格战略可以在一定程度上保持顾客对企业价格的信任感，且不会损害自己的利益，因此，绝大多数企业乐于采用这种战略。但采用温和价格战略的连锁企业要注意在营销中强调非价格因素，消除顾客根据价格选择竞争产品的倾向，这样才能吸引顾客。

2）两种定价政策比较

目前，在国内外连锁企业尤其是零售连锁企业中流行两种对立的定价政策，即可变价格政策和稳定价格政策。这两种定价政策使得连锁企业的价格管理和竞争策略有明显的区别，也形成了两种鲜明的经营特色。由于这两种定价政策各有优势，且均为广大连锁企业所普遍采用，在这里有必要介绍一下各自的特点。

(1) 可变价格政策

可变价格政策是指连锁企业制定的产品价格有时高于竞争对手，有时低于竞争对手，同一种产品的价格经常变动，或者经常使用降价方式促销。这种价格政策目前在国内越来越流行。过去，一些零售连锁企业只在季末降价销售；现在，许多商店几乎每天都有特价商品。一些新近成长起来的国内零售连锁企业已能熟练地运用该政策同强大的外资零售连锁企业展开竞争。可变价格政策的优点主要有：

第一，刺激消费，加速商品周转。一般情况下，消费者的需求与商品价格的高低成反比。价格提高，需求量减少；价格下降，需求量上升。采用此政策的零售商善于利用降价来促销，并提醒顾客“过时不候”。在一种大打折的氛围下，常常可以见到商店人头涌动，消费激增。这无疑加速了商品周转，能尽快回笼资金。

第二，一种商品价格变化可以使其在不同市场上具有吸引力。对时尚商品而言，当它刚刚进入市场时，企业一般会制定最高价格，吸引那些对价格不太敏感的时尚领导者抢先购买；而随着时间的推移和降价的实行，更多的顾客进入市场；最后是善于讨价还价的搜寻者进入购买市场。这样，同一种商品价格变化迎合了不同顾客的需要。

第三，以一带十，达到连带消费的目的。实行这种定价政策的零售连锁企业往往选择一些特价商品作为招徕品，以牺牲该商品的利润吸引顾客前来购买。顾客进入商场后，一般不会只购买特价商品，在卖场气氛的影响下往往购买许多原先无计划的其他商品，于是，零售连锁企业的降价促销目的便达到了。通过特价商品吸引顾客，通过高价商品或正常价商品实现利润。

(2) 稳定价格政策

稳定价格政策是指连锁企业基本上保持稳定的价格，不在价格促销上过分做文章。其主要形式有每日低价（everyday low pricing，EDLP）政策和每日公平价（everyday fair pricing，EDFP）政策。

实行每日低价政策的连锁企业总是希望尽量保持商品低价，尽管有些商品的价格也许不是市场上最低的，但它给顾客的印象是所有商品价格均比较低。始终如一地采用这一定价政策需要连锁企业具备不同寻常的成本控制能力。

实行每日公平价政策的连锁企业是在商品成本上附加一个合理的价格，它并不刻意寻求价格方面的竞争优势，而是寻求丰富的花色品种、销售服务、卖场环境及其他方面的优势，给顾客的印象是连锁企业赚取合理的毛利，以弥补必要的经营费用和保持稳定的经营。尽管实行每日公平价政策的连锁企业可以在商品成本上附加一个它们认为合理的毛利，但如果忽视了控制商品成本和管理费用而使价格过高，同样不能被顾客所接受。稳定价格政策的优点主要有：

第一，稳定价格政策可以稳定商品销售，从而有利于库存管理，防止脱销。频繁的、大打折扣的减价销售易造成顾客需求的大起大落，而稳定的价格可以使顾客的需求趋于平稳。平稳的需求可以减少需求预测的失误，因而产品脱销的现象很少发生，顾客不满意的现象也有所减少。减少需求预测的失误可以使安全库存量减少，这意味着库存周转加快，从而能更有效地利用商店的储货室和仓库空间。较为准确的需求预测、稳定的货物周转还可以提高配送效率，从而降低物流费用。

第二，稳定价格政策可以减少人员开支和其他费用。稳定价格政策可以减少连锁企业重新为商品标价的人员以及安装、拆卸临时性货物展台的人员等。由于价格稳定，连锁企业可以减少做广告的费用，而依赖口碑相传或一贯的价格定位。

第三，稳定价格政策能为顾客提供更优质的服务。在销售服务方面，价格忽高忽低的连锁企业要想达到与价格稳定的连锁企业相同的质量水平，是非常困难的。稳定价格政策还可以改进日常的管理工作，因为管理人员可以将工作重点从管理减价销售活动转移到管理整个商店的日常工作上来，可以完善销售计划，增加产品的花色品种，组织更能吸引顾客、更井然有序的商品展示活动等。

第四，稳定价格政策可以保持顾客的忠诚。目前，许多顾客尤其是年轻顾客养成了一种习惯——只在减价销售时才买东西。如果一种商品在顾客购买之后不久即降价，顾客会产生一种被欺骗或吃亏了的感觉，并由此对商店的标价产生不信任感。稳定价格政策会让顾客感觉标价诚实可信，不必延迟购买，不会产生被欺骗的感觉，因而会对商店更忠诚。

对以价格作为竞争武器的连锁企业而言，稳定的低价政策很难长期保持。每日低价确实是对连锁企业经营管理的一个考验，它需要更低的商品成本、更严格的作业规范、更快捷的物流配送体系等作支撑。如果不能以这种低成本运作为基础，每日低价只是意味着每日低利润或无利润，这种情况是不可能长期维持企业运转的。

3）定价方法选择

连锁总部用两种方式对价格进行管理：一种是制定每一种商品的具体价格，门店照章执行，没有变动权；另一种是提供一种定价方法，由门店根据该方法制定具体价格。连锁企业定价主要是在成本、需求和竞争三种因素的基础上寻找一个合适的平衡点，由于考虑的重点不一样，形成了三种定价方法：

（1）成本导向法

成本导向法是按产品成本加上若干比例的加成（预期毛利）来确定产品价格的一种方法。具体计算公式如下：

产品价格=产品成本×（1+毛利率）

成本导向法是多数连锁企业经常采用的一种定价方法。其优点是计算方便。在正常情况下，采用这种方法可以保证企业获得正常利润，从而保证企业经营正常进行。这种方法在心理上给人一种公平合理的感觉，容易被消费者所接受，也不会招致竞争对手的激烈反应。然而，成本导向法注重的是成本，而忽略了市场需求的状况，缺乏灵活性，会使企业失去许多获得利润的机会。有人将这种方法看做导致平庸财务绩效的“罪魁祸首”，因为对任何定价方法来说，如果忽视了当前的需求、预期价值和竞争，就不可能制定出最佳价格。

（2）竞争导向法

竞争导向法是参考竞争对手同类产品的价格来确定本企业产品价格的一种方法。连锁企业制定的商品价格可以与竞争对手的价格相同，也可以在一定程度上高于或低于竞争对手的价格。一家竞争导向型的企业可能不会因需求或成本的变化而改变其价格，除非竞争对手调整了它们的价格。与此相似，若竞争对手改变了定价，即使需求或成本没有变化，这类企业也可能随之调整价格。一般情况下，连锁企业会在本行业中认定某个企业为价格领导者，当它的价格变动时，本企业也对价格进行相应调整，这样不会招致行业领导者的报复。

(3) 需求导向法

需求导向法以估计市场对备选价格的反应作为定价基础，企业总是选择利润最高、市场反应最好的价格。目前流行的一种做法是估计消费者对产品的价值感受，确定在产品满足需求或欲望的基础上，消费者愿意花多少钱购买该产品。采用需求导向法定价时，企业需要了解需求与价格之间的关系。企业总利润的大小并不完全取决于单个商品价格中所含利润的高低，有些商品价格高，单位利润大，但由于销售量受高价的影响大幅下降，企业的总利润未必最大；而有些商品虽然价格较低，单位利润小，但总销售量因此大幅上升，企业总利润未必低。因此，要选择一个最佳价格，使企业获得最大利润，必须考虑价格需求弹性。

无论采用哪种定价方法，管理者均要考虑价格结构问题。由于企业往往不经营单一产品，因此管理者应分析产品组合和产品种类之间的定价关系，确定价格结构和每一种产品的价格。价格结构研究的是产品组合中每一种产品的定价情况，产品间的价格差异反映的不仅是成本差异。许多连锁企业按产品总体收益定价，而不是按统一的毛利率加成定价。当前，一些连锁企业已经开始用计算机分析制定价格的策略，它能平衡企业销售产品、占领市场和获取利益等多个目标。

小思考3-4　连锁企业制定商品价格时主要考虑哪些因素？

3.4 连锁企业信息化战略

3.4.1 信息化战略的重要性

信息技术的有效运用可以有力支撑企业的竞争战略，这一点已经被越来越多的连锁企业所认识。近年来国内连锁企业已逐渐意识到信息管理的重要性，纷纷加强信息系统建设，以便随时了解商品销售动态和消费者购买行为的变化。然而，过去它们根本不知道什么商品在出售或没有出售，在订购更多的商品和降价销售存货之间，不得不等着店员盘点商品。即使是现在，仍然有一些商店在营运过程中，所有有关订货和收货、从配送中心到门店的运输再到单个商品的出售，以及退货记录的宝贵信息或者进行高成本的手工处理，或者被简单地忽略了。

连锁经营区别于传统商业经营的明显特点就是集中与分散的统一。连锁企业虽然是由分散的连锁门店组成的整体，但是必须通过集中管理和规范化运作才能实现资源的最佳配置和优化经营，由此使连锁企业的物流、商流、资金流和信息流形成一个庞大的网络体系。只有当信息流在网络中活跃起来而且畅通时，配送中心、各连锁门店以及总部各职能部门的业务活动才能高效地联系起来，发挥整体优势，真正实现连锁经营的规模效益。这就要求连锁企业借助完善的计算机管理信息系统，而不再凭经验或零散的市场信息等传统方式来经营管理。连锁企业规模越大、地域分布越广，信息化管理的迫切性就越强。

信息技术已经使连锁企业制定更好和更有效的决策成为可能。管理信息系统正在发挥巨大的数据收集和处理的作用，并且将销售点终端和中央处理系统、管理者办公桌上的计算机终端连接起来。销售点终端或现金收款员读取顾客所购商品的条形码，然后记录并传输这些数据，管理者便能及时掌握每一种商品在每家门店的销售情况，决定什么时候进货和进什么货，这就减少了存货投资并改善了顾客服务水平。

目前，国外许多连锁企业正与它们的供应商密切合作，一种经营技术——快速反应系统正在被引入连锁企业的经营中。这一技术能有效地减少商品的引入时间（从意识到应该进货到商品运抵商店并完成销售准备所需要的时间），从而减少存货占用资金，改善顾客服务水平，提高顾客满意度。20世纪80年代中期，商品的引入时间通常需要一个月；现在有了快速反应系统，只要一周就能做好商品的销售准备。采用快速反应系统后，连锁企业的商品周转率提高了，销售额增加了，这无疑是竞争力提升的一种重要手段。

今天，“互联网+”正在席卷全球，以互联网为基础的一整套技术，包括移动互联网、云计算、大数据技术等，在经济、社会生活各部门广泛扩散和应用，将信息技术不停地编织进人们的日常生活，也给连锁企业带来了前所未有的机遇和挑战，迫使连锁企业不得不跟上时代变化的步伐，对自身的管理来一次颠覆性的变革和创新。

小资料3-1　大数据技术在连锁企业中的运用

大数据也称巨量资料，指的是所涉及的资料量规模巨大到无法通过目前主流软件工具在合理时间内达到撷取、管理、处理并整理成为帮助企业经营决策的资讯。大数据技术是指从各种类型的巨量数据中，快速获得有价值信息的技术。

一些零售连锁企业通过收集线上线下顾客购买行为的相关数据，分析用户线上评论量及评价内容，可以挖掘出口碑最好的产品品牌，以及不同产品属性的得分。同时，它们还将这些信息与供应商的数据库联网，实时调整价格、自动补货，轻松地在各门店之间调配产品。另外，它们也将这些沉淀的行业数据分享给厂商，从价格分布、关键属性、流量、成交量、消费者评价等维度建模，挖掘出功能卖点、主流价格段分布、消费者需求、差异化卖点等有价值的信息来指导厂商的研发、设计和生产。

一些零售连锁企业正在提升各门店收集、整合和分析数据的能力，通过监控客户的店内走动路线以及客户对商品的关注，将监控数据与交易记录相结合，指导各门店销售哪些商品、如何摆放货品、如何以及何时调整售价。此类方法帮助某领先零售企业减少了17%的存货，在保持市场份额的前提下，增加了高利润率自有品牌商品的比例。

一些连锁企业全程记录潜在顾客在电商平台或社会媒体的海量数据流，包括顾客的搜索记录、浏览记录、驻留时间、商品对比、购物车、评价数据等，同时分析顾客的个人信息，如性别、地域、年龄、职业、消费水平、偏好等，从而对顾客进行交叉分析、定点分析、抽样分析、群体分析，及时掌握顾客对新营销活动的反应，并准确推送相应的产品或服务，适时调整营销战略。

一些连锁企业运用文本挖掘技术，可以挖掘到顾客对产品各个属性（评价对象）的评价内容及倾向。这一信息有助于连锁企业倾听用户的声音，针对这些评价做到“有则改之，无则加勉”。在顾客评论中往往隐藏着一些隐性需求，连锁企业找到这些稀有但有重要价值的隐性需求，就可以对自己的产品或服务进行改进和创新。

大数据技术还可以帮助连锁企业更精准地找到潜在顾客（地点捕捉）。这有四种方式：借助特定媒体客户的个人介绍，使企业的目标客户与这些客户的信息相匹配；了解目标客户的住址；了解怎样通过客户住址、邮寄地址、网络cookie接触到具体某个人；通过确定某一类固定客户样本来确认地址信息。无论是线上还是线下，大数据技术使得广告投放的精准度相比过去有了本质提升。更多企业已经开始通过对话、建立关系、互动娱乐等方式来接触客户、定位客户，这一过程又产生了更多有价值的数据。

3.4.2 连锁企业信息化建设的内容

1）信息化建设的层次

连锁企业在经营管理中有丰富的信息资源，它们既是企业经营管理活动的组成部分，又是企业经营管理的决策依据。商业信息的不断流动形成了商业信息流，它和商流、物流、资金流等密切相关，规模不断扩大，这使连锁企业各方面的管理和决策力度也要随之加大。为此，要利用信息技术进行信息化管理，以达到信息管理制度化、规范化、科学化的目的。连锁企业信息化建设包括三个层次：

（1）作业层。作业层信息化的主要职能是以计算机技术代替部分手工操作，完成基本数据的采集。它主要进行日常事务性工作处理、报表处理和查询处理，包括销售数据的收集、统计、查询，销售报表的产生，各种会计账簿的登录、查询以及相应报表的产生等。这是整个信息化战略的基石，不解决好这一层次的信息化，就不能得到准确的数据、丰富的信息，更谈不上进行深入的管理和分析。

（2）管理层。管理层信息化主要是通过对作业层采集的数据进行统计、分析与对比，并根据总部的经营方针，对企业的人事、财务、库存、合同、销售、仓储等进行管理和控制。管理层处理来自作业层的数据，它产生的信息被提供给决策层使用。

（3）决策层。决策层信息化主要是利用所获得的各类数据，并运用模型库和方法库中的各种模型和方法，挖掘各种信息和规律，辅助决策者预测未来市场的变化趋势，制定正确的发展方向和策略。它处理的数据有两种：一是企业内部作业层和管理层的信息；二是企业所处环境的数据。它不但需要常规的即时数据，还需要历史数据。由于决策环境的不确定性，要解决的问题也是不确定的，计算机系统只能提供辅助性决策数据，决策者需要借助这些数据进行分析判断，对问题做出解答。

综上可以看出，连锁企业信息化战略要解决四个平台建设的问题：为顾客、供应商和本企业提供一个信息交互平台，为业务人员提供一个业务处理平台，为管理者提供一个控制平台，为决策者提供一个决策支持平台。

2） 连锁企业信息系统的构成

从横向看，连锁企业的信息系统由总部管理信息系统、门店管理信息系统、配送中心管理信息系统及远程联网系统四个部分构成。各部分内部采用局域网络，各部分之间采用广域网络，通过通信线路、电话线路或其他传输介质实现异地数据通信。

（1）总部管理信息系统包括：①进货管理子系统；②销售管理子系统；③财务会计管理子系统；④连锁总部决策支持系统；⑤库存子系统；⑥商品进、销、存子系统；⑦人力资源管理子系统。

（2）门店管理信息系统包括：①收款机管理；②到货管理；③数据统计；④销售管理；⑤补货管理；⑥盘点管理；⑦会员管理。

（3）配送中心管理信息系统包括：①业务管理；②盘点管理；③在库商品管理；④查询统计；⑤库存结构分析；⑥账目管理。

3.4.3 连锁企业信息化建设的重点

1） 信息化战略的组织实施

企业信息化不等于IT（信息技术），而是企业利用现代信息技术和管理技术达成经营管理目的的全过程管理活动。它更多涉及组织行为和业务模式的设计，而不是简单的会计电算化、销售管理或办公自动化。企业信息化的本质就是通过信息工具实现有效的管理，创造和获取竞争优势。因此，信息化战略的实施不是企业信息部门的事情，而是整个企业作业流程的再造。在实施信息化战略时，必须成立“一把手”亲自领导的企业信息化执行委员会或信息化领导小组，成员包括企业所有管理层和相关部门领导，并与人力资源管理部门、质量管理部门和业务管理机构形成项目协同制度；要按照细分的项目计划建立若干项目作业小组，落实各个部门的参与人员；要不断征求企业领导的意见，不断获取企业各个管理单元、管理节点的反馈意见。同时，还要建立外部专家联盟，充分考虑供应商和咨询公司的意见。

2） 系统性能及选择

连锁企业管理信息系统应具备的性能主要是安全可靠性、可扩充性、先进性和易用性。

不同规模的连锁企业、不同的应用领域、不同的功能需求，在管理信息系统开发时差异很大，要求也不完全相同。鉴于连锁企业管理信息系统的建立在我国尚处于起步阶段，还没有较为完善的、规范化的系统，在确定方案时应多方考查、谨慎选择。其中，系统的选择是一个重要的问题。系统是否合适，只有投入使用后才知道，可是当企业发现系统不合适的时候，已经陷入了两难境地——切换，数据迁移相当麻烦，企业的日常经营可能会受影响；不换，最终会因为系统混乱而影响企业的生存发展。系统选择的原则有两个：一是实事求是；二是重在发展。千万不可贪大求洋，盲目追求“高、大、全”，造成人力、物力、财力的浪费，或者因投资过少导致系统性能大大降低。连锁企业必须根据本企业的信息化发展战略来确定管理信息系统的具体目标和规模，建设适合本企业的管理信息系统。

管理信息系统的不足是客观存在的，而系统完善是永无止境的。连锁企业在不断发展的过程中会出现原来没有的需求，系统也应该随之拓展；而系统的不断完善反过来也会促进整个企业管理水平的不断提升，推动企业不断进步。因此，对待信息化应用要采取“合理配套、流程配合、分段进行、逐步提高”的科学态度。

案例3-4　步步高与腾讯合作打造智慧零售

就在新零售如火如荼发展之际，步步高董事长王填日前宣布，步步高与腾讯合作打造的智慧零售技术集成的首家门店正式上线，步步高梅溪湖精品超市成为双方合作的智慧零售旗舰店，聚焦支付、导航、精准营销、O+O配送等领域。

对于去超市购物的人来说，排队买单是非常大的一个痛点，源头在于收银速度慢和纸质小票打印慢。步步高智慧零售旗舰店提供了应对方案：一是顾客使用扫码购，解决购买少量商品的顾客需求；二是使用微信免密支付快速收银，即步步高的会员付(会员码+支付码合一，方便顾客的同时也能完成数字化顾客的目标)；三是取消纸质小票，实行电子小票、电子发票，实现无纸化流程。

刷脸支付是该项目的亮点，顾客可以先对微信支付进行“绑脸”设置。超市将全新的AI人脸识别系统应用于线下门店，消费者从到店、逛店到购买，都将获得更加优质的消费体验。顾客选定商品后，可在人脸识别支付收银通道刷脸认证身份并完成支付，用户无须拿出手机，仅需面部识别认证、支付即可，做到“无停留、无感知”出店，整个过程不超过15秒。

据悉，微信支付将向合作伙伴开放免密接口、数据支撑、分账结算三大产品合作支持。此外，微信支付还会结合小程序、单品、会员和广告，对商家进行营销支持。据了解，在购物返程时，顾客只要打开门店的小程序，输入车牌号，系统就可以为顾客建立与车辆的导航路线，让顾客一步一步地通过导航找到自己的汽车。

此外，在大型商场，因为楼层过高、门店太多，想找一家门店是比较困难的。比如一位顾客逛完超市还想去优衣库，在步步高梅溪新天地就可以打开小程序搜索优衣库，然后按照导航去找这家门店。据介绍，在未来，完成商品数字化后，顾客甚至可以搜索具体的商品，然后实现精准导航。

相关负责人介绍，智慧零售的所有流程都以“即买即用即走”为核心目标，这将免去顾客排队场景、等待服务场景和选择犹豫场景，让到店的顾客获得更好的体验、更好的服务。步步高与腾讯在智慧零售领域的战略合作正按计划全力推进，这些全新的实验将一一成为新零售的最佳注脚。

问题：步步高与腾讯合作的智慧零售店在哪些方面有所创新？

资料来源　中国连锁经营协会（公众号），2018-04-13.https：//mp.weixin.qq.com/s/bql9FAYN-marr93wEZ3Ibfw。

3）主要信息系统功能

（1）POS系统。POS系统即销售点实时管理系统，是采用条形码技术、设备与收款机联合进行销售数据的实时输入，采用信用卡技术、刷卡设备与收款机联合进行商品销售的实时结算，能够及时跟踪、处理销售与结算支付业务，并根据这些数据对销售进行详细、正确、迅速的分析，为商品的补货和管理提供依据的管理信息系统。利用POS系统可以及时了解商品的销售动态和周转情况以及库存信息，还可以帮助企业进行商品结构的ABC分析，实现对商品的单品管理。这对连锁企业研究消费者偏好、把握消费趋势是非常有意义的。

（2）EDI系统。EDI系统即电子数据交换系统，是按照协议在数据通信网络上将具有一定结构特征的标准数据资料，在贸易伙伴的计算机系统之间进行交换和自动处理的电子化工具。它将与商贸活动相关的运输、保险、海关等行业信息，用一种标准化的格式进行代码描述，然后通过计算机通信网络，实现企业内部、企业与其他企业或相关机构之间的电子数据传输、处理与交换等。对连锁企业而言，每天都有大量数据需要在总部、门店、配送中心、交易伙伴之间流动，使用EDI系统既实现了无纸化交易，又加快了信息传输的速度，提高了工作效率。

（3）EOS系统。EOS系统即电子订货系统，是连锁企业将各种订货信息通过计算机网络传送给供应商，完成企业（包括配送中心）与批发商、制造商之间的商品订购、运输、调配，以及订货、接单、处理、供货指示和结算等作业控制，而全部业务均通过计算机进行处理的系统。连锁企业通过建立与供应商之间的EOS系统，能减少缺货现象，加强商品采购管理。

（4）MIS系统。MIS系统即管理信息系统，是指专门为连锁企业服务、具有特定功能的管理信息系统。它是为增加商品销售额，在企业内部对商品计划、合同、购、销、调、存、核算、财务、统计分析、辅助决策的整体循环进行处理的过程中，以数据为轴心的全面自动化管理控制系统。

（5）VAN系统。VAN系统即价值增值网系统，是连锁企业与其战略联盟企业之间实现信息资源共享的网络系统。战略联盟企业之间可以相互传递信息或了解对方的信息，但对联盟外部则保密。它可以减少搜寻成本等交易费用和一些中间环节，能实现各个企业在原有基础上的价值增值。

上述各信息系统不是独立存在的，而是整合起来形成一个有机的网络，以消除信息收集的重复和各功能系统的局限性。在此基础上，一些新的网络信息技术层出不穷，如SCM系统（即供应链管理系统）、LIS系统（即物流配送系统）、HRM系统（即人力资源管理系统）等。连锁企业要根据自身发展需要建设相应的信息网络，帮助企业提高运营效率。

需要强调的是，连锁企业信息化程度高并不代表企业的管理水平一定高，关键还在于连锁企业必须有基于IT的执行文化，管理者头脑中要有用数据进行科学管理的观念。拥有完善的管理信息系统和管理制度并不能保证企业拥有强大的竞争力，只有同时建立起基于IT的企业执行文化才能发挥制度和技术的作用。

■ 本章小结

连锁经营之所以能在世界各地迅猛发展，就在于它赋予了企业一种完全不同于传统单店经营的组织机制。连锁企业在不同发展阶段的组织形态有一定的区别，但其基本的组织架构一般都由两大部分组成：总部和门店。总部是连锁企业的高层组织，是连锁经营的指挥领导层、经营决策层和后勤服务层；门店是连锁经营的基础，承担着具体的执行功能。根据总部权力下放的多少和下放方式的不同，连锁企业有相对而言的集权管理模式、分权管理模式、混合管理模式和契约管理模式，并形成了不同类型的总部与门店之间的权利分配关系。连锁企业品牌形象战略管理包括品牌形象诊断、品牌形象设计、品牌形象推广与监控等主要内容。连锁企业产品战略管理包括产品价值设计、产品组合规划、自有品牌开发等主要内容。连锁企业价格战略管理包括定价战略选择、定价政策及定价方法的选择等主要内容。连锁企业信息化战略主要包括信息系统构成、信息化战略的组织实施、信息系统性能及选择等内容。拥有完善的管理信息系统和管理制度并不能保证企业拥有强大的竞争力，只有同时建立起基于IT的企业执行文化才能发挥制度和技术的作用。

■ 主要概念和观念

组织设计　品牌形象　自有品牌　产品战略　价格战略　信息化战略

■ 基本训练

□ 知识题

1.连锁企业在不同的发展阶段，其组织结构体现出哪些特征？

2.连锁企业总部与门店的基本职能分别是什么？

3.连锁企业的四种管理模式各有哪些优点和缺点？

4.连锁企业品牌形象包括哪几个层次？如何对其进行诊断？

5.如何设计连锁企业品牌形象主题、视觉识别系统和行为识别系统？

6.整体产品概念包含几个层次？试分析四类产品组合战略的优缺点。

7.连锁企业开发自有品牌需要注意哪些问题？

8.连锁企业价格战略有哪些？试比较连锁企业两种定价政策的特点。

9.试分析连锁企业几种主要信息系统的功能、特点。

□ 技能题

1.试诊断一下周边一家连锁商店的品牌形象。

2.一种产品的进货成本是80元，预期毛利率为20%，试确定其零售价格。

□ 能力题

1.案例分析

新东方与学而思教学标准体系的对比

在培训行业，新东方与学而思的教学体系一直为业界津津乐道。新东方的教学体系以七步教学法见长，学而思的教学体系以教学的标准化著称。

1.新东方七步教学法

抛开传统的我教你学的教学方法，新东方建立了具有特色的七步教学法。这七步是：进门测—新授课—课堂落实—查漏补缺—出门考—课后落实—结果公示。这套教学法把优质的教学内容和科学的教学方式紧密结合，通过掌上优能APP实时反馈给家长，班主任、学生、家长可以及时交流，快速提升孩子的学习成绩。

在新东方的双师课堂，每节课都会有2名老师陪伴学习。班主任每天提前将主讲老师当天所讲的内容整理成试题，测试成绩出来后再进行一对一辅导。在新东方，不论是学生的笔记还是测试成绩，就连课上答对的习题，都可以通过掌上优能展现出来。

对学生来说，如何自己按照这个步骤学习呢？第一步，自己预习第二天的课上内容，需要标记自己对哪些知识点有疑问；第二步，课上带着自己的问题认真听讲，并且按照四色笔记法认真完成笔记；第三步，课后完成相应的习题，准备一个错题本，及时请教老师和同学，针对自己不会的问题有针对性地查漏补缺；第四步，给自己设立短期目标或者短期竞争对象，发现自己的进步或不足。新东方七步教学法通过记忆曲线、学习方法、学习规律总结把教学提升到一个新的层次。七步教学法还有助于总结教学经验，达到迅速培养教师的目的。

2.学而思的教学体系

“小前台大后台”一直是学而思实现标准化的机构框架，通过“中央厨房的标准化”模式，学而思实现了教学的标准化，而且极易复制。在学而思，分校没有招生部，分校校长不对校区业绩负责。这主要得益于其教学系统形成的口碑，学而思在教学标准化方面的投资是最大的。

学而思在总部设立各科研究院，有500多人的全职教研团队，针对全国主流教材和教学大纲，对教学内容进行系统、深入的钻研，并建设、支持、迭代ICS教学系统。据说这方面的投资占到学而思总投资的70%。经过十年的发展，学而思培优教研中心已经成为国内中小学培训机构中人数最多、学科最全、内部成员学历最高的综合型教研团队。

学而思培优教研中心经过多年的研究和沉淀，形成了系统的课程体系。在此基础上，北京总部统一研发适合各地教学的教材，将先进的教育理念推向全国。此外，地方分校的教研部门在总部提供的资源基础上进行内容的本地化，如本地公立学校考试题目的加入和某些未列入本地考试范围的内容的删除等。分校的教研员将本地的教学讲义回传总部，由总部完成对应的ICS课程内容开发，再由分校教研员进行串课。

在学而思，比较出名的是小学数学智力开发课程十二级体系、领先中考六级体系（同步培优体系）和超常竞赛体系。每一位老师都要经过严格的岗前培训，每学期进行教师等级排名，激励和督促教师认真教学。

问题：从标准化体系建设上看，新东方与学而思两大教育培训机构的管理特点有什么不同？

资料来源 南风窗（公众号），2018-05-05.https://mp.weixin.qq.com/s/AhWGd9sTozGpeXKXBPxs7w.

2.网上调研

试从互联网上调查国内几家连锁企业品牌形象的标志内涵。

第3章即测即评

第4章 连锁门店运作管理

学习目标

知识目标

- 了解卖场生动化管理的重要性及管理重点；
- 掌握促销活动策划、实施和评价的主要内容及方法；
- 掌握提高顾客服务水平的基本内容；
- 了解店长的核心作用和如何建设一支优秀团队的文化。

技能目标

- 学会策划综合性促销活动；
- 掌握正确处理顾客抱怨的技巧。

能力目标

- 能发现门店经营中的主要问题并提出解决措施；
- 学会建设一支优秀团队的基本方法。

4.1 卖场生动化管理

4.1.1 卖场生动化及其衡量指标

1）卖场生动化的重要性

现代商业已经发展到很高的水准，无论是商品的品种、数量还是宣传、促销手段，都达到了极为丰富的程度。顾客在购物的同时，已经把欣赏琳琅满目的商品作为一种额外的享受。无疑，这种体验将大大激发顾客光顾商店的兴趣。

卖场生动化管理是指门店管理者为营造良好的卖场氛围而进行的一系列活动，主要通过有效的环境规划、商品陈列等手段在视觉信息传播、照明、颜色、音乐和气味等方面渲染卖场气氛，达到引起顾客感性反应和情感反应、刺激顾客购物欲望，并最终促成顾客购买，实现整体销售迅速提升的目的。

（1）卖场生动化可以吸引顾客经常光顾商店，提高客流量。早在20世纪20年代，就有人提出了AIDA效果模式，即注意（attention）、兴趣（interest）、愿望（desire）和行动（action）。这表明，注意是兴趣的前提，而兴趣往往导致某种愿望和行动。在此，我们可以把购物氛围看做一种诱因，它能够通过一系列心理反应，促使顾客产生购买动机。无论顾客是否真的购买了商品或享受了服务，这种影响都会给顾客留下深刻的印象，加深他们的记忆，使他们日后很容易识别该商品和品牌，或在一定程度上形成品牌形象和品牌联想。

（2）卖场生动化可以保持顾客愉快的心情，使他们在商店逗留更长的时间。一般来说，大多数顾客的购物决策很少经过深思熟虑，我们称这些决策为低介入或低涉入决策，情感和情绪在顾客低介入决策过程中起着非常重要的作用。好的卖场视觉效果能够即时影响顾客的购买情绪，使顾客流连忘返，产生冲动性购买。一些咨询公司在研究顾客购物行为时发现，顾客的冲动性购物行为总体上呈不断增加的趋势，这主要归因于消费者特性和商店环境的持续改善。双职工家庭面临时间上的压力，交通的便捷和休闲计划使他们购物时越来越缺乏事先的安排，可随意支配收入的增加促使他们无须事先安排购物计划，自助服务的盛行、商品品类的丰富以及卖场促销活动的增加也促使顾客更多地在店内直接决定购买。上述种种现象是当今商店管理者越来越重视卖场生动化管理的原因。

（3）卖场生动化可以刺激顾客的冲动性购买，提高客单价。连锁商店的环境氛围在许多方面对顾客的购物行为产生影响，包括整个商店的外观设计、卖场内部的灯光与气味、POP广告的安排、商品布局、产品组合及展示方式等。在每一个层面上，管理者的决定都会对顾客在店内的直接消费行为和他们的长期惠顾产生影响。据统计，在超市，30%左右的商品是顾客有计划购买的，70%左右的商品则是顾客冲动性购买的。所谓冲动性购物，是指一个顾客突然间产生一种强烈的、持续的立即购买某物的渴望。尽管顾客在商店以外的环境有时也能产生冲动性购物的渴望，但绝大多数冲动性购物发生在店内，是受商店氛围的影响而产生的。

连锁商店卖场管理的一个目的就是尽可能地增加顾客的冲动性购物次数，而要做到这一点，商店管理者必须根据顾客的特点及时改进卖场设计，即进行卖场生动化管理。

(4) 卖场生动化可以塑造区别于竞争对手的独特的商店形象。环境氛围是连锁商店赢得顾客和竞争优势的一个重要方面，当管理者感觉在商品、价格、促销、服务和地理位置方面很难获得差别优势时，商店本身的环境提供了一个制造差别的机会。

(5) 卖场生动化可以使连锁企业在“体验经济”中赢得竞争优势。今天的消费者拥有多重购物选择，他们可以通过商品目录和观看电视进行购物，也可以通过互联网在家中购物。因此，商店必须营造令人兴奋的环境氛围，使消费者有兴趣走出家门去商店购物，感受一种坐在家中无法经历的购物体验。这一点，在今天的体验经济时代显得尤为重要。有人认为，零售业将进入体验竞争阶段，顾客购物不仅要获得商品、服务、信息等实用价值，还要获得一种体验价值，而这种价值的创造正是通过卖场生动化实现的。

2) 卖场生动化的衡量指标

如何评价一个卖场设计是否生动化，或者如何评价卖场设计通过改进是否提高了生动化程度？下面几个指标虽然主要适用于超市连锁门店，但也可以有选择地用来衡量其他连锁门店的卖场设计效果。

(1) 来客数。这是指一定时期内来商店的顾客总人数。生动化的卖场设计不仅可以突出商店形象，而且能使顾客感觉愉快并体验到一种独特的舒适感和亲切感，给顾客留下深刻印象，从而促使顾客更频繁地光临。因此，光临的顾客人数越多，说明卖场生动化管理越有效。

(2) 提袋率。这是指在商店中购买商品的顾客人数占光临商店的顾客总人数的比率。对于一些零售业态，如超级市场、便利店等，顾客进店往往有比较明确的目标，因此进店人数基本上就是提袋人数，除非商店没有顾客需要的商品；而对于另一些零售业态，如百货商店、专卖店、购物中心等，顾客进店往往没有明确的购物指向，此时，卖场生动化的好坏直接影响顾客能否产生购物欲望。

(3) 客单价。这是指商店一定时期内平均每笔交易的金额，可以用一定时期的总销售额除以交易次数来计算。卖场生动化管理做得越好，越能引发顾客冲动性购物，从而增加顾客每次的消费金额，提高客单价。

(4) 坪效。这是指在一定时期内平均每平方米卖场面积实现的销售额，可以通过一定时期的总销售额除以卖场总面积来计算。这是衡量卖场生动化效果的指标，也是零售商最关心的一个指标。它不仅可以考查整体卖场设计水平，也可以分析某一局部卖场设计和生动化管理的好坏。

(5) 顾客停留时间。这是指顾客在商店逗留的平均时间。顾客在商店待的时间越长，购买的可能性就越大。而顾客在商店里花费的时间取决于购物经历是否愉快、购物环境是否有吸引力，即与卖场生动化管理直接相关。

(6) 卖场覆盖率。这是指顾客进商店所走过的卖场面积与总面积的比率。卖场生动化就是要让顾客更舒服，更愿意浏览，确保顾客能到达他想去的每一个角落，甚至被卖场设计自然吸引，能去他原本不打算去的地方，实现更多的冲动性购物。

（7）商品关注率。这是指顾客进商店所关注的商品数量占商品总数的比率。顾客的目光也许会触及卖场的绝大部分商品，但并不一定被这些商品所吸引，因此，能让顾客的目光停留5秒钟以上的商品便可以认为受到顾客关注。顾客对商品的关注率越高、关注时间越长，说明卖场生动化管理越好。

4.1.2 卖场生动化管理的要点

尽管现代商店营销越来越注重对卖场氛围的营造，所有门店管理者都费尽心机，使用各种手段展开形象、氛围大战，但由于顾客在商场容易受到过量信息的干扰，面对五彩缤纷的展台、货架和琳琅满目的各类商品，会感到无所适从，所以，商店可以制造“热闹”，但盲目堆积商品是卖场生动化管理的大忌。为了真正吸引顾客的注意力、引起顾客的兴趣，卖场设计的内容和要突出的特点必须是顾客希望了解和愿意看到的，尤其要考虑他们还没有完全意识到的潜在需要和兴趣点。管理者要特别注意以下几个方面：

1）卖场布局

好的卖场布局应该达到“起承转合”的效果。起，是指以鲜明的形象将顾客的视线吸引过来，使之产生好感和兴趣，一般通过精心布置展台、制造生动的场景来实现；承，是指以开阔、充实的视觉感受和顺畅的通道，引导顾客进入卖场深处，这一步的关键是提供充分的信息和诱人的商品；转，是指顾客因感到有浏览和选择的必要而细致地观看商品，此时就是考验商品能不能体现其价值的时候了；合，是指顾客找到了中意的商品，经过挑选、比较，最终选购、成交，皆大欢喜。在卖场布局中，需要注意以下问题：

（1）由于店面有限，寸土寸金，管理者既要考虑如何放置更多的商品，又不能让顾客感觉拥挤，要便于顾客购买。过于拥挤的店面常常让顾客心烦意乱，不愿久留，给顾客留下不好的印象；而店面过分宽敞又造成卖场空间浪费，降低单位面积的营业绩效。

（2）管理者要考虑货架摆放与通道设计，使其富于变化，形成多个“磁石点”，激起顾客的购物兴趣，尽量引导顾客逛完整个卖场，增加其冲动性购物。

（3）要尽量避免卖场出现死角，尤其注意柱面、墙面、墙角与组合于其中的展示台、陈列工具的配合，使顾客的视线能集中于此。

（4）管理者在进行卖场布局时还要考虑一些细节，如理货员如何补货、购物手推车的摆放、商店安全管理、残疾人的特殊需求等。

（5）商品货位布局要合理规划。货位布局主要考虑以下因素：一是商品本身的特性；二是顾客购物行走的特点；三是商品的盈利程度；四是配合其他促销策略。

（6）商品空间分配要在实现销售额最大化、利润最大化和顾客满意最大化三个目标之间进行权衡。可以实现销售额最大化的产品的利润率可能较低，但集中销售高利润产品可能会把重点放在顾客不很关心的产品上面，从而降低他们的满意程度。图4-1是依据产品是高利润还是高销售额制订的空间分配选择方案。

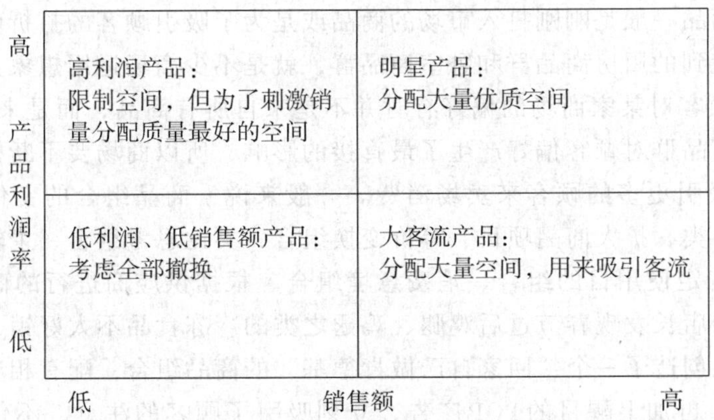

图4-1 空间分配选择方案

小资料4-1 磁石理论

磁石理论是用来解释卖场位置优劣的理论。所谓磁石，即卖场中最能吸引顾客眼光、最能引起购买冲动的地方。在商品布局中运用磁石效应，具体而言就是在卖场最优越的位置陈设最合适的商品促进销售，并且以此引导顾客顺畅地逛遍整个卖场，达到增加顾客随机消费和冲动性购买的目的。以超级市场为例，一般来说，磁石点可分为四个：

第一磁石点位于商店主通道两侧。这是顾客的必经之地，也是商品销售最主要的位置。此处应布局主力商品，超级市场可布置购买量最多、购买频率最高的商品。

第二磁石点位于主通道尽头，通常处于商店最里面的位置。第二磁石点陈设的首先是能诱导顾客走入商店最里面的商品，一般应配置新商品；其次可以配置部分季节性商品。另外，配置一些华丽明亮的流行时尚商品可以弥补第二磁石点位置偏暗的不足。

第三磁石点位于商店陈列架两端的位置或出入口处。端架和出入口处（包括店内楼梯口）是卖场中顾客接触频率最高的地方，布局在此处的商品就是要刺激顾客、留住顾客，如特价商品、高利润商品、季节性商品和购买频率高的商品等。

第四磁石点位于商店中的副通道两侧。这是个需要让顾客在长长的陈列中引起注意的位置，在商品布局上必须突出品种繁多、可挑选性强，应下功夫在商品陈列技巧和促销方法上做出刻意的表达诉求。

2）商品组合

若走进几家同业态卖场，多数人会感到似曾相识，但有时也会感到耳目一新。再仔细审视那些让人感到耳目一新的卖场，顾客会发现这里的每一种商品其实和别的商场大同小异。那么，使顾客耳目一新的秘密在哪里呢？秘密来自商品群的创造。商品群的创造就是一个小空间的商品组合，它是由主力商品、辅助商品、附属商品和促销商品四部分构成的。创造商品群需要丰富的想象力，主力商品多半是主要的、高利润的、品类齐全且能营造卖场气氛的商品，以季节性商品为主；辅助商品多半是使用量较大的消耗性商品，虽然利润不高，却是吸引顾客或搭配主力商品的产品；附属商品多半为配件或相关商品；促销商品一般是刚刚打入市场的商品或是为了吸引顾客的打折商品。

我们通常看到的厨房商品群和卧室商品群，就是不少商场运用想象力创造出来的成功的商品群。顾客对某家商场的偏好有时并不是来自所有商品，而是来自某个商品群。正是由于特色商品群对顾客偏好产生了最直接的影响，所以商场要不断推出和强化有创意的商品群，吸引更多的顾客来卖场消费。一般来说，商品组合的变化通常有以下几种：增加商品种类、扩大商品项目、等价变换组合、类比思考组合、主辅调整组合、使用环境组合、特定使用目的组合、消费意境组合、根据供应商进行的商品组合等。例如，某家超市的店长发现春节过后鸡腿、鸡翅之类的冷冻食品不太好销，于是他想出了一个小点子，他创造了一个“回家自己做肯德基”的商品组合，配有相应的炸鸡料和调料等辅助商品，再加上醒目的POP广告，立刻吸引了顾客的注意，不仅鸡腿、鸡翅的销量大增，还带动了其他商品的销售。可见，富有创意的商品组合是一个诱人的卖点。

3）商品陈列

商品陈列是卖场向顾客展示商品的一种特殊技术，常被称为“向顾客做购买前最后一分钟的提示”。作为卖场的现场广告，商品陈列的促销作用要比电视广告和报纸广告更为有效。市场营销专家指出，在超市中顾客2/3的购买决定都是参看商品陈列做出的，在其他业态的商店中商品陈列也同样重要。气氛是商场经营的重要因素，而商场气氛与商品陈列有直接关系。科学合理的商品陈列要满足以下五个方面的要求：充实感、美感、亲切感、宽阔感、关联感。门店管理者在商品陈列中要注意以下几方面：

（1）瞬间视觉冲击。顾客在商店的行走速度有时很快，所经过的卖场中的商品被目光扫视的时间往往很短，因此，成功的商品陈列能在瞬间抓住消费者的目光，让其关注商品并最终停留选购。

（2）容易触摸。我们生活在一个被剥夺了触摸机会的时代，购物是我们为数不多的能用手了解物质世界的机会之一。几乎所有的无计划购物都发生在对实体商品触摸、挤压、闻味或品尝的过程中，让顾客触摸商品会使其产生亲切感。

（3）充分运用各种陈列道具营造气氛。陈列道具包括陈列货架、陈列冷柜、品牌专柜、展示台、展示桌、吊架、人体模特等，每种道具都有自身的特点和适用场所。

（4）经常推出适当的主题陈列。商品陈列最忌一成不变，管理者要适时调整陈列方式。比如，可以借助不同的主题，除了气候决定的一般意义上的春季、夏季、秋季和冬季主题外，还可以创造多个主题，如情人节、中秋节、母亲节、圣诞节等各种节日或重大活动。此外，管理者还可以采用生活方式主题，如把健身爱好、音乐爱好、家庭娱乐等作为陈列主题。

商品陈列是一种艺术，也是对顾客心理的一种诠释，独特的商品陈列能帮助顾客了解自己的需求。对于独特的商品陈列，门店管理者应该摒弃一些传统的观念和模式，一成不变的商品陈列方式会使大多数门店看上去大同小异，没有自己的风格。例如，在一些地方的诺顿百货商店里，在男士用品部的旁边开设了迷你酒吧。这一特色吸引了一些本来没有购物需求的男士光临，他们可能会顺带购买一些计划外的衬衣、西服、领带和鞋子。

小资料4-2 常见的商品陈列方式

1.分类陈列。这是指根据商品质量、性能、档次、特点或消费对象分门别类地展示、陈列商品。分类陈列使顾客对卖场销售的商品一目了然，同时还可以使其在不同的种类、花色、质量、价格之间比较挑选，是连锁商店运用最广泛的一种陈列方式。

2.主题陈列。这是一种将商品陈列在一个主题环境中的陈列方式。可选择的主题有很多，如各种节日、庆典活动、重大事件等。主题陈列可以营造一种特殊的气氛，吸引消费者的注意。如“六一儿童节”来临之际，可将各种儿童用品集中放在一个陈列台上，再加上鲜花等装饰品，从而渲染出一种活泼、热烈的氛围。

3.端头陈列。端头即货架两端，这是销售力极强的陈列位置，尤其是在超级市场。端头陈列即在货架两端进行的商品陈列。端头可以用来陈列特价商品、高利润商品、新商品、重点推荐商品或热卖商品，但要注意陈列的商品种类不宜过多，且商品之间要有关联性。

4.突出陈列。这是将商品超出通常的陈列线，面向通道突出陈列的方法。突出陈列的高度要适宜，既要能引起顾客的注意，又不能太高，以免影响货架上商品的销售效果。突出陈列的商品不宜过多，以免影响顾客正常的行走路线。突出陈列适用于新产品、促销商品、廉价商品等希望特别引起顾客注意、提高周转率的商品。

5.关联陈列。它也称为配套陈列，即将种类不同但效用相互补充的商品陈列在一起，或将与主力商品有关联的商品陈列于主力商品的周围以吸引并方便顾客购买的陈列方法。关联陈列提高了商品陈列的灵活性，加大了不同种类商品陈列的机会，是商品群原理在商品陈列中的一个集中体现。在运用关联陈列时，一定要注意商品之间的相关性，确保顾客能产生连带购买行为。

6.悬挂陈列。它是用固定的或可以转动的有挂钩的陈列架来陈列商品的一种方法。悬挂陈列能使顾客从不同角度欣赏商品，具有化平淡为神奇的促销作用。悬挂陈列的适用范围是中小型轻量商品，常规货架上很难实施立体陈列的商品，多尺寸、多颜色、多形状的商品。

7.量感陈列。这是指商品陈列数量的多寡。只强调商品的数量并非最佳做法，现在更注重陈列的技巧，从而使顾客在视觉上感到商品很多。量感陈列一方面是指“实际很多”，另一方面则是指“看起来很多”。它一般适用于食品杂货，以丰满、亲切、价格低廉、易挑选等吸引顾客。

8.箱式陈列。它也称为盘式陈列，是量感陈列的一种延伸方法。箱式陈列主要是为了突出商品的量感，告诉消费者该商品是可以整箱出售的。这种陈列方法给顾客的印象是价格低廉、量感突出、亲切、易接近。它可以节省人力、物力，易补充、撤收商品，通常可布置成直线形、V形、U形。

9.岛式陈列。商店的入口处、中部或通道尽头有时不设中央陈列架，而是配置特殊的展台，这种陈列方法就称为岛式陈列。岛式陈列可以使顾客从四个角度看到和取到商品，效果是非常好的。这种陈列能强调季节感、廉价感、时鲜感和丰富感，有利于诱发顾客的购买欲望。

10.缝隙陈列。这是将卖场的中央陈列架撤去几层隔板，留下底部的隔板，形成一个槽状的狭长空间，用来突出陈列商品的一种方法。缝隙陈列打破了陈列架上一般商品陈列的单调感，富有一定的变化，能够吸引顾客的注意力。

11.投入式陈列。这是将商品投入某一容器中进行陈列，给人一种仿佛是将商品陈列在筐中的感觉。投入式陈列给顾客一种价格低廉的印象，可成为整个商店或某类商品销售区的焦点。

12.裸露陈列。好的商品摆放应为消费者观察、触摸及选购提供最大便利。部分商品应采取裸露陈列的方法，允许消费者自由接触、选择、试穿、试用或亲口品尝，以减少其心理疑虑，降低其购买风险。

13.情景陈列。这是为再现生活中的真实情景而将一些相关商品组合陈列在一起的陈列方式。如用家具、室内装饰品、床上用品布置一个室内环境，用厨房用具布置一个整体厨房等。宜家家居卖场十分注重情景陈列，对顾客有强烈的感染力。

4）POP广告

POP广告（point-of-purchase advertising）也称为店面广告、卖场广告或销售点广告，是一种与商品有连带关系的广告，也是商店或厂家在销售现场向顾客做的最后的广告。它的目的在于诱导顾客进店，使顾客容易选择商品，并提醒顾客注意促销商品，以促进销售。由于POP广告针对性较强，顾客可在短时间内近距离接触商品，容易留下较深刻的印象并且极易促成冲动性购买行为。POP广告包括在橱窗、柜台、地板上或墙面上挂放的各种有关商品的信息和引导顾客购买的标志等，近年来演化出丰富多彩的形式。例如，有些商店将POP广告做到了地板上，让人耳目一新。POP广告的主要做法是在销售现场张贴相关的广告宣传品，以图文并茂的形式提供商品性能、服务、说明等方面的信息，刺激顾客的购买欲望。这些五颜六色的POP广告可以由商店自己制作，但更多的是生产厂家为了配合商店的促销活动而印刷的精美招贴画。由于POP广告常常可以免费获得，故颇受商店的欢迎。表4-1总结了POP广告的种类和功能。

表4-1 POP广告的种类和功能

区分	种类	功能
店头POP	店头看板（招牌）、商品名称	告诉顾客这里有家商店及它卖什么样的商品
	橱窗展示、旗子、布帘	通知顾客正在实施特价大拍卖，或营造气氛。另外，给整个商店带来季节感
店内POP	专柜POP、引导POP	告诉走进商店的顾客商品在什么地方
	特卖POP、廉价POP	告诉入店的顾客正在开展特卖活动
	告知POP、优待POP、气氛POP	告诉顾客商店的性质及商品内容，也可以营造气氛
	厂商海报、广告板、场地POP	传达商品情报及厂商情报
陈列现场POP	展示卡	告诉顾客商品品质、使用方法及厂商名称等
	分类广告	告诉顾客广告品或推荐品的位置、尺寸及价格
	价目卡	告诉顾客商品名称、数量及最有影响的价格标示

5）灯光设计

灯光照明是对商店的“软包装”，能体现商店一定时期内的经营思想，也能向顾客传递信息。商店内明亮柔和的照明可以准确地传达商品信息，消除陈列商品的阴影，展现商品的魅力，美化环境；同时还可引导顾客入店，便于顾客选购商品，缩短选购时间，提高效率，加速商品周转。所以，照明是营造商场气氛的一种经济有效的手段。商店照明一般包括以下类型：一是基本照明。这是为了使整个商店各个部分能获得基本的亮度而进行的照明，也是商店最重要的照明。二是特殊照明。这是为了突出某一特定商品而设置的照明，多采用聚光灯、探照灯等照明设备。三是装饰照明。它对商店光线没有实质性作用，主要是为了美化环境、渲染购物气氛，多采用彩灯、壁灯、吊灯、落地灯和霓虹灯等。在进行灯光设计时要注意以下几点：

（1）壁面照明度要提高，其他部分则要降低。这可以使壁面的背景色突出，充分表现商品的个性与特色。

（2）高强度照明不等于有效照明，要充分考虑顾客的感受，强烈的照明容易使顾客的眼睛感到疲劳。

（3）照明强度能反映卖场的品位，越高级的卖场光线越柔和。

（4）选择不同色温的灯光以适合不同的商品展示需要。例如，暖色光照射在暖色调的商品上，可以加强商品的色彩效果；经由玻璃器皿或有光泽的物品反射的光线，会突出商品的精致与高贵。

6）音乐背景

音乐具有极强的情绪感染力和情感传达功能，在一个高雅或清新的服饰店里，顾客如果能听到与商店及商品风格相同、情调一致的音乐，一定会感到非常惬意，自然就会多停留一些时间。音乐在商品销售中经常被用到。一项调查显示，在商店里播放柔和而节拍慢的音乐，会使销售额增加40%；快节奏的音乐会使顾客在商店里流连的时间缩短、购买的商品减少。这个秘诀早已被零售商店的管理者所熟知，因此商店在快打烊时往往播放一些快节奏的音乐。商店在选择背景音乐时，一定要结合商店的特点和顾客的特征，形成一定的风格；同时，还要注意音量高低的控制，既不能影响顾客用普通声音说话，又不能被店内外的噪音所淹没。音乐的播放也要适时有度，如果音乐给顾客的印象过于嘈杂，使顾客产生不适感或注意力被分散，甚至感到厌烦，那就达不到预期的效果，还会适得其反。

7）气味提醒

如同轻柔的音乐能使人精神放松一样，宜人的气味通常对人体生理也有积极的影响。空气污浊、有异味的商店会让顾客不敢久留，无味的商店会使顾客情绪低落，而在清新如野、令人心旷神怡的环境中购物，顾客会得到美的享受，并有一份好心情去选购商品。因此，清新的空气与宜人的室内温度，再加上适合卖场风格的香味，便是卖场生动化管理的细节问题。所谓“不以善小而不为”，细节做好了，整体才会不断完善直至完美，才会真正吸引顾客，并在顾客脑海中留下深刻的印象。气味同声音一样，有正面影响也有负面影响。在卖场中，化妆品的香味，蛋糕的香味，糖果、巧克力的诱人味道都能对顾客产生积极的影响。商品与气味相互协调，对刺激顾客购买有积极的作用；不良气味则使人反感，有驱除顾客的副作用。

8）色彩暗示

色彩在现代商业中起着传达信息、烘托气氛的作用，善用色彩可以创造一个亲切、和谐、鲜明、舒适的购物环境。在商店内部环境设计中，色彩可以用来营造特定的气氛。它既可以帮助顾客熟悉商店形象，也能使顾客产生深刻的印象，留下美好的回忆。适当的环境色彩能引起顾客丰富的联想和不同的心理感受，激发人们潜在的消费欲望，同时还可以使顾客产生即时的视觉震撼。不同的颜色会给人不同的感受，颜色本身就具有感觉色彩。下面的小资料列出了超市常用的几种颜色及其含义。

小资料4-3　超市色彩的运用

面包区——黄色调，明快的黄色自然令人想到烤得黄澄澄、香喷喷的面包。

熟食区——橙色调，被称为“暖极”的橙色让飘香的美味冒着腾腾的热气，能引发人的食欲。

精肉区——红色调，国外成功的案例显示，铁红的生肉在红色背景下会显得越发新鲜、活嫩。

水产区——蓝色调，蓝色是“冷极”色调，海鲜在这种色调的映衬下才够鲜。

蔬果区——绿色调，摆放有致的蔬果加上仿真绿叶、果藤的缠绕，会使人感到新鲜、环保。

在色彩的运用上，要遵循适时、适品、适所、适人原则。

适时，指颜色要适合商品销售的季节。例如，出售夏季用品时，店内可采用天蓝色进行装饰，以表现海水、天空，突出清凉的感觉。

适品，指商店的装饰色应该与商品相协调，不应出现不和谐之感。

适所，指店内的色调应该与商店的性质、风格相一致；否则，将影响商店的形象，使商店失去个性。

适人，指商店在进行色彩规划时，务必充分考虑目标顾客对色彩的偏好和敏感程度，使顾客进店之后能产生一见如故的感觉，从而有一份轻松、愉快的购物心情。

9）现场制作

这种形式主要用于手工艺品的促销。商店为了促进销售，可以聘请手工艺品的制作者在卖场演示制作过程。这种形式不仅向顾客展示了商品的外在质量，而且能使顾客感受到商品的内在美，如手工编织物、手制陶瓷等，从而激发顾客的购买欲望。目前，大多数超市都在现场制作食品，如广州吉之岛将寿司的整个制作过程对外开放，全程演示给消费者，激起了消费者的极大兴趣。很多超市现场制作豆制品和饮料，让人对食品的卫生和新鲜放心。此外，很多超市还在卖场摆放榨汁机，现场演示榨汁过程，百分之百的果汁对顾客具有极大的诱惑力。

除了以上几方面外，门店还可以通过促销活动、价格信号、人员服务、营业设施等营造积极的商业氛围。在营业设施方面，对停车场、座椅、洗手间、试衣间等的设计要认真考虑，让顾客感觉便利和舒适。总之，好的卖场设计始终要围绕目标顾客来进行，要调动顾客的积极性并与其有效沟通。同时，要保持自己的独特个性，常变而又常新，并始终让商品做主角，货架、背景等都是商品的附属。

案例4-1 胡桃里的音乐餐厅

近几年，随着消费升级以及消费需求日益多样化，市场上涌现出一批主打音乐特色的餐厅，胡桃里就是其中的佼佼者。据了解，胡桃里在全球开设了388家门店，其中国内门店382家、海外门店6家，覆盖全球260多座城市。除了胡桃里，其母公司合纵文化旗下还拥有苏荷、繁花、本色、杂咖、事外、泰炯、纯K、新艺堡等10多个知名娱乐品牌，涵盖酒吧、KTV、餐厅、酒店等众多业态。

胡桃里总经理詹宗德表示，胡桃里曾是合纵文化的食堂，旗下的艺人经常在食堂排练，员工就餐的时候艺人还在唱歌，形成了初始的音乐餐吧。因为这个餐吧地处创意园，经常有路过的消费者询问是否可以进来就餐。2013年，胡桃里"餐厅+酒吧+咖啡馆"的创意雏形就形成了，一年后胡桃里第一家旗舰店在南宁落地。

胡桃里是从餐饮行业里细分出来的一个新品类，是酒吧、餐厅、咖啡馆的"混血儿"，就餐环境成为品牌的一大特色。来到胡桃里的消费者都觉得这里环境优美，现场有温暖的灯光，配以大量的绿植，尤其是将酒瓶作为隔挡装饰，别有一番风味。这种文艺气息为热爱生活的人们提供了一个温暖的栖息地。

胡桃里的经营根据不同时段、不同人群的消费需求来设计，比如中午以商务白领为主，下午满足消费者的下午茶需求，晚上满足朋友聚会、家庭聚餐以及酒吧的消费需求。在下午最低效的时段，餐厅定期举办读书会、摄影展、生活美学课程等，后来还衍生出场地租赁功能，如公关活动、发布会、选秀等。

作为一家音乐餐厅，音乐也是餐厅的"产品"之一。目前合纵文化旗下有2 000多名艺人，有专人进行培训考核，通过考核后才能下店进行全国巡演，每3个月进行一次艺人团队的全国调动。这既解决了新鲜感问题，又保障了全国门店的演出质量。

作为餐饮品牌，除了音乐和环境外，食物品质、味道也是需要重视的，胡桃里的招牌菜是"胡桃里烤鸡"，他们也在努力适应各方口味不断推出新菜。2018年，胡桃里将投入更多精力和费用进行川菜的研发和创新，继续提升产品品质。

问题：胡桃里音乐餐厅迎合了消费者的什么需求？

资料来源 中国连锁经营协会（公众号），2018-04-04. https：//mp.weixin.qq.com/s/VqaHptKfqlA-OKrpSGp3Q2A.

小思考4-1 好的生动化卖场设计能给消费者的购买行为带来什么影响？

4.2 门店促销活动管理

4.2.1 促销活动及其管理重点

在现今激烈竞争的市场环境中，连锁企业日益认识到比选择适当的地点、商品、价格更重要的是与现有顾客及潜在顾客的沟通。连锁门店要吸引顾客，创造竞争优势，必须不断地与顾客沟通，向顾客提供商店地点、商品、服务和价格等方面的信息；通过影响顾客的态度与偏好说服顾客光顾商店，购买商品，使顾客对商店形成良好的印象。

促销（promotion）是连锁企业为告知、劝说或提醒目标顾客关注有关企业任何方面的信息而进行的一切沟通联系活动。促销工具主要有广告、店内氛围和视觉营销、人员推销、销售促进、公共关系（如图4-2所示）。这些工具共同构成连锁企业的促销组合，其中每一种工具都有不同的功能。为了取得最佳效果、最大限度地实现促销目标，管理者需要适当地综合运用不同的促销工具。

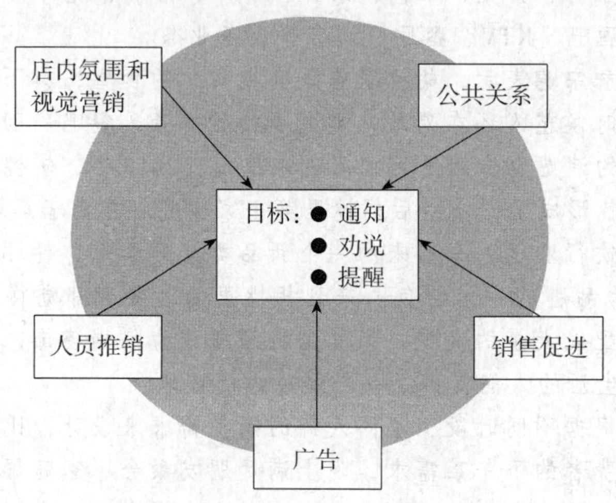

图4-2 连锁企业促销工具及目标达成

连锁企业促销活动包括两个层次：一是总部策划的促销活动，主要是从全局考虑，目的是扩大促销的整体效应和改进企业长期的经营效果；二是门店策划的促销活动，主要是从局部考虑，目的是在短期内有效提升门店的经营业绩或应对竞争压力。

对连锁门店而言，如何通过促销活动有效地提高经营业绩呢？下面五个公式解释了门店经营业绩的来源，也为门店促销管理提供了思路。

公式一：门店销售额=客单价×客单数

这是实际工作中门店管理者最常用的业绩公式，他们常常从客单价和客单数上着手提高门店的销售额。本公式有两个控制点：客单价和客单数。客单价这个控制点可以简单理解为如何让顾客一次性购买更高金额的商品；客单数是指有效的客流数，即来卖场购物或消费的客流数。我们可以从两个方面来考虑客流数，即如何吸引顾客前来卖场和如何使更多的来到卖场的客人成为有效的客流。从这个公式出发，门店促销管理的重点是顾客，要把握顾客心理，策划富有吸引力的促销活动，使进店的顾客不会失望而归，同时使顾客进行更多的冲动性购买。

公式二：门店销售额=坪效×坪数

这个公式有两个控制点：坪效和坪数。坪效指每平方米面积产生的销售额，特定面积上经营的商品项目和具体的商品（包括本区域的气氛布置、商品布局、动线等）是影响坪效的主要因素。坪数是指卖场的面积，它是一个常数。卖场内不同区域的业绩是不一样的。从这个公式出发，门店促销管理的重点在于卖场设计，包括配合促销活动的气氛营造、动线设计、商品组合及布局等。对卖场来说，每一寸面积的租金都是一样的，在促销中如何及时发现并整改产出过低或不合理的区域，是提高门店业绩的一个重要因素。一些门店在促销实施中会有意识地将最吸引人的特价品放在商场入口特设的陈列架上，其余的则分别陈列在店内各处，力求使消费者走完商场一周，才能全部看完商场推出的特价品。这不仅延长了顾客停留的时间，也改变了卖场布局的不均衡现象。

公式三：门店销售额=人效×人数

这个公式有两个控制点：人效和人数。人效是指平均每一个店员创造的经营业绩，人数则指门店内的所有工作人员数。人数是根据岗位的需求设置的，一般来说是定量，不易更改；但人效对管理者来说有积极的意义。由于门店大部分工作是有规律的简单劳动，管理者要考虑用更少的人员完成既定的工作，而将更多的人员投入到宣传推广和顾客服务中，这是提高人效的主要方法。从这个公式出发，门店促销管理的重点在于人员工作的合理分配和人员积极性的发挥。另外，"隐性人数"是一个值得关注的问题，卖场中还有生产商或经销商委派的促销员，他们不涉及公式中人数的变化，却可以极大提高人效，这也是促销管理控制一个需要关注的因素。

公式四：门店销售额=时效×时间量

这个公式有两个控制点：时效和时间量。由于时间量是固定的，一般不会轻易变动，因此促销管理的重点便应放在时效上。时效是指平均每一小时创造的经营业绩，如果只关注这个平均量，就会淡化不同时间段时效高低的区别。管理者大都知道一天中会有客流高峰期和低峰期，但一般认为这是规律，没有想过改变这种情况。如果门店能在客流低峰期采取适当的方式，如针对该时段开展促销活动和商业推广等，将会使低峰期的时效得到一定程度的提高，如现在被广泛运用的"淡季促销"或"会员专卖场"等。

公式五：门店销售额=品效×单品数

这个公式有两个控制点：品效和单品数。品效即一定时期内单品平均销售额，它与商品陈列有很大关系，同一商品陈列在不同的位置，销售额可能有天壤之别。由于消费者的购买能力不同，商品可以根据重要性分出A、B、C、D四个等级，作为管理者无疑应该了解其中的差别并合理陈列。更重要的是，管理者要能够发现被埋没了销售潜能的商品，并采取适当的措施发挥其基本潜能，同时及时淘汰真正的滞销品，不断引入有效新品，让A、B类商品带动C、D类商品的销售。总之，要想方设法让所有商品都发挥其应有的销售能力。

需要注意的是，门店经常用销售额指标来衡量促销活动的效果，但销售额并不是真正的效益指标。门店效益来自如下公式：门店利润=销售额×平均毛利率-经营费用。因此，要提升门店的经营效益，还要关注两个方面：一是平均毛利率；二是经营费用。也就是说，促销活动虽然提高了销售业绩，但如果是以降低平均毛利率为代价，或者导致经营费用增大，也会得不偿失。因此，管理者不能仅关注价格促销，而应采用丰富多彩的促销方式，既促进销售额的增长，又严格控制促销成本，使每一分钱都发挥作用。

4.2.2 门店促销活动策划

门店促销活动策划包括确定促销目标、确定促销预算、制订促销实施方案。后者又包括确定促销主题、促销时间、促销商品、促销宣传等一系列内容。

1）确定促销目标

连锁门店的促销目标就是通过各种有效的促销工具通知、劝说和提醒顾客，从而提高销售业绩。若再加以阐述，则某一个具体促销目标可根据顾客的认知情况归纳为以下几点：

（1）使顾客获得最初的消费认知；

（2）引发顾客的兴趣；

（3）提高商品在顾客心目中的购买地位；

（4）赢得顾客的关注；

（5）消除商品在消费者心目中的不良印象，或增强良好印象；

（6）提高回头购买率及忠诚度；

（7）抵消其他竞争对手的影响力。

在确定某项促销活动的具体目标时，管理者必须先确定以上目标中哪些是最重要的。由于每一具体的促销目标与不同的促销方式相对应，连锁门店在开展促销活动之前，有必要清楚地阐明自己的目标以选择促销类型、媒体及所传递的信息。

促销目标必须尽可能准确地描述，如增加门店销售额就不是一个明确的目标，“将销售额增加20%”的目标才是有指导意义的、定量的、可测的。只有确立了这样的目标，门店才能制订精确的促销计划并评估其成功的可能性。

2）确定促销预算

直营连锁门店的促销费用来自总部的统筹安排。如果总部的促销功能较强，且习惯统一策划，则门店的促销灵活性较小，可支配的促销费用较少；若总部的促销功能较弱，大部分促销活动由门店自行安排，则门店可支配的促销费用就会较多。一般来说，总部每年会给门店一笔固定的促销费用，或按门店销售总额的一定比例提取促销费用。门店在这一固定促销费用的基础上，可以按以下方法将其分解到每一次促销活动中：

（1）分解法，是指连锁门店先确定一年内所要开展的促销活动次数，再根据每一次促销活动的重要性、规模等因素，将全年促销预算分解到每一项具体的促销活动中。这种方法的优点是能在有限的预算内完成所有计划促销的项目；缺点是每次促销活动由于分配金额有限，不一定都能达到预定目标。

（2）目标调整法，是指连锁门店先确定全年每项促销活动的目标，再据此确定每项促销活动需要的费用，将所有促销活动的费用加起来，衡量是否超出全年固定的促销预算。如果超出，则调整促销目标或砍掉部分促销项目，保留最需要的促销活动，使最终费用之和与总额相符。这种方法的优点是以促销活动为主导，可充分表现促销诉求重点，每项促销活动都能达到目标；缺点是只能保证一些必要的促销项目，有些重要的促销活动可能因经费不足而无法开展。

另外，现在许多商家的促销费用已不是仅由商家自己承担了，厂商也会积极配合，分担一部分促销费用。因此，门店在拟订促销计划时，要注意将厂商的促销活动纳入自己的促销活动中，以尽量节省促销费用。例如，在样品和赠品上印上厂商的商标，厂商就愿意自行负担费用；在举办试吃活动时，如选择一家厂商的商品，一般来说，厂商愿意承担试吃费用、人员推广费用和设备费用等；与厂商合作进行广告促销，也能受到厂商的欢迎。

3）制订促销实施方案

（1）促销主题。连锁企业通常要决定每个年度内举办哪些促销活动，这些活动通常会与季节、假日、节日等联系起来。现在许多企业每举办一次促销活动，都会寻找一个特别的促销主题，以赢得顾客的好感。大多数门店把节日作为促销主题，当然，也可以别出心裁，选择一些其他商店没有使用过的主题，一下抓住顾客的眼球。促销主题往往具有画龙点睛的震撼效果，因此门店必须针对整个促销内容，拟定具有吸引力的促销主题。

（2）促销时间。促销活动在什么时间举行、举办的时间应是多长，这是拟订促销计划要考虑的重要因素。一般来说，顾客的购买行为会受季节、月份、日期、天气、温度、节令等因素的影响。如果在一年中的不同月份举办促销活动，要注意区分销售淡季和销售旺季；如果选择同月中的不同日期，一般而言，月初顾客的消费能力比月底强，而周末、周日的购买力又比平日强。此外，重要的节日也是门店促销活动开展的有利时机。

（3）促销商品。对零售连锁门店而言，任何促销活动的目的都离不开商品销售量的增加。促销商品对顾客是否有吸引力、价格是否有震撼力，都将直接导致促销活动的成败。商店在选择促销商品时，既要选择一些敏感的商品，又要选择一些不太敏感的商品，形成促销商品组合。这就需要对季节的变化、商品销售排行榜、厂商的配合度、竞争对手的状况等加以衡量，选择最适合的促销商品。一般来说，主要的促销商品必须具有以下特征：①是知名制造企业的著名品牌或者是国际品牌；②是与知名品牌商品有相同功效并具有价格优势的商品；③是其他商店非常畅销的、为消费者所注目且熟悉其价格的商品。

（4）促销宣传。让顾客知晓促销内容是十分必要的，促销宣传主要包括媒体广告、直邮、卖场海报、人员宣传、派发传单等。AC尼尔森公司曾做过的一项调查表明，在六种促销宣传方式中，排在第一位的是“投递到家中的邮报”，排在第二位的是电视广告，排在第三位的是门店内悬挂的海报，排在第四位的是商场入口处的海报，排在第五位的是路上派发的广告宣传单，排在第六位的是亲朋好友的介绍。由于购物者在购物之前就已经有了大致的购买计划，“投递到家中的邮报”成为购物者优先考虑的获取促销信息的途径。然而，与年长者偏好直邮相比，年轻人更倾向于从电视、手机广告中得到促销信息。可见，采用什么样的促销宣传方式对促销目标的达成有重要影响。

（5）促销方式。连锁门店可以选用的促销方式很多（见表4-2），在各种促销活动中，连锁门店必须选择合适的促销手段和方式，避免走进纯粹的价格促销循环。促销方式各有其特点和适用范围，在选择时要考虑如下因素：促销目标、连锁门店的类型及竞争环境、费用预算。

表 4-2　连锁门店常用的促销方式

促销方式	促销特点
商品降价特卖	直接将商品原价调至较低的现价（现价就叫特价），以吸引顾客增加购买量
限时抢购	在特定的营业时段提供优惠商品，以刺激消费者购买
折价优惠	通过折扣让顾客在购物中直接得到价格优惠，具体方式有数量折扣、金额折扣、有效期折扣、限量折扣、会员折扣等
现金券	通常在报纸或宣传单上印有一定面值的现金券或把单独的现金券发放给顾客
赠送商品	对购买商品的顾客免费赠送物品，具体有买就送、买一送一等
抽奖	顾客购物满一定金额即可凭抽奖券在当时或指定时间参加商店的公开抽奖活动
竞赛	让顾客发挥自己的才能解决某一特定问题或完成某一特定任务，提供奖品鼓励顾客参与其中
积分方案	顾客在一定时期内积满一定分数就可获得一定金额的现金券，这是吸引老顾客常来光顾的好办法
POP广告	即销售点广告，通常在橱窗、柜台、地板或墙面上挂放各种有关商品的信息和引导顾客购买的标志
DM	商家将促销活动印成宣传单免费发放，可以邮寄给顾客，也可以放在卖场入口处或收银处由顾客自由拿取
演示和试用	利用店内演示引起顾客关注，鼓励其即兴购买；也可以在店内送给顾客免费的样品，鼓励他们试用新产品或试吃新食品
特别活动	即门店举办的非常见活动，如时装展、作者签名售书，以及旨在吸引顾客的名流造访等
端架或量感陈列	把促销商品放置在引人注目的黄金地带，如在端架或卖场主动线上做商品堆头
退费优待	顾客提供了购买商品的某种证明之后，商店退还其购买商品的全部或部分货款
联合促销	与其他非竞争企业联合开展促销活动，使顾客在一家门店购物或消费后能享受在另一家商店的各种优惠

4.2.3　促销活动实施与评估

1）促销活动实施

一项促销活动若要成功，除了有周密的计划、正确的宣传媒体以及能打动顾客的诉求主题与促销商品外，还要有门店各岗位的密切配合，使促销活动活跃、热闹。为此，促销活动的实施要注意以下几个方面：

（1）人员方面

由于促销活动内容繁杂、工作千头万绪，要使活动有条不紊地开展，店长要事先对工作进行分工，安排人员具体负责。如安排不同人员在规定的时间内完成广告内容的撰写、广告媒体的联系、卖场气氛的布置、商品价格的调整、供应商的联络、促销商品的陈列等。另外，还要有专人负责对门店营业人员进行促销培训，使每个员工都能清楚地了解促销的内容与要求，为顾客提供更好的服务。

注意事项包括：第一，卖场所有人员（包括厂家促销人员）都必须了解促销活动的起讫时间、促销商品及其他活动内容，以免顾客一问三不知；第二，各部门主管必须配合促销活动，安排适当的出勤人数、班次、休假及用餐时间，以免影响高峰时间对顾客的服务；第三，卖场营业人员必须保持良好的服务态度，服装仪容整洁，给顾客留下良好的印象；第四，如果预期轰动效应过大，可以考虑增加临时安保人员，争取厂商更大的支持力度，且一定要避免因促销发生安全事故。

（2）商品方面

在商品管理方面，要注意：第一，要准确预测促销商品的销售量并提前进货，促销商品必须充足，以免缺货造成顾客抱怨及丧失促销机会；第二，促销商品的价格必须及时调整，以免使顾客产生被欺骗的感觉及影响收银工作的正常进行；第三，新产品促销应配合试吃、示范等方式，以吸引顾客消费，以免顾客缺乏信心不敢购买；第四，商品陈列必须正确且能吸引人，除了在促销活动中必须做的各种端架陈列和堆头陈列外，还要对商品陈列做一些调整，以配合促销活动达到最佳效果。例如，促销商品和高毛利非促销商品必须有效组合、关联陈列，以提高顾客对非促销商品的关注。

关联陈列的商品组合有一个很好的例子，就是水饺（特价）+饺子醋（高毛利）+油辣椒（高毛利）。对顾客而言，购买水饺的次数可能很多，对水饺的价格也比较清楚，所以当门店促销水饺时，通过关联陈列，在其旁边摆放饺子醋、油辣椒等调味品可以弥补水饺毛利的不足。采用这种搭配方式，是因为顾客在购买主导商品饺子时，对调味品的价格关注度会降低，尤其是将小规格的调味品摆放在水饺的旁边，价格更不容易引起顾客的注意。洗发水（低毛利）+护发素（中毛利）+护发摩丝（高毛利）也是很好的关联陈列的商品组合。近年来，随着洗发水销售量的不断上升，市场上诸如飘柔、海飞丝之类的知名品牌已经成为价格敏感的低毛利商品。由于消费者有洗发后护发的要求，护发素逐渐成为能够弥补洗发水利润的商品，护发摩丝等相关的第三重利润商品的搭配也成为企业谋取利润的另一个关键因素。

（3）广告宣传方面

在广告宣传方面必须注意：第一，确认广告宣传单已发放完毕，以免留在卖场逾期作废；第二，广告海报、宣传布条等应张贴于最佳位置，如入口处或布告栏上，以吸引顾客入店购物；第三，特卖品的POP广告应放置在正确位置，价格标示应醒目，以吸引顾客购买。

（4）卖场氛围营造

卖场氛围可以根据促销的具体情况有针对性地营造，可张贴各种季节性、商品说明性、气氛性海报以及旗帜等，以强化促销气氛；同时辅以各类灯具、垫子、隔物板、模型等，更好地衬托商品，刺激顾客的购物欲望。此外，可以适当播放一些轻松愉快的背景音乐，使顾客感觉更舒适，必要的话还可以安排专人在卖场直接促销。

案例4-2　靓家居的"七天管理"

靓家居曾是广东最早的一家建材超市，2008年转型进入家装行业，如今覆盖了整装、软装、局装、智能等多个细分领域，已开设80多家门店。靓家居推行"七天管理"法，在拉新、促活和留存方面很有创新。下面是伍启元店长在广东省连锁经营协会举办的"2018广东好店长大赛"决赛上分享的靓家居"七天管理"具体做法：

周一，活动策划和部署。一个星期最关键的是星期一，一个月最关键的是1号。周一我们会做出整周行动方案，并向所有人员部署任务。靓家居一个月会有一次大型活动，具体到每一天都会有相应的活动。

周二，对客户分类及维护。所有客户，包括新客、储备客、陌客，都要进行维护。即使是无效客，我们也会进行分析，对他温馨提示，包括：早安！中午好！天气凉了……周二我们专门对客户进行跟踪维护，提高客户满意度。

周三，商圈、社区、小区关系维护，拓展合作资源，加强联动宣传。店长带两位销售经理去合作楼盘，因为现在所有小区管委会都影响我们家装企业的业绩，他们能控制我们的开工情况，影响我们所在的商圈。我们周三会跟一些大楼盘的物业经理联络。

周四，电话营销，客户对接，落实方案。这里的关键是一周之内我们有没有拿到新的客户名单，有没有合作企业的名单，苏宁、国美这些大企业经常会和我们一起做跨界合作。我们拿到名单后，会有针对性地邀请客户参加家装课堂。

周五，客户的全面梳理。每一名销售人员都要清楚客户的全面情况，包括客户喜欢吃什么、开什么车、他的太太喜欢什么，都要做记录。因为人们谈装修的时候，有时是在谈人生，会涉及一个人的生活方式、生活品味。只有清楚地了解客户，才能和他们进行更好的沟通。

周六，关注实时到客，保障到店及成交。如果约了客户，要知道客户什么时间来。如果是早上来，那么早上几点钟来？要不要留车位？要不要订早餐？中午在不在这里吃？几个人过来？所以说，周六就是现场考试、比赛的时候。

周日，小区活动日。很多人认为，周日应该是一个缓冲期，但我们把周日定为小区活动日。星期天是非常关键的，因为这一天很多客户都返回来了，星期天的小区活动可以说是下一周获客的起点。

问题：靓家居的"七天管理"法有哪些方面可以借鉴？

资料来源　零售与连锁经营（公众号），2018-05-20. https://mp.weixin.qq.com/s/cYme6bsMZ2w5BUufZ9rxXA.

2）促销活动评估

促销活动结束后，应及时进行评估检查，切不可在促销活动结束后置之不理。此外，还应召集营业、商品、促销部门的有关人员就实施效果与目标的差异做分析，为以后的促销活动做参考。这样做有助于提升企业的促销策划水平，巩固促销活动效果。促销活动评估的方法主要有：

（1）检查法

检查法即对促销前、促销中、促销后各阶段工作逐一进行检查，分析哪个环节出了漏洞，影响了促销效果，作为教训供将来参考。以连锁超市门店为例，表4-3是促销活动评估检查的主要内容。

表4-3　连锁超市门店促销活动评估检查的内容

促销阶段	检查内容
促销前	• 促销宣传单、海报、POP广告是否准备妥当 • 卖场所有人员是否均知道促销活动即将实施 • 促销商品是否已经订货或进货 • 促销商品是否已经通知电脑管理部门变价
促销中	• 促销商品是否齐全、数量是否足够 • 促销商品是否已变价 • 促销商品陈列是否具有吸引力 • 促销商品品质是否良好 • 促销商品是否张贴POP广告 • 卖场所有人员是否均了解促销期限和促销做法 • 卖场气氛是否更加活跃 • 服务台是否定时广播促销做法
促销后	• 促销海报、POP广告、宣传单是否均已拆下 • 商品是否已恢复原价 • 商品陈列是否已调整恢复原状

（2）目标评估法

目标评估法是指将促销活动的实际业绩与目标进行比较，一般而言，实际业绩在目标的95%～105%之间，算是正常表现；实际业绩在目标的105%以上，算是高标准表现；实际业绩在目标的95%以下，则需要反思。有些促销活动的目标很难用销售额来直接表示，这使得促销活动的评估很困难，需要管理者研究一套专用的评估体系和办法。例如，促销目标是树立企业的良好形象、提高顾客忠诚，管理者通常要在促销前后进行一系列调查，研究企业的形象问题以及老顾客的来店频率等情况。一般来说，促销目标越具体明确，评估工作越容易进行。

（3）前后比较法

前后比较法是指选取开展促销活动之前、中间与促销后的营业情况进行比较，一般会出现十分成功、得不偿失和适得其反几种效果。促销十分成功说明促销活动使顾客对门店的印象有所加强，门店的知名度和美誉度均有所提高，增加了销售量，在活动结束后，该影响持续存在；促销得不偿失是指促销活动的开展对门店的经营改善、营业额的提升没有任何帮助，反而浪费了促销费用；促销适得其反是指促销活动结束后，门店销售额不升反降，原因可能是促销活动中管理混乱、设计不当、某些事情处理不当，或是出现了一些意外情况等，损伤了门店的美誉度。

我们来看一家超市对短期促销活动评估的案例。某家超市开展了为期一周的可乐促销特卖活动，促销方式为将听装可乐的售价由2.50元降至2.00元，下面是相关数据：

促销前三周的平均销量为1 000听，单价2.50元；促销期间（一周）的销量为2 300听，单价2.00元；促销后一周的销量为900听，单价2.50元。

促销广告的成本为300元，由超市承担。可乐的成本价为每听1.50元，广告津贴由供应商提供，每听0.05元。

①如果不举办这次促销活动，在此期间：

销售收入=1 000×2.50=2 500（元）

销售成本=1 000×1.50=1 500（元）

销售利润=2 500−1 500=1 000（元）

之后一周：

销售收入=1 000×2.50=2 500（元）

销售成本=1 000×1.50=1 500（元）

销售利润=2 500−1 500=1 000（元）

②根据以上条件，举办促销活动期间的销售情况如下：

销售收入=2 300×2.00=4 600（元）

销售成本=2 300×（1.50−0.05）=3 335（元）

销售利润=4 600−3 335=1 265（元）

促销活动成本：

直接成本（促销广告）=300元

间接成本=（1 000−900）×（2.5−1.5）=100（元）

促销总成本=300+100=400（元）

促销增加利润=1 265−1 000=265（元）

促销后一周：

销售收入=900×2.5=2 250（元）

销售成本=900×1.5=1 350（元）

销售利润=2 250−1 350=900（元）

由此可以看出，促销活动的总成本为400元，而促销增加的利润只有265元，出现了135元的损失；促销活动结束后，销售收入由原来的2 500元下降到2 250元，每周损失250元。因此，仅从可乐这种商品来看，本次促销活动是失败的。如果考虑其间接带动的销售量，本次促销活动成功与否还需要作进一步分析。

（4）消费者调查法

消费者调查法就是门店组织有关人员抽取合适的消费者样本进行调查，向其了解促销活动的效果。例如，可以调查有多少消费者知晓门店的促销活动，他们对该促销活动有何评价，是否从中得到了利益，这次促销对他们今后购物场所的选择是否有影响等，从而评估门店促销活动的效果。

表4-4是连锁门店经常使用的促销商品统计表，供参考。

表4-4 “十一”黄金周店庆促销商品统计表

2017-10-01到2017-10-07

位置	商品名称	规格	商品代码	供应商	进价	售价	订货量	10-01	10-02	10-03	10-04	10-05	10-06	10-07	数量总计	销售总计	最后库存
								星期日	星期一	星期二	星期三	星期四	星期五	星期六			
促销商品累计金额																	
当天部门营业额																	
促销商品占部门比例																	

小思考4-2 上述促销活动评估方法各适用于何种条件？

4.3 顾客服务管理

4.3.1 顾客服务策略

顾客服务（customer service）是连锁企业实施的一系列活动和计划，旨在使顾客的购买行为和消费行为更有价值。这些活动增加了顾客从所购买的商品和服务中获得的价值。

顾客服务的重要性来自连锁业本身的特点，因为连锁业是一个与顾客“高接触”的行业，以顾客为导向的经营理念决定了顾客服务是企业经营活动的基本职能。顾客选择一家连锁门店，可能是为了购买称心如意的商品，也可能是为了享受门店优美舒适的环境和周到的服务。门店如果没有提供高质量的、与顾客购买商品（有形商品和无形商品）相关的服务，无疑会降低顾客的满意度，甚至出现顾客背离现象。在从注重数量向注重质量转变的消费时代，顾客要求连锁门店提供细致、周到、充满人情味的服务，购买与消费都要给顾客带来高度的满足感。于是，高品质的、全方位的服务理所当然地成了门店赢得竞争优势的一大法宝。

连锁门店提供的服务按顾客购物或消费的过程划分，一般可以分为售前服务、售中服务和售后服务三种类型。

售前服务，是指在顾客购买商品或消费之前，企业向潜在顾客提供的服务。它是一种超前的、积极的顾客服务活动，其关键是树立良好的第一印象，目的是尽可能地将商店信息迅速、准确、有效地传递给消费者，沟通双方的感情。此外，售前服务还要了解顾客潜在的、尚未满足的需求，并在连锁企业能力范围内尽量通过调整经营策略去满足这种需求。售前服务的主要方式有：免费培训班，产品特色设计，请顾客参加设计，导购咨询，免费试用，赠送宣传资料，商品展示，商品质量鉴定展示，调查顾客需要情况和使用条件等。

售中服务，是指企业向进入卖场或已经进入选购和消费过程的顾客提供的服务。提供这类服务主要是帮助顾客进一步了解商品的特点及使用方法，目的是通过服务表现对顾客的热情、尊重、关心和向顾客提供额外利益，以帮助顾客做出购买决策。售中服务的主要形式有：提供舒适的购物环境（如冷暖空调、休息室、洗手间、自动扶梯等），现场导购，现场宣传，现场演示，现场试用（如试穿、品尝、试看、试听等），照看婴儿，现场培训，礼貌待客，热情回答，协助选择，帮助调试和包装，信用卡及网络支付等。

售后服务，是指企业向已购买商品或消费完的顾客所提供的服务，它是商品质量的延伸，也是向顾客表达感情的延伸。提供这种服务的目的是增加商品实体的附加价值，解决顾客由于使用本企业商品而引起的一切问题和麻烦，使顾客方便使用、放心使用，降低使用成本和风险，从而增强顾客购买后的满足感或减少顾客购买后的不满情绪，以维系和发展商店的目标市场，使老顾客成为“回头客”，或者乐意向他人介绍、推荐本商店的商品。售后服务的关键是坚持、守信、实在，主要方式有：免费送货、安装和调试，包退包换，以旧换新，用户免费热线电话，技术培训，产品保证，备品和配件的供应，维修服务，巡回检修，特种服务，组织用户现场交流，顾客抱怨处理，顾客联谊活动，向用户赠送自办刊物和小礼品等。

连锁门店在进行顾客服务时，必须注意以下方面：

（1）服务成本。门店每提供一项服务都需要付出一定的成本，因此，提供服务的项目数量及水平要视门店承担成本的能力而定。

（2）顾客需求。门店提供的每一项服务都必须是目标顾客所期望的，如果弄错了顾客的期望，就意味着在与顾客无关的活动上投入资金、时间和其他资源。

（3）商品特征。某些商品必须伴随相关的专业服务才能使顾客完成购物过程，如眼镜店的验光服务、空调的上门安装服务，如果缺乏这些相关的必要服务，则无法推动商品销售。

（4）经营特色。企业的竞争优势是价格还是服务关系着门店的服务策略，在一个以服务为竞争优势的连锁企业里，门店的服务水平必须优于竞争对手。

（5）行业水平。竞争对手的服务水平会直接影响门店的服务策略，管理者要分析是提供与竞争对手一样的服务，还是提供比竞争对手质量更高的服务，或者是用比较低的商品价格来取代这些服务。

案例4-3 西式连锁快餐德克士做外卖

目前，餐饮外卖服务越来越受欢迎，不仅写字楼的白领会点外卖，许多年轻人宅在家也会点外卖，不少家庭、朋友聚会点外卖的比例也在逐渐增大。于是，许多快餐企业纷纷将外卖业务作为自己的一个重点发展方向。

德克士于1994年进入中国市场，是顶新国际集团的一个西式快餐品牌，目前在国内开设了大约2 400家门店。德克士在发展外卖业务方面形成了一套自己的经验，其首席数字官游仁宏在“2018中国连锁餐饮峰会”上发表了自己的看法：

第一，把决策权交给听得到炮火声音的人。德克士的定价权、促销权甚至用什么样的产品做外卖，都在一线管理者的手上。总部只确定一些规则和系统，让这项业务不要跑偏了。德克士有60多个事业部，每个事业部都有外卖负责人。负责人的权力很大，可以决定产品的定价、促销要加多少折扣，总部只有设定一个KPI来考核就可以了。

第二，把数据系统加以整合。数据一定要掌握在总部手里，而且数据必须是活的，这就是为什么德克士会让首席数字官管外卖。其实所有第三方平台都是数据平台，这也使得外卖业务的打法和过去的堂食不一样。这上面有很多东西可以用、有很多数据可以挖掘。对那些来过一两次的用户，可以利用数据向他们定向发券，吸引回头客。如果数据没有利用起来，运营就不算成功。

第三，德克士还单独为外卖做了产品——一桶都是腿。消费者吃炸鸡是分腿肉和胸肉的，腿肉更多汁，消费者体验更好。德克士设计了“一桶都是腿”的炸鸡，用于外卖。从外卖平台上跟踪到的数据可以看出，消费者在很多情况在与同事一起吃下午茶，或者聚会时，会买“一桶都是腿”来吃。管理者要知道你的用户是谁、他们想要什么，然后一直去尝试满足其需求，我们也是失败了十多次才搞出这样一个成功的产品来。

第四，努力做好社交平台的外卖。我们和粉丝的关系就像朋友一样，德克士会提醒粉丝吃什么样的早餐，我们会把外卖送到他的家里，他可以在微信里把包括支付在内的整个流程做完。我们的门店已经和微信打通了，我们现在发展的是社交型外卖。德克士2017年有200万粉丝，2018年超过了2 000万，就是因为打通了微信。

问题：德克士是如何设计它的外卖业务的？

资料来源 中国连锁经营协会（公众号），2018-04-10. https：//mp. weixin. qq. com / s / gX-OlVS5nfxgJc89EMmDqHA.

4.3.2 提升顾客服务水平

1）根据顾客需要不断调整服务项目

提供优质服务必须建立在了解顾客的基础上，设身处地地为顾客着想，最大限度地满足顾客的期望。当管理者不能完全理解顾客的期望时，就会做出一系列不恰当的决策，如将过多的资金投入到建筑物的装饰上，而顾客更关心的可能是购物环境是否方便、舒适以及功能是否齐全。因此，要提高服务质量，管理者必须获得正确的顾客期望信息。管理者可以从多个途径了解顾客的真实需要：

（1）经常与顾客保持接触；

（2）定期开展顾客服务调查；

（3）建立和完善顾客投诉系统；

（4）不定期地举行顾客访谈会；

（5）鼓励一线员工及时反馈顾客信息。

顾客的需求是不断变化的，不同时期顾客会有不同的需要，企业的服务也应随之调整。在经济不景气时，廉价商品大受欢迎，顾客最关心的是商品的价格因素，门店也在不断缩减员工，取消一些服务项目，目的是最大限度地节约成本，顾客似乎也习惯了没有店员帮助的自助服务。然而，当顾客消费水平提高后，新的需求开始产生，企业仅靠低廉的价格已经远远不够了，还需提供优质的配套服务。即使是沃尔玛这样以成本领先作为竞争战略的商店，也会经常征求顾客对它的意见，提高服务水平成了它不可缺少的竞争手段。

2）寻找并控制关键的服务点

服务点就是提供服务时与顾客互动的触点。一般而言，服务点的选择是空间与时间的结合。位于加拿大的依顿公司（Eaton）有一个维护着26个不同服务点的系统，包括付款处、停车场和信用卡收款处。对于每一个服务点，系统都能衡量出服务效果。例如，打到依顿公司的电话应在两声铃响内接听，并且每个接电话的人都能说出商店的方位。要提升服务质量，必须确认关键的服务点，并进行不断的改进。

（1）确定在企业服务能力可提供的范围内，都有哪些服务点。服务点是一个多因素系统，如各类广告及媒体，营业员的仪表、仪容、行为，营业员的语言表达和适度的介绍，服务场所的气氛、装潢，产品的格调、品牌以及价格等。不同企业由于经营商品的结构有所差异，所以有效服务点是不同的。

（2）在众多服务点中，确认每个服务点的吸引力如何，顾客会接触多久。显然，顾客的服务需求是多种多样的，有的顾客喜欢听介绍，而有的顾客则相信自己的感觉；有的顾客价格敏感度高，而有的顾客则对服务场所的选择要求高等。所以，企业应对经常光顾的顾客进行服务点有效性分析，从中找到具有吸引力的服务点，并尽可能延长顾客对服务点的关注时间。

（3）寻找和调查顾客满意（不满意）的服务点。在确定了每一个服务点对顾客的吸引力后，接着需要寻找顾客最不满意的服务点，这是改进服务质量的关键。

（4）不断改进顾客不满意的服务点，并尽量使其制度化。门店应通过提高顾客最不满意的服务点的质量、尽可能弱化或剔除顾客不满意的服务点，提高门店的服务水平，逐步形成优质的服务形象和服务特色。

3）设计具体可行的服务标准

由于顾客服务是一种无形的软性工作，因人而异，服务的提供者会由于心情、身体状况等个体心理或生理因素影响服务的质量，也会由于每个服务人员的个人素质、经验、训练程度的差异造成服务水平的差异。因此，有人认为，服务无法用统一的标准来测量，或者说标准化的服务是缺乏人情味的，不能适应顾客的需要。这种观点是错误的。事实上，许多服务工作是常规性工作，管理者很容易确定这类服务的具体质量标准和行为准则，而要消除服务水平的差异也只能通过建立规范化的服务标准。例如，“顾客热线电话总机话务员必须在15秒钟之内接听电话”就是一个具体明确的质量标准，这一标准非常具有可操作性和可考核性。类似这种服务标准的设计可以体现在很多方面，如一定要在多长时间之内答复顾客的询问；如果产品破损，应如何回复顾客；汉堡包出炉后多长时间没有售出必须扔掉等。

好的服务标准十分具体简洁，而且绝不含糊。企业组织规模越大，服务标准就应越简单。例如，沃尔玛的员工被要求宣誓：“我保证，对三米以内的顾客微笑，并且直视其眼睛，表达欢迎之意。”我国许多大商场也建立了一套从顾客一进门开始怎样接近、怎样打招呼的让顾客满意的服务行为规范。一些企业除了对顾客许诺大件电器商品“送货上门，安装到位”外，还要求操作人员进顾客家门必须戴手套、鞋套、抹布，保证顾客的家庭卫生。

4）由上至下改进服务

要提供优质服务，必须使“顾客满意”的理念扎根于基层员工的价值观中，使其成为全体员工的责任。然而，在许多企业中，顾客服务往往变成销售部门、市场部门和客户服务部门员工的工作，因为他们与顾客直接接触且处在对顾客具有非凡影响力的位置上，这些部门也被称为“关键部门”。其他部门的员工则认为自己只与同事、管理人员打交道，不会触及顾客，因而不会影响顾客服务质量，许多企业领导者也只将注意力放在这些关键部门。

很多人都经历过这种场面：等着付账的顾客排成了长龙，而收银员却摆不平面前那架复杂的收银机，你不能责怪那位收银员，他显然没有经过适当的训练；你也不能责怪商店服务员的恶劣态度，因为营业额的多少与她毫不相干；你还不能责怪接线生在你的电话响了十声之后才拿起话筒，因为他一个人还要兼顾其他事务——这些问题全出在管理上。其实，管理者应该明白，要让你的一线员工为顾客提供优质的服务，首先内部各级管理者及相关部门对自己的一线员工要像对待顾客一样，为其提供优质服务。

有确凿证据表明，满意的员工有助于产生满意的顾客。有证据显示，如果服务部门的员工在工作中感受不到快乐，顾客的满意也很难实现。美国西尔斯公司发现顾客满意度与员工的流动率密切相关。在其连锁门店中，顾客满意度高的门店员工流动率是54%，而顾客满意度低的门店员工流动率是83%。因此，顾客服务是全员性工作，只有上下同心、相互配合，才能达到最佳效果。

5）妥善处理顾客抱怨

即使是服务最好的连锁门店，也难免出现失误。失误可能因各种原因产生：服务没有如约履行，送货延期或太慢，服务可能不正确或执行质量低劣，员工可能比较粗暴或对顾客漠不关心。所有这些失误都会引起顾客的消极情绪和反应。Fitzsimmons（1998）的研究发现，当企业出现服务失误导致顾客不满意后，不满意的顾客将向10～20人讲述自己所遭遇的不良服务经历，即使抱怨或投诉得到解决的顾客也会向5人讲述他的糟糕经历。另一项研究表明，顾客抱怨如果得到满意的解决，他们会比从未产生不满意的顾客更忠实于企业。所以，处理好顾客抱怨是挽回顾客的重要手段。处理顾客抱怨包括以下步骤：

（1）改变旧观念。当顾客前来投诉或反映意见时，企业员工不能简单地视作顾客来找麻烦，采取充耳不闻、敷衍了事的态度，应认识到顾客能将不满意说出来是对商场的信任和帮助。有些管理者明智地认为："顾客的抱怨是给企业最好的礼物。"因为顾客的投诉和意见能让企业看到自己经营管理方面的不足，由此而改进工作，能提高服务质量。

（2）耐心倾听。在处理抱怨事件时，首先，需要接待人员耐心倾听。对大部分顾客来说，抱怨产生后，并不一定要求商店有任何形式的补偿，只是要发泄一下自己心里的不满情绪，得到店方的同情和理解。其次，接待人员还应仔细记录抱怨产生的原因，一方面让顾客感觉商店对此事件非常重视；另一方面当接待人员不能解决该问题而需要请示上级领导时，这些记录便成为上级领导解决抱怨的主要依据。

（3）真心表示歉意。不论顾客提出的问题的责任是否在店方，接待人员都必须真心诚意地表示歉意，并感谢顾客提出问题。顾客在抱怨初期常常义愤填膺，情绪非常激动，以致措辞强烈，甚至伴有恶言恶语，但如果接待人员真诚地表示歉意，顾客的激愤情绪就会平息下去。因此，要想让抱怨得以顺利解决，有时候一句体贴、温暖的话语就够了，其往往能起到化干戈为玉帛的作用。

（4）立即处理顾客提出的问题。顾客投诉后，接待人员必须立即采取行动，处理顾客提出的有关问题。

①处理因商品品质不良而引起的顾客抱怨。向顾客诚心道歉，然后奉上新商品。如果顾客由于使用该商品而遭受精神上或物质上的损失，门店应考虑适当给予补偿。事后，门店应对店内没售出的同类产品进行仔细的检查，防止类似事件再次发生。

②处理因商品使用不当而产生的顾客抱怨。先向顾客道歉，承认自己介绍不清楚而造成顾客的损失。如果商品经过修理后能恢复功能，门店应免费提供维修服务；如果不能维修并恢复功能而责任又确在店方，则应以新品来交换旧品作为补救。事后，应要求营业员加强学习，掌握各种商品知识，避免由于营业员的知识匮乏而造成顾客使用商品不当。

③处理因服务不佳而产生的顾客抱怨。处理这类问题时，经理应在仔细听完顾客的抱怨后，陪同当事人向顾客道歉，然后向顾客保证今后一定加强教育，不再发生类似事件。

④处理因误会而产生的顾客抱怨。当顾客产生误会时，接待人员一定要耐心听顾客说完，然后再平静、详细地把事情的原委告诉顾客。接待人员一定要语气婉转，不能让顾客难堪。

（5）再次征求顾客意见。处理完顾客的投诉和抱怨后，应再次询问顾客是否还有不满意的地方。如果有，应再尝试解决，或让顾客自己提出解决方案。总之，务必使顾客满意而归，重新获得对门店的信任。如果有些问题一时无法解决，也应告知顾客一个准确的时限，不能让顾客空等。

（6）检查原因，改正缺陷。处理顾客抱怨不仅要使特定顾客满意，而且应查找造成问题的根本原因并及时对问题进行解决。通过研究顾客抱怨，连锁门店能够改正那些通常会造成问题的制度缺陷。

小思考4-3 为什么要转变旧观念，把顾客投诉看做改进管理的契机？

4.4 员工培训及团队管理

4.4.1 店长的核心作用

1）店长的角色定位

店长是那些能以有限的资源和合理的成本，完成店面营运的绩效、业绩和利润目标，并使商店可持续进步的人。“店长乃一店之中流砥柱”，这句话深刻地道出了店长的重要性。在市场竞争日益加剧的今天，门店店长更成为连锁企业经营发展的关键。店长是一个商店的核心人物，他要对商店的运作进行统筹安排，对商店的整体经营效益负责。店长必须认清自己的角色定位，才能明确自己的工作范围和职责所在。店长主要扮演以下几种角色：

（1）门店的代表人。一方面，店长代表商店与顾客、社会有关部门建立联系；另一方面，就员工而言，店长是员工利益的代表者，是员工需要的代言人。同时，店长又是公司利益的代表者。因此，店长必须善于运用各种资源，以兼顾顾客需求、员工需要和公司目标，获得最好的经营效果。

（2）门店经营活动的指挥官。每天接触顾客最多的场所就是卖场，故店长必须负起总指挥的责任，安排好各部门、各班次员工的工作，指导员工依照营运计划，将最好的商品、用合适的销售技巧在卖场各处以最佳面貌展现出来，以刺激顾客的购买欲望，提升销售业绩，实现店铺销售的既定目标。

（3）公司政策的执行者。在连锁企业中，门店既要满足顾客需求，又必须创造一定的经营利润。店长要站在经营者的立场上，综合、科学地分析店铺的运营情况，全力贯彻执行公司的经营方针。对于公司政策、经营标准、管理规范，店长必须忠实地执行。

（4）培训员工的教导员。指导和教育员工是店长的基本职责，他必须在任何方面都能成为员工的师长，就商店的经营管理提出有效的建议，帮助员工迅速成长。

（5）上下沟通和内部冲突的协调者。店长应具有处理各种问题的耐心与技巧，如与顾客、员工和总部的沟通等，都是店长不能忽视的工作。因此，店长在上情下达、下情上达和内外沟通过程中，应尽量注意运用技巧和方法，协调好各种关系。

（6）激发员工斗志的鼓动者。店长应时时激励员工保持高昂的工作热情和良好的工作状态，使员工都具有强烈的使命感、责任心和进取心。

2）店长的能力要求

选拔、聘用合适的一店之长在连锁企业的日常管理中是一项重要的工作，一名合格的店长必须具备如下能力：

（1）指导能力。能指出下级的工作缺陷，使其人尽其才，有提高员工业绩的指导能力。

（2）培训能力。将自己的管理知识和经验毫无保留地传授给其他员工，推动门店员工整体素质水平的提高，使下级迅速胜任工作并成长。

（3）信息分析能力。能对信息进行整理、分析并运用于门店管理中，提升门店的业绩。

（4）领导沟通能力。能与下级进行积极有效的沟通，充分调动员工的积极性，共同完成既定的目标。

（5）正确的判断能力。对问题、对事件要客观地评判、正确地分析，并快速解决问题。

（6）专业技能。要有门店经营的必备技巧和使顾客满意的能力。

（7）管理能力。有计划地组织人力、物力、财力，合理调配时间，整合资源，提高效率；能找出隐患，加强管理，防患于未然，使门店整体运营结构更趋合理。

（8）自我提高、自我完善能力。要不断学习和更新专业知识，在企业发展过程中跟上时代的步伐，和企业一起成长，不断充实自己、完善自己。

（9）良好的品格和职业操守。有高尚的道德才能显示出人格魅力，才能有上行下效的效果。

3）店长的管理重点

店长的管理内容大部分是复杂的例行事务，只有少部分是非例行事务，因此店长只要把握门店作业环节的重点，就能基本保证商店作业的正常进行。店长管理的重点无非是人、财、物和现代商业企业所需要的信息，主要有以下几方面：

（1）商品管理，包括商品例行进货管理、商品陈列和卖场气氛营造、商品损耗管理、促销工作的顺利开展。

（2）顾客管理，包括客流量正常与否、顾客需求和对竞争对手的调查、客单价的变化、顾客投诉的处理。

（3）员工管理，包括员工出勤状况、员工的工作状态和工作效率、员工的服务态度和服务技巧、培训和激励员工。

（4）供应商管理，包括供应商是否准时配送、供应商商品品质能否保证、与供应商关系的改进。

（5）财务管理，包括现金管理、成本控制、经营效益的提升。

（6）信息管理，包括营业日报表、商品排行榜、促销效果表、费用明细表、盘点记录表。

4.4.2 员工培训

连锁业是直接与消费者打交道的行业，也是一个劳动密集型行业。这一特点使连锁企业内部人力资源管理较为复杂，主要表现在非熟练人员多、工作时间长、员工在顾客面前显现率高、顾客需求多样等。

对许多连锁企业人力资源管理者来说，他们最头痛的问题是大量非熟练员工的存在，甚至是大量临时工的存在。连锁企业快速扩张需要大量员工，但招聘到的经常是工作经验很少或没有工作经验的员工。在美国，许多人的第一份工作是麦当劳的服务员。这是因为连锁门店的工作对教育、培训和技能的要求都较低，同时，一线员工的低工资也使门店只能聘用非熟练员工。其结果就是员工离职率高、表现不佳、迟到、旷工、需要不断培训。

培训既是员工掌握知识和技能、提高素质的重要途径，又是员工激励的重要形式，它能促进员工的职业发展。连锁商店应该按照企业的战略目标，有计划、有组织、有步骤地向员工灌输正确的经营观念，传授业务技能和相关专业知识，促进企业人力资源质量的提升。连锁商店培训管理一般包括培训内容的设计、培训方法的选择、培训项目的实施及培训效果的评价等。下面是针对不同的培训对象设置的主要培训内容：

1）新员工培训

新员工培训也称岗前培训或上岗培训。新员工虽然不再是企业的局外人，但还没有完全被企业所接纳，此时他们会感到一种心理压力。要减轻压力，培训是非常重要的手段。企业在这个阶段应向新员工传递各种信息，帮助他们完成由非员工向员工的转变。这一阶段的培训内容有：

（1）企业文化培训。首先是企业文化精神层次的培训。这类培训的目的是让新员工了解和认同企业的经营理念，了解企业发展史、企业宗旨、企业哲学、企业精神和企业作风。其次是企业文化制度层次的培训。组织新员工认真学习企业的规章制度，如考勤、奖励、财务、福利、晋升制度等，以及与企业经营活动有关的业务制度和行为规范，如站姿、礼貌用语、怎样接待顾客、怎样接电话、服务禁忌等。最后是企业文化物质层次的培训。要让新员工了解商场的内外部环境、各部门和单位的地点和性质、本商场的经营范围及各种视觉识别物及含义等。总之，通过企业文化培训，应使新员工形成一种与企业文化相一致的心理定式，较快地与企业的共同价值观相协调。

（2）业务培训。新员工的业务培训内容主要有：参观门店运营的全过程，请业务熟练的老员工讲解主要工作流程；请企业的业务经理给新员工上课，讲解企业中最基本的业务知识；根据各人的不同岗位，分别学习本部门有关的业务知识、工作流程、工作要求及操作要领；由专业培训师以案例形式讲解本企业在经营活动中的经验和教训，使新员工掌握工作原则和工作要求。此外，新员工可进行有针对性的模拟实习，商店也可以开展老员工对新员工的“传、帮、带”活动。无论是售货岗位还是职能部门的机关岗位，都应派素质高、有经验的老员工，以师徒的形式对新员工进行具体、细致、系统的辅导和指导，如服务技巧、办事方法等，帮助新员工顺利走上工作岗位。

2）在职员工的培训

除了新员工的上岗培训外，对在职员工进行培训也是企业提高员工素质的基本途径。它通常有以下两种形式：

（1）在岗培训。在岗培训是对在职员工进行的以提高本岗位工作能力为主的不脱产训练活动。新员工经过岗前培训并经考核合格上岗后，虽已具备了单独投入工作、正式服务的能力，但还应不断进行持续的培训。在岗培训的内容比新员工培训层次更深，是岗前培训的继续和发展，并且贯穿于员工工作的全过程。另外，在岗培训可按培训对象、内容的不同来组织，具体方式有岗位训练、专题讲座、业务教育等。

（2）转岗培训。转岗培训是指员工由于工作需要或其他原因转换岗位而进行的培训。为使转岗人员尽快适应新的环境，取得新岗位上岗资格，必须进行转岗培训。培训内容主要是根据新岗位要求补充必要的新知识、新技术和新能力，以适应新环境的要求。

为了使培训工作卓有成效，企业的培训计划不仅要设计合理的培训内容，还要选择合理的培训方法，表4-5介绍了各种培训方法及其特点。企业管理者还应该对培训计划的实施效果进行系统评价，可以把培训过的员工的业绩与未经培训的员工的业绩进行比较，这种比较还可以在从事同一岗位工作但经过不同种类培训的员工之间进行。同时，还要把评价与培训目标联系起来，衡量培训计划是否成功。当然，为使培训获得成功，连锁企业必须创造适合学习的环境。这种学习环境可以有效地强化培训效果，并加强员工之间的交流和沟通，提高员工的满意度。

表4-5　　**各种培训方法及其特点**

培训方法	特点
课堂讲授	接近现实，内容连续；可以利用领域内的职业教育人员或专家；被培训者不能积极参与
演示	如演示如何使用设备或销售技巧，展示培训各个方面的事宜；被培训者积极参与
录像	活跃；有利于演示；可多次使用；缺乏被培训者的积极参与
指导计划	以固定方式提供信息；要求被培训者做出反应；提供行为反馈
会议	适用于管理培训；领导必须鼓励大家参与；强化训练
敏感性训练	比较深入的相互影响；对管理人员了解员工十分有用
案例研究	提出现实的或假设的问题，包括环境、有关信息和疑问；在实践中学习；面对大量互不相同的问题
角色扮演	被培训者被置于现实场景中，并扮演角色
行为模式训练	被培训者对录像或角色扮演课程中的行为模式进行模仿
技能指导	被培训者以自定进度的方式完成一系列任务或练习

资料来源　伯曼，埃文斯．零售管理［M］．吕一林，宋卓昭，译．11版．北京：中国人民大学出版社，2011.

由于经济和技术的发展，培训已经无可置疑地成为所有企业日益重视的一项活动。企业不仅要进行各种不同层次、不同内容的培训，而且要加强对人员培训工作的管理，加强规划性和针对性，选择恰当的方法，保证培训的质量。通过培训，企业要切实提高员工的素质，增强其竞争力和活力。

案例4-4　海底捞的培训

很多企业倾向于将培训标准化，注重资料、工具的建设，但是海底捞的培训过程，特别是海底捞大学的培训，更重视训练步骤。他们认为，教会服务员如何与人沟通，比教会服务员如何用几句话应付所有场景更重要，因为与顾客打交道的时候，状况是不断变化的。

海底捞大学只培养中高级人才，如大堂经理或者店长。这些都是需要脱产学习的。一般来说。大堂经理需要学习5~7天，店长需要进行为期两周的培训。海底捞大学的学员被称为“苗子”。所有海底捞门店的干部都是内部培养的，不会从外面找职业经理人。这与海底捞的开店策略有关：先把储备干部培养出来，再来盘算开店的事情。

在正式成立之前，海底捞大学只是一个“流动班”：一群人在全国到处走，走到一个地方，就让附近的店长推荐“苗子”过来。直到海底捞大学2012年成立之后，才变成现在的报名制。虽然名号变了，但它依然是一个流动班级，因为海底捞的门店遍布全国各地，学员也是一样的。所以，当华南报名的人达到一定数量的时候，就去华南开个班；如果报名的人集中在华东的话，就在华东开班。

海底捞大学开课的内容只有两种：制度和案例。在海底捞，企业文化培训只在新员工入职的时候才会进行，更多的培训是关于如何做人的：过马路要看红绿灯，别人跌倒了要去扶。海底捞的企业文化更多的时候是由上而下“带”出来的，最高层的领导、管理者，其言谈举止都代表着、透露着企业文化。基层人员看着高管们这么做，也有样学样，慢慢就形成了企业文化。

在海底捞大学，讲的最多的是案例，是如何进行实际操作。来自全国各地的优秀经理、店长会成为内部讲师，讲解自己平时的工作经验。培训没有“应对规则”，更多的是打开学员们的思路。

配合之前已有的制度，以它为核心，再搭配案例讲解，学员自然而然地就会成为符合海底捞企业文化的管理者。以他们为核心的新门店，即使再远，也能够自上而下地将企业文化与制度贯彻下去。

问题：为什么海底捞的培训更多的是讲案例而不是企业文化？

资料来源 掌上攻略（公众号），2018-03-26.https：//mp.weixin.qq.com/s/gvV5sURw-LKJt-GYowQ4B_g.

4.4.3 团队文化建设

团队管理是一个很流行的词，越来越多的企业开始用团队理论管理、运作企业。一般来说，团队具有以下特征：①团队至少有两个成员；②团队的规模不是无限大，而是有限的，以确保所有成员之间都充分了解并且互相产生影响；③团队成员之间互相依赖，最低限度为一个成员的决策和行为会被团队其他人所重视；④团队成员在一定时期内具有稳定性，成员之间的关系是连续性的。

连锁门店的全体员工是一个有机协作的工作团队，作为这个团队的核心人物，店长的使命不仅在于全面落实贯彻公司的营运规则、创造优异的销售业绩、提供良好的顾客服务，还在于领导、布置门店各部门的日常工作，并在日常工作中深刻理解、把握和弘扬连锁企业的企业文化，最大限度地激发员工的积极性和创造性，从而营造一个令全体员工心情愉快的工作环境，并使自己成为一名连锁企业文化的基层执行者和捍卫者。

一个优秀的团队总是伴随优秀的团队文化，文化是企业凝聚力和持续发展的根本所在。在实际工作中，常常听到公司老总抱怨员工对企业的忠诚已今非昔比，而员工则对公司管理层存在种种怨言，这种现象实际上可以归结为团队文化问题。要打造一个优秀团队，可以从以下几方面入手：

1）正确的领导

在团队文化建设中，管理者的正确领导非常重要，他必须牢记自己的每一个行动都会对团队文化产生影响。员工通过观察管理者的一言一行来学习企业的价值观、信念和目标，当管理者自己出现了非伦理性的行为或不能对别人的非伦理性行为做出果断、严厉的反应时，这个态度将渗透到整个团队内部。如果管理者不去维护伦理行为的高标准，那么正式的伦理准则和培训计划就毫无用处。如果管理者，尤其是店长一直基于正确的价值观来领导下属，甚至为组织价值观做出个人牺牲，他就可以赢得员工的高度信任和尊重。利用这种信任和尊重，管理者可以激励员工追求优异的工作绩效并使他们在实现组织目标中获得成就感。

2）信息共享

只有让员工全面了解企业的发展计划及努力方向，才能激发起他们的工作热情。一个企业要想快速发展，就必须将经营理念和发展目标明确化，把企业的发展目标转化为员工的使命。门店管理也是这样，员工越了解门店的目标，使命感越强，团队的向心力越大。与员工分享信息的举动传达的是对员工的信任，同时让员工产生自己“拥有”门店的感觉。拥有者才会真正关心门店的发展，想门店之所想、急门店之所急，才会从内心深处思考自己如何为门店做贡献的问题。一个团队如果有很多这样的员工，团队文化建设的成功就指日可待。

3）适当授权

团队的成长要靠员工的努力，管理者要充分信任员工，适当授权给他们，使员工培养出独立工作的能力。授权不仅是封官任命，管理者在向下属分派工作时，也要授予他们权力，否则就不算授权。管理者要帮助被授权者消除心理障碍，让他们觉得自己是在“独挑大梁”，肩负一项重要的职责。授权应注意两点：一是让所有相关人员知道被授权者的权责；二是一旦授权就不再干涉。

4）多表彰员工

企业管理千头万绪，其中最困难的是用人。认可员工的努力，在他们工作出色之际给予肯定，不但可以提高工作效率和士气，还可以有效地树立其信心，提高员工的忠诚度，激励他们接受更大的挑战。有些员工总是抱怨说，领导只有在员工出错的时候才注意到他们的存在。管理者有责任对员工的工作给予及时、正面的回馈，以增强他们的自信。为了充分调动员工的积极性，管理者必须使员工相信，他们的努力会使工作更有成效。

5）鼓励员工合作

团队的力量来自合作。当一群人在一起工作时，常常能够完成单人无法胜任的工作；个人由于有同伴的激励，可能将个人最大的潜能发挥出来。失败的团队建设一个最常见的错误就是成员各自为政，自行其是。宜家家居是世界上品牌知名度最高的公司之一，而它所创建的团队文化更是独具特色，为他人所称道。为了鼓励团队成员间的高度融合和协作，总部不要求门店给每个员工明确的岗位说明；相反，总部要求团队成员自己讨论决定谁负责什么，整个团队该如何运作才最有效率等，然后依照执行。团队领导也没有特殊的头衔，与他人平等，主要起协调沟通作用，理顺团队并让每个人都能充满乐趣地工作。由于宜家家居是家具店，每个人的工作内容都不复杂，每个人都能胜任他人的工作，没有人是不可取代的，所以团队管理的关键在于成员之间的互相磨合和默契，在于创造积极向上的、彼此信任和喜欢的团队气氛。这样，当有些人忙不过来的时候，暂时空闲的人就会主动帮忙，让顾客得到满意的服务。

6）培训员工

一家不肯花钱培训员工的企业，不可能成为有前途的优秀企业。成千上万的企业，包括那些曾经兴旺一时的大企业，都因为不舍得在人才培训方面多投资，先后衰退以致消失。支持员工参加培训，如岗位培训或公司付费的各种学习班、研讨会等，有助于减轻员工的疲沓情绪和工作压力，提高其创造力。

7）鼓舞员工士气

员工士气是一种独特的文化氛围，它体现了一种团队精神。沃尔玛的员工在辛勤工作的同时，也会自娱自乐，这种文化氛围是员工努力工作的动力之源，也是沃尔玛获得成功的最独特的秘密武器。在每周六早上7：30工作会议开始前，山姆都会亲自带领参会的几百位高级主管、商店经理一起喊口号和做阿肯色大学的啦啦操。另外，在每年的股东大会、新店开幕式或其他一些活动中，沃尔玛也常常集体喊口号。的确，没有多少大公司会做这类集体喊口号、做操甚至一些更疯狂的事，大部分公司的董事长也不会亲自参加这类活动，并乐此不疲。但山姆就是这样，他对此由衷地喜爱，并认为这是沃尔玛独特文化的一部分，它有助于鼓舞员工的士气，增强公司的凝聚力，能促使员工更好地工作。

8）合理的薪酬制度

报酬是一种有效的刺激物，无论管理者多么高明，都必须以物质力量为后盾，而稳定的工资收入是员工工作动力的永久源泉。报酬可以分成两种：一种是财务报酬；另一种是心理报酬。在财务报酬方面，一般企业常忽略两个问题：第一，没有将薪酬和员工的表现结合在一起。今天的市场竞争非常激烈，企业应该让员工薪酬反映企业的现状，这样员工才会产生和企业共存共荣的感觉。第二，薪酬结构没有鼓励团队合作。它往往和管理者强调的团队精神毫不相关，大多数薪酬制度都鼓励个人绩效。这和缺乏互信有很大的关系，如果能扭转这个局面，大家就会产生团队感，也会了解每个人对团队有不同程度的贡献。在心理报酬方面，管理者应该善用三种心理报酬：①社会报酬。创造一种归属感，让员工感受到友谊和公平。②心理报酬。让员工觉得他的才能受到了肯定，而且被团队所运用。③精神报酬。让员工产生一种感觉：我的工作很有意义。这时，不论报酬多寡，都能够激励员工全力以赴地投入工作。只有善用财务报酬和心理报酬，企业才能激励员工发挥最大的潜力。

■ 本章小结

日益激烈的市场竞争对门店运作提出了更高的要求。管理者应通过有效的卖场布局、商品组合、商品陈列、POP广告、灯光设计、音乐背景、气味提醒、色彩暗示、现场制作等在卖场生动化上下功夫，刺激顾客的购物欲望，达到促进销售的目的。促销活动是企业为告知、劝说或提醒目标顾客关注企业任何方面的信息而开展的一切沟通活动。门店促销策划包括确定促销目标、确定促销预算、制订促销实施方案。促销活动的有效实施还需要门店各岗位人员的高度配合，促销活动结束后还必须进行科学评估，以找出问题、总结经验，为今后提升促销策划水平做参考。顾客服务主要包括售前服务、售中服务、售后服务。管理者要提升顾客服务水平可以采取以下方式：根据顾客需要不断调整服务项目，寻找并控制关键的服务点，设计具体可行的服务标准，由上至下改进服务，妥善处理顾客抱怨。团队建设是门店运作管理的一个重要内容，其中店长发挥着核心作用。连锁商店培训管理一般包括培训内容的设计、培训方法的选择、培训项目的实施及培训效果的评价等。建设优秀团队文化的措施有：正确的领导、信息共享、适当授权、多表彰员工、鼓励员工合作、培训员工、鼓舞员工士气、合理的薪酬制度。

■ 主要概念和观念

卖场生动化　促销管理　顾客服务　团队文化

■ 基本训练

□ 知识题

1.卖场生动化对商店经营起什么作用？卖场生动化管理的重点内容是什么？

2.连锁企业促销活动的目的是什么？主要有哪些促销工具？

3.连锁门店提高业绩的五个公式是什么？门店促销管理的重点在哪里？

4.连锁门店促销活动策划包括哪些内容？如何评价连锁商店促销活动的效果？

5.顾客服务主要有哪些类型？连锁门店应通过哪些途径不断提升顾客服务水平？

6.团队建设中店长的作用是什么？什么样的店长才是合格的店长？

7.如何打造优秀的团队文化？

□ 技能题

1.试根据一家超级市场的具体促销目标制订一份促销活动计划。

2.假设某门店收到顾客投诉，说某商品质量有问题，店长该如何处理？

□ 能力题

1.案例分析

面向中老年的日本健身房Curves快速发展

日本有一家面向中老年人的连锁健身房，会员平均年龄为61岁，年龄最大的是101岁。日本是一个老龄化十分严重的国家，正可谓得老年者得天下。这家健身房自2005年成立后，成长速度非常迅猛。目前它在日本已有超过1 760家门店，会员突破80万人，2016年，其净收入高达13亿元人民币，这就是日本的Curves。

Curves是一家总部位于美国、专为女性设计的国际连锁健身公司。自1992年成立以来，Curves已发展成为全球最大的连锁健身房之一。Curves于2004年被曾本岳引进日本。曾本岳的母亲因为糖尿病去世，母亲离世的悲痛激发了他建立健身房的欲望。2004年，曾本岳去美国参观Curves，被Curves独特的商业模式和好口碑所吸引，决定将其引进日本。2005年，日本Curves株式会社成立。

这家健身房只为女性提供服务。Curves的顾客信息注册界面明确指出：男性不予注册，工作人员也全都是女性。这样，她们就不用在意男性的眼光，来健身房想怎么穿就怎么穿，更不用化妆。顾客也不需要使用带有男性汗渍的器械，可以怀着轻松、愉快的心情锻炼。

这家健身房没有镜子。传统健身房到处都是镜子，恨不得把你照个通透，可Curves偏反其道而行。Curves的会员在锻炼时不会看到自己身上的赘肉和别人苗条的身材，从而不会打击自己的自信心，她们只需按照自己的运动状态进行调整就可以了。没有男性、没有镜子，Curves用这种苛刻的方式来营造更适合中老年女性锻炼的环境，提升用户的体验。

传统健身房的器材大部分是整整齐齐排列成一排，会员间零交流，没人监督，效果也不显著。Curves的会员完全不用担心这个问题。"环形30分钟"是许多中老年女性必做的运动项目，它简单、有效、难度低，适合各个年龄段的女性，而且对于健身基础的要求为零。"环形30分钟"由12台器械组成，可以照顾到女性需要塑性的12个身体部位。顾客只需要在每台器械上全力以赴30秒，中间则穿插缓和心跳的恢复踏板。运动加上换机械和喘息的时间正好30分钟，恰好适合中老年女性的体力。

美国传统的健身房会费是每月100美元，而Curves每月只需30美元。为了通过降低成本来降低价格，Curves去掉了不常用的器材、高成本的游泳池、淋浴室……甚至将一些有锁的房间也换成了用屏幕相隔的区域，将省下来的钱让利给消费者。Curves提出"每天锻炼也就只花一杯咖啡的钱"的口号，不给消费者造成经济压力。此外，美国Curves是需要提前预约的，而日本Curves取消了这个要求，不用预约，随时可以去。Curves的选址都在购物区和住宅区，中老年女性只要是下班了或者有空余时间，就可以去锻炼。

Curves不定期地为会员举办健康食谱、才艺、时尚美妆等培训活动，或者组织短途旅行、温泉、SPA等休闲活动。这些被统称为"闺蜜联盟"活动，Curves的会员可以带上自己的家人、朋友免费参加。与美国Curves宣传减重和健康饮食的理念不同，日本Curves更多强调健康、养生的概念，以及对于疾病的预防和控制。这一理念正好与中老年女性的观念不谋而合。

Curves还与商户合作，给会员提供一系列优惠活动，如餐馆优惠、旅店优惠、航班优惠等。这不仅让会员感受到实惠，而且丰富了她们的业余生活。对Curves来说，这可以扩大品牌的影响力，形成良好的口碑，更重要的是将其价值观宣传了出去。

问题：日本Curves为什么能快速发展？它对中国连锁企业有什么启示？

资料来源　商业创新实验室（公众号），2018-03-27.https：//mp.weixin.qq.com/s/ZjXVVXgN9CG-zR_aehZFaKA.

2.网上调研

（1）试从互联网上调查某一连锁企业某次促销活动的具体内容。

（2）试从互联网上调查某一连锁企业为顾客提供的服务项目的具体内容。

第4章即测即评

第5章 网点扩张与选址

学习目标

知识目标

- 掌握连锁企业扩张战略的扩张区域、扩张路径、扩张支持系统等内容；
- 掌握连锁企业网点修枝战略的主要内容和适用情况；
- 了解网点选址分析的主要内容和具体分析指标；
- 了解网点选址的具体步骤和方法。

技能目标

- 学会针对某一商圈的调查内容设计调查问卷；
- 学会撰写详细的选址分析报告。

能力目标

- 能根据某连锁企业的资源状况规划其网点扩张战略；
- 能根据详细资料判断某连锁企业扩张中存在的问题；
- 能对备选的店址价值进行正确评估。

5.1 网点扩张战略

连锁经营的优势在于规模，它从本质上说是一种追求规模经营和规模效益的经营方式，追求规模扩张是连锁经营内在的、本能的冲动。虽然规模并不代表一切，国内外大型连锁企业经营失败的例子也并不鲜见，但没有规模的连锁企业很难有效提升自身的竞争力，因此，人们经常将规模与企业的成功联系在一起。连锁企业的规模扩张主要指网点扩张，这里不仅指网点数量的扩张，也指网点质量的提升。在连锁企业的网点扩张战略规划（或称市场战略规划）中，常常涉及扩张区域、扩张路径及扩张支持系统三大内容。同时，一家优秀的连锁企业在不断建设新店的同时，还会对原有的质量不达标的门店进行调整，以保证每一个“点”连接起来形成一张有效的“网”。在这里，我们主要介绍区域扩张战略、网点扩张路径、网点扩张支持系统及网点修枝战略。

5.1.1 区域扩张战略

区域扩张战略就是网点空间布局战略。这犹如下围棋，先要有个通盘布局思路，方能落子。许多连锁企业在初创时并没有明确的区域扩张思路，随着企业规模的不断扩大，扩张思路才渐渐明晰。例如，第一家沃尔玛门店设在美国阿肯色州的罗杰斯市，之所以设在这里，不是因为这里对沃尔玛这样的折扣商店来说最有吸引力，而是因为这里靠近创始人山姆·沃尔顿的家，而且租金也能承受。随着沃尔玛的不断扩张，门店达到20多家后，一个较为成熟的企业扩张思路便形成了，并成为该企业走向全美、挺进世界的指导思想。我国的许多连锁企业在发展到一定阶段后，仍然只重视单个门店位置的选择，缺乏对整个市场空间布局的长远规划，对每一家分店的选址孤立考虑，哪里有开设条件就到哪里开，导致后期的发展非常被动。因此，在开发网点时，连锁企业应有长远观点，从大局着想，方能形成一张有规模效益和竞争力的大“网”。

区域扩张战略主要有两种模式：圈地模式和跳跃模式。

1）圈地模式

圈地模式是指连锁企业在一个区域内集中资源开店，将可能开设的门店（数量）尽量开完，再寻找另外的开店区域，以便充分挖掘该区域的市场潜力，发挥资源整合优势，降低管理成本和后勤服务成本，增强宣传效果，达到获取规模效益的目的。

圈地模式的具体操作方式有两种：一种操作方式是以一个城市为目标，集中资源在该城市迅速铺开网点，形成压倒性阵势，以吸引消费者的注意。这种方式对消费者相对分散且区域性竞争不明显的便利店、冷饮店尤为适用。另一种操作方式是连锁企业在考虑网点布局时，先确定物流配送中心的地址，然后以配送中心的辐射范围为半径逐步扩张。这种方式更注重配送中心的服务能力，以求充分发挥配送潜力。配送中心的辐射范围一般以配送车辆每小时60~80千米的速度，在一个工作日（12小时/24小时）内可以往返配送中心的距离来测算。这种方式对要求商品配送快捷、高效的标准超市尤为适用。从我国一些运转较正常的连锁超市来看，配送中心的成本一般要占整个连锁超市销售额的4%，所以对配送中心的成本控制是整个企业成本控制的重中之重，尽力挖掘配送中心的潜力、降低配送成本是连锁企业在网点布局时不得不考虑的重点。

（1）圈地模式的优势

①可以降低连锁企业的广告费用。连锁企业的广告宣传媒介主要是地区性的电视台、电台和报纸、海报等，无论宣传区域内有1家门店还是100家门店，广告费用都是相同的。因此，在一个区域内开店越多，分摊到各门店的广告费用就越少。

②可以增强形象的相乘效果。在同一个区域开设多家门店，很容易树立连锁企业的形象，提高知名度。如果某家门店缺少某种商品，可以在很短的时间内从邻近门店调配，顾客也可以马上到邻近的门店购买。

③可以节省人力、物力、财力，提高管理效率。总部管理人员可以在各门店之间合理分配时间，不必担心由此带来的不便和往来费用；在同样的时间内可以增加门店间的巡回次数，对每家门店的指导时间也相应增加了，便于对各门店进行管理。同时，培训员工也变得更加容易了。

④可以提高商品的配送效率，保证及时送货。为了使各门店的存货降至最低，连锁企业通常要求配送中心必须采取多种类、小数量、多批量的配送方式，尤其是一些速食品和生鲜食品，如面包、糕点、饮料、蔬菜、水果等。为保证食品新鲜可口，配送中心每天要送货2~3次，因此必须采取集中开店战略，才能缩短从订货到送货的时间，防止缺货，提高商品的新鲜度，降低流通成本。

⑤可以充分发挥配送潜力，减少总部的投资压力。在我国仍缺乏社会化配送中心的情况下，连锁企业的商品配送不是依赖供应商低效率、高成本的配送，就是依靠自建的配送中心进行配送。而建一个配送中心，尤其是一个现代化程度较高的配送中心，企业的投资是巨大的。连锁企业在配送中心的辐射范围内不断开设新店，可以合理规划运输路线，统一采购，集中配送，在削减车辆台数的情况下也能集中资源按时配送。这样就能充分发挥配送潜力，尽快收回投资，同时由于不需要分散建多家配送中心而减轻了总部的投资压力。

（2）圈地模式的风险

①采取这一扩张模式，必须在一个区域开完计划的门店数量后才能进入另一个区域，连锁企业要完成在全国的整体布点可能需要较长的时间。

②由于这一扩张模式是一个区域一个区域地渐进开店，因此，对于其他一些当前值得进入的区域或城市，连锁企业可能会在等待中丧失最佳机会，让竞争对手抢占了有利地点。

2）跳跃模式

跳跃模式是指连锁企业在当前值得进入的地区或竞争程度相对较低的地区分别开设店铺，即看准一个地方开一家、成熟一家开一家，可以同时、不断地在各区域开店。连锁企业采取这种方式扩张主要出于两个目的：一是企业希望占领某个大区域市场，先不计成本，不考虑一城一池的得失，而是考虑整体网络的建设，对有较大发展前途的地区和位置先入为主，抑制竞争对手进入。二是企业希望避开强大的竞争对手，先求生存，再求发展。

（1）跳跃模式的优势

①可以抢先占领有较高价值的地点，取得先发优势。这实际上是未来行为的一种提前。在企业的长远规划中，有价值的地区一定是要进入的，而由于各种竞争关系，未来的进入成本远远高于目前，尤其是某些连锁企业的经营模式对地点有特殊要求，那么尽早在主要市场锁定理想地点将使连锁企业的扩张活动变得更为主动。

②企业优先将门店开设在商业网点相对不足的地区或竞争程度较低的地区，可以避开强大的竞争对手，迅速站稳脚跟。这对刚刚起步的连锁企业来说尤为重要。较偏远的地区或城市郊区往往被大型连锁企业所忽略，那里租金低廉，开店成本低，商业网点相对不足，不能满足当地居民的需要，连锁企业在这些地区开店，能有效避开与强大竞争对手的正面冲突，从而形成自己的优势，取得规模效益，以便后来居上。

（2）跳跃模式的风险

①对那些对物流配送要求较高的连锁企业而言，在缺乏可供依赖的社会化配送中心的情况下，采取跳跃模式开店需要充分考虑自身物流配送的能力。如果门店之间跨度太大，物流配送跟不上，就难以满足各门店的配送需求。

②由于不同地区的市场差异性太大，企业难以根据不同市场的要求选择适销对路的商品，无法满足消费者的需要，因而在发展初期难以有效整合企业资源，可能使连锁企业陷入战线过长的困境。

③如果连锁企业开店的区域跨度过大，必然要求更多的权力下放来适应不同市场的需要；而如果连锁企业没有相应的管理控制系统，就很容易出现一盘散沙的情况，不利于树立连锁企业的统一形象。

④跳跃模式对门店的管理人员要求较高，在总部后勤服务不到位的地方开店，门店管理者必须独立处理相关事务，必须具备较高的能力、素质，否则会延长门店经营的摸索期或亏损期。

对创建时间不太长的连锁企业而言，多数专家建议不要将战线拉得太长，以免顾此失彼，得不偿失。上述两种区域扩张模式并不是完全排斥的，连锁企业可以根据自身的条件设计适当的区域扩张战略，甚至可以将两者有效地结合起来。

案例5-1　乐凯撒的扩张模式和快闪店

深圳市乐凯撒比萨餐饮管理有限公司（以下简称乐凯撒）于2010年在深圳福田成立，现有全国直营门店150家，员工近3 000人。多年来，乐凯撒专做意式薄饼，纯手工拍制，由乐凯撒首创的榴莲比萨品类因其良好的美誉度，现已风靡全国。

据创始人介绍，乐凯撒的网点扩张主要采取“摘蘑菇”和“滚雪球”两种思路。前者是指在不同城市快速布点，如乐凯撒已经在四个城市布点开店，但是如果进入一个城市后不能迅速占领市场，那么很快就会被专注地方市场的其他同类品牌干掉。于是，乐凯撒采取“滚雪球”的方式，在深圳建立了根据地，利用一年的时间，把深圳的门店数提升至28家，把广州的门店数提升至16家。必胜客在广东的270家店曾同时推出榴莲比萨，试图对乐凯撒进行毁灭性围剿。但结果是乐凯撒的销售额增长超出了预期，这对于乐凯撒来说未必不是一件好事。

为了满足消费者不断变化的需求，乐凯撒会利用快闪店来测试新产品、新店的市场反应。在餐饮领域，想出一个新点子很容易，但在不确定的情况下给这个点子投入很多资源的风险很大。除此之外，推出一款产品，从最初的调研、设计、开发再到推向市场，流程复杂、过程也十分漫长。从这个角度来看，快闪店可作为一个简易版，用来更快地获得用户反馈，然后投向市场。近日，乐凯撒接连以“环保”“绿帽子”等话题，分别在深圳推出了环保主题快闪店和牛油果主题快闪店。

如今，消费者的注意力极度稀缺，抢夺用户注意力、吸引眼球无疑成为各品牌关注的重点。乐凯撒表示，它会根据不同的话题来选择渠道进行宣传，快闪店只是该品牌的宣传渠道之一，它更看重内容传播的“点”在哪里。比如“环保”概念，就非常适合通过快闪店呈现出来。

麦肯锡咨询公司和《经济学人》杂志做了一个预测，在未来5~10年内，中国的中产阶级数量将占全球总人口的16%，将是美国总人口数的2倍，将占全球中产阶级总数的一半，大概相当于美、日、欧、澳等发达国家和地区的总人口数。乐凯撒是做餐饮品牌投资的，它投资的也是中产阶级的生活方式。面对消费升级带来的庞大市场，乐凯撒对未来充满了信心。

问题：乐凯撒的开店模式有什么特点？

资料来源　新店商研习社（公众号），2018-03-14. https://mp.weixin.qq.com/s/AE6I-2lP-lO92GDHJYQQr6g.

5.1.2　网点扩张路径

连锁企业的网点扩张路径主要有四种：自建、并购、加盟、合作。由于这四种路径各有优势和风险，企业必须对即将进入的市场进行深入研究，结合自身具体情况选择最适合的路径。当然，企业也可以在一个时期同时运用四种路径加速扩张，但这需要高超的资源整合能力和运作能力。

1）自建

自建是指连锁企业借助自己筹集的资金，通过对当地市场进行详细的商圈分析，对备选地址逐一分析优选，确立店址并开设新的连锁门店。也就是说，通过自身力量逐步拓展市场。国内外大多数连锁企业早期扩张均采取这一路径开设直营连锁门店。

（1）优势：新的连锁门店一开始就能按企业统一的经营模式运行，迅速走上正轨；有利于企业的一体化管理，原有的经营理念和经营模式能不折不扣地得到贯彻实施；有助于树立良好的企业形象；选址时对当地商圈进行了周密的调查分析，这对新店开业后的经营策略调整有很大帮助。

（2）风险：前期需要投入大量资金，企业必须有雄厚的资金支持，且对内部资源应用要求较高；发展相对较慢，企业需要对新区域市场有一个了解、认识、把握的过程，当地消费者也需要时间了解、熟悉连锁企业，因而初建的门店需要一个过渡期才能在市场上立足。

如果连锁企业将门店开到100家甚至更多，所有门店建筑费、店面装修费和仓库基础设施费全部由自身承担的话，那么这将是一笔非常高昂的费用。如果连锁企业的资本不是特别充足，为了节省投资，可以考虑对物业进行租赁。尽管有些连锁企业对物业的投资获得了较高的回报，如麦当劳对许多店址物业是拥有所有权的，但多数连锁企业尤其是零售商大都不拥有自己的物业，它们认为“零售商不应卷入房地产投机活动中”。当然，它们有时也会面临一些尴尬，如深圳万佳超市的第一家分店在物业租赁期满后，业主提出要大幅度增加租金，最后双方无法达成协议，万佳超市不得不另寻店址。

2）并购

并购是指连锁企业采取资本运营的方式，将当地现有的企业收购、兼并过来，再进行整合，使被并购企业与母体企业融为一体。并购是目前国内外比较流行的扩张方式，但并购并不是对所有企业都合适，因为并购存在相当高的风险。

（1）优势：通过兼并、收购，连锁企业可以共享市场资源、扩大顾客基础、增强与供应商讨价还价的能力；容易进入一个新市场，因为并购过来的企业就是当地已经存在的企业，熟悉当地情况，了解当地市场，或者已经积累了一定的无形资产，被当地消费者所接受，因此能迅速占领新的市场；可以利用被并购企业的人力资源，如果运作较好，投资成本可以相对减少，而扩张速度也会加快。

（2）风险：并购过来的企业本身的组织结构、管理制度以及企业文化与母体企业相差较大，还需要按母体企业的标准对其进行改造，即有一个磨合阵痛期，这同样需要成本；寻找合适的被并购企业需要机会，这可能会贻误进入一个新市场的时机；并购本身及整合被并购企业是一项复杂的工作，需要高超的管理技术和专业知识。

3）加盟

加盟一般称为特许经营，是总部将自己所拥有的无形资产，包括商标、商号、专利和经营管理模式等给投资者或加盟商使用，加盟商按合同规定在总部的统一指导下从事经营活动。加盟是连锁企业低成本、高速度的扩张方式，但它需要具备一定的条件，也存在一定的风险。

（1）优势：可以节省大量资金投入和时间成本，迅速提高市场占有率；可以节省总部的人力资源和财力，风险小；能充分利用加盟者在当地的人缘优势和经营积极性，提高成功率。

（2）风险：加盟更适合一些门面较小的商店，不是所有的零售业态和服务行业都适合这种路径，这使得该路径的扩张范围受到了限制；管理特许门店难度较大，加盟双方容易产生矛盾，总部不能随意更换店长和工作人员，不利于整体营销战略的实施和服务品质的整体划一；个别加盟店经营失败会对总部品牌形象造成损害，不利于树立良好的企业形象。

4）合作

合作是指连锁企业与有合作意向的伙伴进行多方面合作，包括引入战略投资伙伴共同开发新市场，也包括与合作方结成联盟采取复合连锁的方式进入新市场，还包括向合作方输出管理经验和人力资源共同开发某地区市场。例如，深圳万泽药店与万佳超市结成联盟共同开拓广州市场，万佳超市开到哪里，万泽药店的门店就进驻哪里。

（1）优势：可以利用合作伙伴的人力、财力、物力等资源，减轻总部的投资压力；

可以利用合作方的影响力占领市场，降低投资风险；双方可以互享顾客资源；相对于加盟而言，合作形式更灵活，店面招牌可以灵活处理，可以只打连锁企业的商号，也可以采用双商号；合作形式较加盟而言更容易被对方所接受，双方是在平等的位置上谋求双赢。

（2）风险：合作伙伴也有权参与决策，连锁企业不能独立决策，因而不利于统一管理；市场的开拓受到制约，不能按自己开店的一贯模式运作，开店的时间和速度不能控制；合作方式不太稳定，如有其他因素变化，容易导致合作失败或合作终止。

连锁企业四种扩张路径的比较见表5-1。

表5-1　**连锁企业四种扩张路径的比较**

项　目	自　建	并　购	加　盟	合　作
资金来源	总部	总部	加盟者	合作双方
管理统一性	高度统一	中度统一	高度统一	低度统一
扩张速度	慢	快	快	不定
稳定性	高	中	低	低
企业形象	一致	不太一致	一致	不一致
风险	高	高	低	低
操作难度	相对简单	难	较难	较难

小思考5-1　连锁企业能同时运用四种扩张路径进行扩张吗？这样做需要注意些什么？

5.1.3　网点扩张支持系统

连锁企业市场发展战略目标的达成需要一定的支持系统做支撑，没有基础的盲目扩张有时会适得其反，出现欲速则不达甚至不堪设想的后果。一家连锁企业的领导在管理几家或十几家连锁门店时，可能会应付自如，管理十分到位；可是当他管理几十家、上百家甚至更多门店时，就可能漏洞百出。因为当企业发展壮大时，对管理的要求不一样了，组织机构需要重新设计，管理信息系统需要进行修正和扩容，仓储和配送能力也要跟进。当这一切尚未准备好时，盲目扩张会带来不良后果。此外，连锁企业还要考虑各种资源状况，包括资金实力是否雄厚、人力资源是否足够、信息资源是否充足等，这些因素都会制约企业扩张的步伐乃至以后的经营业绩。图5-1是连锁企业市场扩张战略支持系统。具体而言，该系统包括如下因素：

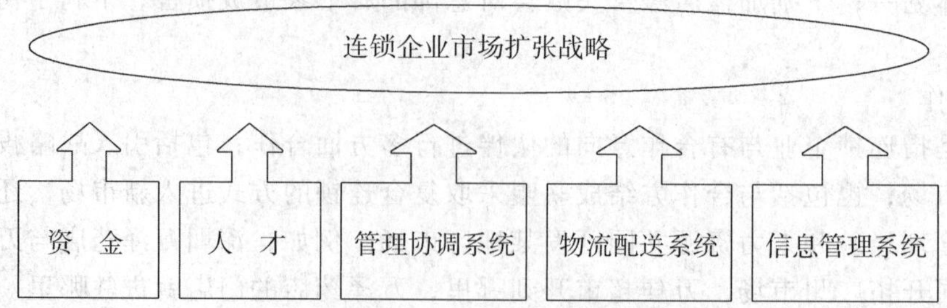

图5-1　连锁企业市场扩张战略支持系统

1）资金

目前，我国连锁企业高速扩张，内外资连锁企业均在不遗余力地抢占“地盘”。不论采取哪一种扩张形式，都需要强大的资金支持。特许经营开店的资金压力相对小些，但总部建立物流配送中心的投资是巨大的。如果每家门店都开设成功，投资可以按计划收回，则资金压力可以减小；如果部分新店不能实现预期的投资目标，则总部的资金压力就比较大。连锁企业的发展几乎都会遇到资金瓶颈，要突破资金瓶颈，连锁企业可以考虑通过以下几个途径解决：一是上市。通过这一途径，连锁企业不仅可以迅速走上现代公司治理的轨道，也可以借此筹集相当一部分市场拓展资金，解决企业的燃眉之急。二是银行借贷。通过向银行举债进行市场扩张，是目前连锁企业常用的筹资途径。三是股权稀释。使公司股权多元化，引入资金雄厚的大股东，可以在一定程度上解决资金短缺的问题。四是尝试以加盟和合作的方式做大规模，利用加盟商和合作伙伴的资金、人力、物力发展连锁企业，解决发展中的资金瓶颈问题。无论采取哪一种途径，企业发展的关键还是科学运营，保证每一家新店的投资回报达到预期目标。只有管理上去了，开店成功了，合作者、股东、加盟者、银行贷款才会如期而至，资金问题才能迎刃而解。

2）人才

人才短缺是制约连锁企业快速扩张的一大瓶颈。随着连锁企业的发展纷纷提速，一场人才争夺战已经在各大连锁企业间展开。外资连锁企业在国内开店的同时也加快了网罗人才的步伐，而国内连锁企业长期以来缺乏吸引、培育和激励高、中层次专业人才的机制，人才流失比较严重，企业内部掌握现代连锁知识的高级管理人才比较匮乏，这使国内连锁企业在参与国际竞争时处于明显的劣势。人才短缺问题已经导致众多连锁企业开店速度变缓，且严重影响了新店的经营管理水平和效益。这不是某家企业的特殊问题，而是整个连锁业的普遍问题。解决这一问题需要一个过程，连锁企业一方面可以通过建立健全内部晋升机制、外部吸纳人才机制，以及与高校或专业培训机构合作培养等方式来缓解这一问题；另一方面可以通过提高连锁经营的标准化管理水平和简单化作业水平降低对专业人才数量的需求。

3）管理协调系统

管理协调系统是支持连锁企业扩张的软性系统，是连锁企业整合各种资源在低成本、高效率运作基础上取得规模效应的一种能力系统，包括企业战略管理系统、企业组织管理系统和企业作业流程管理系统三个层次。企业战略管理系统是保证连锁企业在扩张中始终坚持明确的发展方向、市场定位、竞争战略和经营特色的一套体系，直接关系到企业核心竞争力的维持和提升；企业组织管理系统是指组织结构、组织制度、组织文化和组织形式在不同扩张阶段适应新的环境变化，始终保证组织高效运转和快速反应的一套体系；企业作业流程管理系统是在企业各环节的作业流程中体现出来的一种技术竞争能力，包括营销技术、物流技术、成本控制技术、采购技术、顾客服务技术等。上述三个层次是有机结合在一起的，企业战略管理系统有助于企业确立长期的竞争地位，企业组织管理系统是实现企业战略目标的组织保证，企业作业流程管理系统能有效保证企业战略管理和组织管理落到实处。管理协调系统是企业发展的根基，企业必须有强大的管理协调系统的支持，才能实现连锁企业量与质的双重扩张；否则，仅有门店数量的增加不能保证连锁“大厦”不会坍塌。

4）物流配送系统

对于那些高度依赖物流配送的连锁企业，如连锁便利店、连锁超市和连锁专业店等，物流配送系统的建设必须能适应连锁企业的规模扩张。由于物流配送系统建设投资巨大，社会化物流服务相对滞后，多数企业自身的配送中心基础设施、设备、系统落后，仓库没有与企业管理信息系统集成，门店与总部难以准确了解库存情况，造成商品周转期加长、资金利用率降低、缺货率偏高，物流配送正日益成为制约连锁企业扩张的一大难题。随着一些连锁企业不断走向全国，全国性商品统一采购和配送需求愈加迫切，重构、完善物流配送系统已经迫在眉睫。许多连锁企业已经意识到物流配送系统在整个扩张战略中的重要地位，于是纷纷引入国内外先进的物流管理技术，建设集信息化、机械化、自动化于一体的配送中心仓储系统，不断提高物流配送能力，降低物流配送成本，为全国各门店提供快捷的物流服务。

5）信息管理系统

信息管理系统是连锁企业快速扩张的又一大支持系统。连锁经营区别于传统商业经营的明显特征就是集中与分散相统一。每天大量业务发生，使连锁企业的物流、商流、资金流和信息流构成一个庞大的网络体系。只有信息流在网络中活跃而畅通地传递，配送中心、连锁门店以及总部各职能部门的业务活动才能有机地组织起来并高效地运转，真正实现连锁经营的规模效益。沃尔玛的全球采购战略、配送系统、商品管理、人力资源管理、“天天平价”战略在业界都是经典案例。沃尔玛的成功正是建立在利用信息技术整合优势资源的基础上。在信息技术的支持下，沃尔玛能够以最低的成本、最优质的服务、最快速的管理进行全球运作。尽管信息技术并不是沃尔玛取得成功的充分条件，但它是必要条件。一家连锁企业规模越大，地域分布越广，对信息管理系统的要求就越高。连锁企业每扩张到一定规模，信息管理系统就要进行相应的升级，不断提高信息处理能力，满足企业经营管理的需要。

案例5-2　瑞幸咖啡迅速抢占市场

在过去一段时间，许多咖啡爱好者开始迷恋上“小蓝杯”。这个由张震和汤唯代言的咖啡品牌——瑞幸咖啡（Luckin Coffee）充满了质感，它品质上佳，价格又很亲民，迅速俘获了一大批咖啡爱好者的心。咖啡爱好者亲切地把蓝色外包装的瑞幸咖啡称为“小蓝杯”。

瑞幸咖啡是原神州优车集团COO钱治亚创建的，从2017年10月5日第一家瑞幸咖啡开始内测，到2018年1月1日起瑞幸咖啡陆续在北上广深等城市试营业，人们发现，自己工作和生活休闲的场所已经被瑞幸咖啡连同它标志性的“小蓝杯”所包围，甚至连朋友圈也被它刷屏了。在不知不觉间，瑞幸咖啡已经陪伴许多人度过了紧张繁忙的工作和休闲时光。

经过4个多月的试运营后，5月8日，在北京国家会议中心举办的瑞幸咖啡品牌战略发布会上，其创始人钱治亚宣布，瑞幸咖啡开始正式营业了。对于瑞幸咖啡来说，这无疑是一个具有里程碑意义的日子。在瑞幸咖啡短短几个月的历史中，已经经历了多个令人激动不已的里程碑式的时刻：2018年1月1日，瑞幸咖啡在北京、上海开始试运营；2018年3月5日，瑞幸咖啡正式进驻深圳、广州等八大城市；2018年3月15日，瑞幸咖啡正式入驻天津、武汉等三城；2018年4月18日，瑞幸咖啡App登上苹果手机应用商店美食佳饮免费榜第一名……截至目前，瑞幸咖啡已经把店开到了13个城市，完成门店布局525家，运营门店400多家，客户达130多万人，下单量超过300万单，它的顾客消费了500万杯咖啡。

对于一个咖啡品牌来说，这个发展速度令人咋舌，但钱治亚认为，当咖啡嫁接上新零售，把大数据、移动互联网充分应用到商业模式中后，瑞幸咖啡这种新零售咖啡应运而生，它能够“植入”消费者的各种生活、工作场景中，满足消费者时时刻刻对咖啡的需求。

为了使瑞幸咖啡更好地“植入”消费者办公、休闲、娱乐、社交等各种场景中，瑞幸咖啡开设了针对不同场景的门店。钱治亚举了几个例子：旗舰店（Elite）和悠享店（Relax）旨在满足用户线下社交需求，快取店（Pickup）针对有“快速需求”的商务人士，而外卖厨房店（Kitchen）则满足于有外卖需求的用户。

对于中国的咖啡市场而言，瑞幸咖啡的出现也许意味着一个转折点。在过去几十年里，以星巴克、Costa等为代表的商业咖啡教育并培养了小众市场，而瑞幸咖啡将通过满足消费者的“无限场景”需求引领咖啡市场走向大众化。

问题：瑞幸咖啡的快速扩张有什么风险?

资料来源　哈佛商业评论（公众号），2018-05-10.https：//mp.weixin.qq.com/s/kDYn5-etfytL-OMc-0FSgA.

5.1.4　网点修枝战略

园艺师都知道，树木长到一定时候就要修剪，除去丫杈，才能长成参天大树。同样，随着连锁企业的不断发展，连锁门店遍地开花，这时也要进行调整和规范，才能保证其健康发展。

连锁企业的修枝战略即SB（scrap and build）战略，也即裁剪与重建，是关于撤除某一家、某一地区的门店或者对某个旧门店进行重新装修、改造以使其更符合公司长远发展方向的战略。SB战略兴起于20世纪70年代末，尤其是“石油危机”之后，最初的作用是精简机构，进行合理化经营。经过20世纪80年代的发展，SB战略的作用已从单纯的成本控制转为积极的业态调整，从而成为发达国家连锁企业常用的战略之一。其目的在于去除冗店，重新调整连锁企业扩张中地区内部和地区之间的连锁门店分布状况，以及门店形象和经营策略，建立更为有效和紧凑的销售网络，提高竞争力，获得长期的发展。连锁企业实施SB战略一般出于以下几个原因：

其一是店铺危机。在拼命抢开新店时，一些企业选址错误，选择了不合适的位置(因为比较好的位置已被竞争对手占满了)，导致经营不善，而且在未来几年情况也不会有太大的改善，需要进行裁剪。另外，由于城市建设，如修筑铁路、居民区，或者出现了新的闹市区，或者由于其他政治、经济等原因，导致原先选定的店址需要放弃或搬迁，企业也会实施SB战略，这种情况又被称为店铺地段危机。

其二是经营危机。门店本身经营不善，出于成本合理化的考虑，为整顿亏损店而实施SB战略。一方面，撤除缺乏竞争力的店铺，如缺少停车场的大型店、销售额难以提高的小型店，或地段欠妥的店铺等；另一方面，由于投资成本增大，而这些成本可能包括防火设施、防止环境污染设备的投资以及店租等，裁撤旧店或投资新店之后，企业能够获得更为合理的投资回报率。当然，借着裁撤亏损店，还可以改装店铺，发展新的业态。例如，日本的NICHIYI就在旧式小型店的基础上，将业态变更为密集型折扣商店。

其三是市场危机。由于市场差距（market gap）日益显著化，商品结构和楼面结构不合时宜也要采取SB战略。造成市场差距的原因是：消费者停止流动，结果形成具有不同特性和购买力的区域划分；居民或商圈的人口年龄结构呈现极端化倾向；流动性强的消费者（如青年、新建家庭）集中到某一地区。这三种情形都会使门店的商品结构和楼面结构不能适应顾客的需要，结果形成市场差距。这时SB战略的重点在于以变更业态的方式重建门店网络，如将超级市场改为集中专卖店型的百货商店。

其四是合作危机。连锁企业与合作伙伴之间的关系变化也会引起SB战略的实施，这种情况通常出现在双方合作共同开发一个地区的市场而合作方发生变故时，这时连锁企业不得不进行调整。如日本的和泉居最初是作为一个超级市场附加在NICHIYI商店中的，但是当后者转为食品直营后，它就被迫撤出了大阪地区。

其五是管理危机。当连锁企业过度或盲目扩张后，发现自己没有足够的资源和管理能力支持或控制所有的门店，就会对一些地域分布较远的门店进行裁撤。例如，有些连锁企业发现，若它们专注于地方性市场而不是全国性市场可能会干得更好，或现在还没有能力进军全国市场，于是对原来的过度或盲目扩张予以修正。

上述五种情况通常会迫使连锁总部被动采取SB战略，更重要的是，连锁企业要主动审视自身的发展情况，以便有选择地实施SB战略，以促使各门店树立危机意识，避免面临被裁撤的危险而不自知。总部应定期（至少每年一次）审查各门店的业绩，以便确定每家门店的发展趋势。连锁总部在做出改变门店的任何决定（如关闭、扩建或重新装修）时，都要从战略角度考虑。例如，某家门店目前的业绩可能很差，但该门店所在的商圈正在大量开发住宅，这很可能为其未来发展提供机会，因此，这家门店应该保留。此外，总部还要重新评估整个连锁企业的经营业务是否合理、发展战略是否科学、经营策略是否得当，以便及早抓住机会做大做强。

实施SB战略意味着连锁企业已经习惯了向消费者希望的方向转变并对经营环境的变化有了更深刻的认识，连锁企业的经营变得更为灵活。当它们关闭不赚钱的门店时，也在开设新的、赚钱的门店，或者将现有门店转变成赚钱的门店。

小思考5-2　连锁企业可以先扩张然后再完善内部管理系统吗？

5.2　网点选址分析

连锁企业要不断扩张，就必须不断地在新的区域开设新的网点，提高连锁企业的市场占有率。连锁业是地利性产业，任何一家连锁门店的销售活动都受一定地理条件的制约，不论管理者的主观努力程度如何，店址选择对商店的经营成功与否关系重大。好的店址是商店的一笔无形资产，可以使其兴旺发达；而选址不当则易造成商店经营困难，甚至倒闭。许多人把商店经营成功的首要因素归结为“Place，Place，Place”（选址，选址，还是选址），可见店址选择具有举足轻重的作用。由于店址一旦确定便很难改动，对于新开设的门店，详细规划其地理位置尤为重要。

网点选址分析包括以下内容：分析每个地理区域（商圈），确定最有价值的开店区域；分析新开商店的具体位置，找出最有吸引力的地点。

5.2.1　商圈分析

1）商圈的构成及类型

商圈（trading area）也称交易区域，是指以连锁门店所在地为中心，沿着一定的方向和距离扩展，吸引顾客的辐射范围。简而言之，商圈就是连锁门店吸引顾客的地理区域，也就是来店购买商品和服务的顾客所居住的地理范围。

连锁门店的商圈由三部分组成：主要商圈（primary trading area），这是最接近门店并拥有高密度顾客群的区域，通常门店55%～70%的顾客来自主要商圈；次要商圈（secondary trading area），位于主要商圈之外，是顾客密度较稀的区域，约包括门店15%～25%的顾客；边际商圈（fringe trading area），是位于次要商圈以外的区域，顾客分布最稀，门店吸引力较弱，规模较小的门店在此区域内几乎没有顾客。商圈的形状可以用图5-2表示。

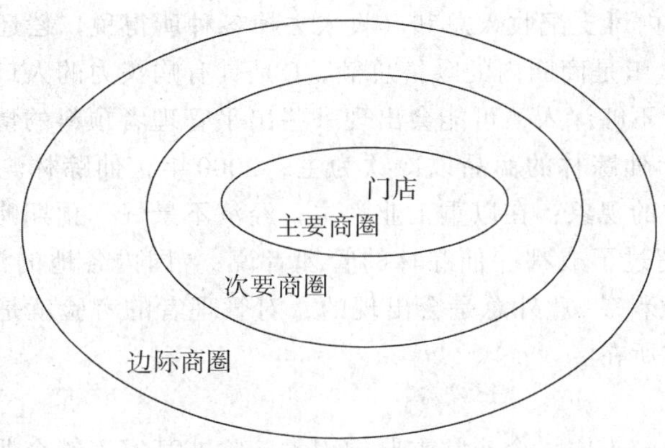

图5-2　商圈的形状

实际上，商圈常常受到各种因素的影响，并非都呈同心圆形，而是表现为各种不规则的多角形，其范围大小需要连锁企业认真划定。商圈的大小常受到商店规模及信誉、商店促销策略、竞争对手发展情况、交通状况、居民购物行为等多种因素的影响。

商圈可以按多种方式划分成不同的类型。

按成熟度来划分，商圈可分为：①成熟商圈，是指早已形成的、比较固定的商业区域，一般不受个别门店开设的影响；②未成熟商圈，是指尚未成形的商圈，某一门店的进入会对其范围大小产生一定影响；③成长型商圈，其特征是：中心商圈已形成，硬件设施较好，仍然在迅速扩展，是多层次主流客户群的光顾之地，辐射范围日益扩大。

按性质来划分，商圈可分为：①商业区商圈，即繁华的商业中心，客流量大，交通方便，各种商店林立；②住宅区商圈，即周边主要是居民区，商店分散，来往人群稳定；③办公区商圈，即主要是工厂集聚或写字楼集聚的区域，人们往来的主要目的是工作而非购物；④文教区商圈，即周边主要机构是学校和文娱场所，人群流动较有规律，具有单一消费的特点；⑤混合区商圈，即属于商住混合、住教混合区域，具有多元化消费的特点。

2） 商圈分析的具体内容

商圈分析是指连锁企业对商圈的构成情况、特点、范围以及影响商圈规模变化趋势的因素进行实地调查和研究分析。商圈分析包括大环境分析和小环境分析，大环境分析确定该区域有无开店价值，小环境分析确定该区域吸引目标顾客的最佳地点。这部分我们主要从大环境来分析，小环境分析在下面的地点位置选择时介绍。这里的商圈分析主要考虑以下几个因素：

（1）市场潜力

市场潜力的大小来自区域人口的多少以及他们的购买能力，有很多指标可以反映一个区域的市场潜力，其中购买力指数应引起重视。比较不同商圈的购买力指数，可为发现潜在的消费市场提供依据。其计算公式为：

购买力指数=A×50%+B×30%+C×20%

其中：A是商圈内可支配收入总和（收入去掉各种所得税、偿还的贷款、各种保险费和不动产消费等）；B是商圈内的零售总额；C是具有购买力的人口数量。

若市场潜力分析不够深入，可能会出现一些出乎管理者预料的情况。例如，来自中国台湾的餐饮连锁店仙踪林的商品以冷饮为主，2000年，仙踪林沈阳店和成都店在业绩对比上出现了有趣的现象：在以重工业为主、经济不景气、预期购买力低的沈阳，仙踪林的最高客流量超过了成都。仙踪林的管理者说："国内各地的消费特点差异极大，消费习惯往往出人意料。"意外总是会出现的，对管理者的考验就是如何在意外发生之前就找到问题的本质所在。

（2）竞争状况

竞争状况是商圈分析中一个非常重要的因素，除非某家连锁企业具有很强的竞争优势，可以忽略现有的竞争；否则，新开的门店不得不面临被竞争对手拉走销售额的问题。考查一个地区的竞争状况，应着重分析现有商店的数量、规模，新开店的速度，各商店的优势与劣势、近期与长远的发展趋势以及商圈饱和度。这里，我们着重介绍商圈饱和度的分析方法。

商圈饱和度是判断某个地区同类商业竞争激烈程度的指标，通过计算或测定某类商品销售的饱和度指标，可以了解到某个地区同行业商店是过多还是不足，以决定是否选择在此地开店。通常在饱和度低的地区，门店开设成功的可能性较饱和度高的地区要大，因而分析商圈饱和度对于新开设门店选择店址很有帮助。商圈饱和度指标（IRS）的计算公式为：

IRS=C×RE÷RF

其中：IRS为某地区商圈饱和度；C为某地区购买某类商品的潜在顾客人数；RE为某地区每一顾客平均购买额；RF为某地区经营同类商品商店营业总面积。

例如，一家经营食品和日用品的小型超市需测定所在地区商圈饱和度，假设该地区购买食品及日用品的潜在顾客是40 000人，每人每周平均购买额是100元，该地区现有经营食品及日用品的商店营业总面积为50 000平方米，则商圈饱和度为：

IRS=40 000×100÷50 000=80

该地区商店每周每平方米营业面积的食品及日用品销售额的饱和度为80，把这个数字与其他地区测算的数字比较，数字越大说明商圈饱和度越低，开店成功的可能性越大。商圈饱和度只是从定量角度考虑某一地区经营某类商品同业竞争的程度，而没有考虑原有商店，尤其是信誉好、知名度高的老字号商店对新竞争对手的影响。此外，商圈饱和度的计算资料不易准确获得，因此要做出新设门店的决策，还要根据具体情况进行具体分析。

（3）基础条件

区域内的基础条件为门店的正常运营提供了基本保障。连锁企业需要相应的物流配送系统，这与区域内的交通、通信状况密切相关，有效的配送需要良好的道路和顺畅的通信系统；还与区域内软性基础条件有关，包括供应链的发达程度、政策和开放程度、相关法律和执法情况等。这些都需要认真分析。

如果我们把一座城市看成一个大商圈，对于是否值得进入该城市，经营不同业务的连锁企业商圈分析的具体内容也不尽相同。下面列出的是连锁超市对城市筛选重要指标的排序，可供参考，如图5-3所示。

	市场潜力	竞争激烈程度	供应链发达程度	政策和开放程度
指标	可支持超市盈亏平衡的总营业面积	连锁超市的数量； 现有竞争对手实力（外资和内资跨区域扩张零售商）； 行业饱和度	全国性品牌制造商数量（食品、服装、日用品）； 超市商品的来源和渠道长度	政府的零售业开放程度； 城市基本投资环境评价； 法律的规范程度
重要性评估	超市实现扩张战略目标的关键性因素之一； 选择市场潜力大的城市，重点进入	超市实现扩张战略目标的关键性因素之一； 选择竞争程度相对较低的城市发展	结合所经营的商品品类考察供应链的发达程度； 供应链发达程度对于配送和价格领先有重要意义	作为区域市场的新进入者，政策和开放程度是必须考虑的因素； 确定自建或并购等的参考依据
权重	40%	30%	20%	10%

图5-3 城市筛选重要指标排序

5.2.2 地点分析

地点分析是选址分析的第二项重要内容，是指在值得进入的商圈内寻找一个最佳位置，以吸引目标顾客前来购物。地点分析需要更深入、更细致的调查，一般要考虑以下内容：

1）业务类型与地点类型的匹配性分析

地点类型主要分为三种：第一类是孤立店；第二类是经规划的购物中心；第三类是自然形成的商业中心。这三种地点类型各有不同的优势和劣势，连锁企业管理者要确定适合自己门店的地点类型，关键是要分析自己的业务类型与哪种地点类型相匹配。

（1）独特型连锁企业。它通常拥有与产品或服务相联系的高质量形象。顾客会从较远的社区被吸引而至，原因是企业的产品或服务具有独特性、竞争者数量较少，如园艺中心、裱画店、机动车喷漆公司或高档饭店等。在单一社区内，这种产品或服务的选择余地通常较小，而且该类产品或服务常常具有较高的声望。这种类型的连锁商店不论地点设在哪里，都能吸引顾客。

（2）竞争型连锁企业。它提供与商圈内其他企业相同或相似的产品或服务，这样，便利程度便成为决定企业选址的主要因素。便利食品店、冰淇淋店、快餐店和药店等均属于竞争型连锁企业。它们常常集中于商圈内自然形成的商业中心、购物中心、一般商业区或办公区、工厂附近等交通繁忙和消费者聚集的地区。这类企业通常是便利导向型的，易产生价格竞争，应该尽量避免靠近直接竞争者。

（3）比较型连锁企业。化妆品店、家居装修公司、鞋店、体育用品店、五金店、花店、电子产品店、机动车修理店、机动车用油中心、印刷中心、旅行公司、娱乐公司和休闲公司等都是比较型连锁企业。对这些公司来说，店址应尽量接近竞争者，以方便潜在顾客对产品进行比较。比较型连锁企业常常沿商业区分布，位于购物中心附近或临街道的路口。这种类型的商店选址有两个关键点：靠近竞争者，以便顾客进行比较；向顾客提供有效帮助，解释自己产品或服务的优点和价值。

2）客流量分析

客流量是商店经营成败的关键因素，一家商店若要获得成功，必须有足够的顾客来源。上海永安百货公司选址成功的案例一直为人们所称道：当时商界都不清楚南京路上是路南客流量大，还是路北客流量大，也没有人去分析客流量的情况。永安百货公司总经理郭乐派了两个人站在南京路的两边，从早到晚用取豆的方法计算过往的客流量，结果发现路南客流量更大，而且南京路以南是富人集聚地，他们购物总习惯先逛路南。1918年9月，永安百货公司在南京路路南开业了，开业前库存了预期可以卖3个月的货物，但开业20天后，存货的一大半就卖光了。永安百货公司的选址案例告诉我们，要对客流量因素给予足够的重视。

大型商店往往会有专程前来购物的顾客，而小型商店只能分享别人的客流量或吸引有其他目的的顾客，此时，截流能力显得十分关键。截流能力是指截取到处流动的顾客的能力，可以通过评级来确定。通常一个购物中心或自然形成的商业中心会有一个客流量最大的具体位置，这个位置通常有一家或一家以上核心商店，这一区域被称作顶级地段，评级为100%。其他位置的评级是比照顶级地段来确定的，评级为60%的地段吸引的客流量相当于顶级地段的60%。位于顾客常行走路线（如停车场、公共汽车站和地铁站）上的商店截流能力较强，位于购物中心核心商店之间的店铺也能从来往的顾客身上获益。当然，我们还要深入了解客流量规律，即行人的年龄结构、职业特点、高峰时期和稀薄时期、流动的目的等，以便有针对性地选址，抓住真正的目标顾客。

3）竞争对手分析

门店周围的竞争态势对其经营成败有巨大影响，如果不能建立高于对手的竞争优势，就很难在该区域站住脚，因此门店选址时必须认真分析竞争对手，对直接和间接竞争者的情况要了如指掌，如它们为消费者提供产品或服务的种类、它们的市场占有率和营销策略等。一般来说，虽然在门店开设地点附近的竞争对手众多，但只要该门店的经营独具特色，也会吸引很大的客流量，也能促进销售增长，增强店誉；否则，门店将难以发展壮大。

竞争对手分析主要包括以下内容：①竞争店与所开新店的距离，以及地理位置上的优劣势；②竞争店的销售规模与目标定位；③竞争店的目标顾客层次、特点；④竞争店的商品结构和经营特色；⑤竞争店的实力和管理水平。

4）交通便利性分析

交通是否便利、地理位置是否优越，也是选择店址的重要因素。方便的交通要道，如公共汽车停车站、地铁出站口附近等，来往行人较多，极具开店价值；交叉路口的街角由于四通八达，可见度高，也是开店的好位置。但是，有些道路中间隔了一条很长的中央分向带或栏杆，限制行人、车辆穿越，则会影响该地点开店的价值。在分析交通便利性时还要考虑物流配送的便利性，有些企业就犯过这样的错误。如国美把门店开在王府井步行街，就是没有考虑物流配送的便利性对大件电器来说非常重要这一因素，结果只能关闭门店。有足够的停车场对大型连锁企业而言也是十分重要的，便利性有时就是节省驾车时间和停车方便的同义词。例如，在一项为期3年的城市道路改造工程中，一家大型连锁企业附近的机动车道被迫关闭了，造成其至少50%的顾客流失。

5）城市发展规划分析

城市发展的长远规划也会对连锁企业将来的经营有重大影响，有些地点从近期来看可能是店址的最佳选择，但随着城市的改造和发展有可能将来不适合开店；相反，有些地点近期来看可能并不理想，但从城市发展的规划前景来看又很有前途。例如，1996年开张的广州吉之岛，选择开设在广州天河城的地下一层，当时看来交通似乎并不便利，但这个地点恰巧是广州市城市发展规划中的地铁出站口，地铁开通后，商店果然人流如织。北京麦当劳动物园店（路南）始建时，并没有像它的竞争对手肯德基动物园店（路北）那样临街，而是建在路南第二个街区，2000年这个选址的预见性体现出来了：路南临街的第一个街区由于拓路而被推土机铲平，麦当劳动物园店成了临街店。商店选定地址之后一般不会轻易迁移，因为迁移要付出极大代价。这就要求商店在选择新店址时，一开始就要从长远、发展的角度着眼，要详细了解该地点的街道、交通、市政、绿化、公共设施、住宅及其他项目的规划，使店址既符合近期环境特点，又符合长远规划，避免造成损失。

6）周围环境分析

门店周围的环境如何对门店经营的成功与否也有巨大影响。首先，企业要仔细分析门店周边商店的聚集状况。聚集状况一般有四种类型：异种连锁业聚集、有竞争关系的连锁业聚集、有补充关系的连锁业聚集、多功能聚集。这些聚集类型对特定的企业而言又可分为有益的聚集与有害的聚集。有益的聚集使门店之间形象协调，不会产生恶性竞争，能有效地扩大商圈范围，带来更强的市场吸引力；有害的聚集会使门店形象相冲突，随时可能爆发恶性竞争，不但不能扩大商圈范围，反而会削弱有限的市场。其次，企业必须对门店周围环境，如建筑、治安、卫生等情况进行仔细分析。若店址附近有许多空建筑，会使人感到颓废衰落而不愿涉足；若店址附近被传治安状况欠佳，无论是否属实，都会妨碍顾客前来；其他如不良气味、噪音、灰尘多、外貌破旧及走道不良等，也都会降低开店的价值。

7）物业本身分析

物业本身是否符合开店需要、物业的租赁和购买成本是否合理，对门店选址也具有决定意义。物业面积和结构必须与所开门店的设计思路基本吻合，如果物业成本与销售潜力不相上下，就不值得去开发。

案例5-3　镰仓衬衫店的开店技巧

日本有一家叫“镰仓衬衫”的专卖店，可能是世界上唯一一个年销售额达数亿日元，却没有库存的服装品牌。创立25年来，镰仓衬衫从未打折出售过，即使内部员工购买也没有折扣。日本是一个有制服文化的国家，上班族每天必穿衬衫。日本男性人均拥有5件衬衫，其中3件就是镰仓衬衫。不少重度用户甚至拥有超过100件镰仓衬衫。

让人感到奇怪的是，如此大受欢迎的镰仓衬衫，目前只在日本开设了不到30家门店。另外，三越百货、银座Plaza等知名商场为了邀请镰仓衬衫入驻，都开出了相当优惠的条件。可以说，如果愿意，镰仓衬衫完全可以像优衣库、ZARA那样遍地开花。

门店数量通常是很多品牌追求的重要指标。7-11便利店更是把密集开店列为三大成功策略之一。针对服装销售的特点，镰仓衬衫的创始人贞末良雄坚决反对密集开店。服装对物流配送没有太高的要求，服装的销售机会也不像食品那样，食品是只要有人流就能产生新销售，衬衫则不同，密集开店反而会降低品牌的吸引力，导致单店盈利能力下滑。镰仓衬衫要求“零库存、零折扣”，只有在门店保持足够吸引力的情况下，这一点才能实现。

正因为如此，每当要开一家新店时，78岁高龄的贞末良雄都会亲自把关，除了市场公司的调查评估，他也会花一周时间亲自去店址处观察，记录客流量。贞末良雄关注的不仅是通过门前的泛泛人流，还要细分到有多少上班白领经过。这个问题看似简单，但要得到精确的数字并不是一件容易的事。

贞末良雄有自己的小技巧，那就是看路人的鞋。如果一个地方人流密集，但穿的都是平底休闲鞋，镰仓衬衫是不会在这里开店的。日本的职场礼仪深入人心，上班族的衣着和工作是高度同步的，从职员到科长、社长，人们的鞋和衣服会越来越讲究。职场对鞋最基本的要求就是男士穿皮鞋、女士穿高跟鞋，而且一定要擦得一尘不染。

对每家门店的客流量，贞末良雄都烂熟于心：大阪店每天有50万名上班族路过，品川店为33万名，东京丸之内店20万名，横滨店为8万名……他还会仔细分析每家店进店成交顾客的性质：有多少是回头客，有多少是新客？因为镰仓衬衫对开新店还有一条特别的要求，就是必须能吸引三成以上的新客。考虑到日本正在进入老龄化社会，随着熟客的退休老去，如果新开的门店不能开发新客户，只凭熟客，销售必然会日益萎缩。

问题：镰仓衬衫为什么不愿意多开店？

资料来源 商业创新实验室（公众号），2018-02-27.http：//mp.weixin.qq.com/s/LN9JLATWS-Bajx5FZliRiDA.

5.3 选址程序与选址技术

几乎所有经营者都意识到，任何连锁企业的成功都离不开特定的地点优势。在选择店址方面，赛百味独有的PAVE方案是它通行全球的一大保障。P就是人口，即要求门店附近有一定数量的居民或是流动人口；A是容易接近性，也就是容易到达，交通便利；V是可见性，即能够被路人一眼看到；E是顾客的有效消费能力。真正开一家赛百味餐厅不是一件简单的事，店址的选择会让很多投资者大伤脑筋，因为美国总部要求每一家门店必须同时达到这四个标准才会被批准开设。因此，店铺开发不是一个简单的寻找店址的工作，而是一系列周密调查、科学论证的严谨而程序化的过程。下面，我们从选址程序出发，介绍连锁企业的选址技术。

5.3.1 资料搜集与分析

选址的第一步是搜集有关资料，这是进行商圈分析的前提。无论是区域的选择还是具体店址的选择，决策都必须建立在掌握详细资料的基础上。事实上，选址分析的内容几乎人人皆知，但对企业管理者或专业选址员而言，更重要的是如何准确得到这些数据和资料，或者采取什么方式可以低成本地得到这些资料。

1）公开信息渠道

连锁企业可以从一些已经公开的文献中搜集有用的二手信息。使用二手信息可以节约大量时间和经费，而且可以为问题的研究提供一些有效的解释。有很多渠道可以搜集二手信息，如我国每10年进行一次人口普查，普查结果以各种形式发布。人口普查除了对每个家庭进行基本的人口统计外，还对一定比例的家庭进行深入的问卷调查，这就意味着可以通过计算机统计有关区域的家庭住房、家庭财产、就业情况和家庭收入等。但是，人口普查每10年才开展一次，而且不能及时公布，因而很难满足商圈分析的需要。连锁企业更多的是从各地的统计年报中得到相关信息，这类信息发布比较及时，并具有权威性，但信息量较小。此外，一些学者的学术研究报告有时也会公开发表在各种媒体上，研究内容虽然侧重于学术领域，但由于其对某些问题的深入探讨会给人更多的启示，因此也常常成为企业搜集的对象。

2） 市场调研公司

连锁企业可以聘用专门的市场调研公司帮助搜集相关信息，这是目前较常用的一种方法。事实上，各种市场调研公司依然是基本数据信息的主要来源，其较高的专业性有助于企业获得项目研究所需的准确资料。但问题是中国有几百家市场调研公司，而它们的水平又参差不齐。大型市场调研公司的信誉高，组织能力也较强，拥有自己的信息库，但它们的收费也较高；当地的小公司收费较低，但它们的信息搜集能力又值得怀疑。要甄别这些公司的能力，就要求选址人员具备相当丰富的经验。对于市场调研公司的收费报价表，连锁企业要认真、仔细查看，因为收费项目的详细程度也是检验一家市场调研公司服务水平的标准之一，诸如调查问卷印刷费、数据录入费和协调人员费用等都应该出现在收费报价表中。为保证初期选址的保密性，连锁企业往往会隐瞒某些委托调研的真实目的，这尤其会发生在与非伙伴关系调研公司的交往中；有的连锁企业会将调研内容拆成几部分，由不同的市场调研公司完成。在选择市场调研公司时，连锁企业也要考虑各个城市统计局下属的城市调查队，它们进行商圈调查的方法很普通，但很有效。利用城市调查队的有利之处是它们与统计局的关系良好，这使得它们可以得到本城市长时段的基本面数据，而且可以具体到区、城乡接合处甚至街道。另外，要获得对街区或社区居民状况的细致而生动的描述，可去街道办事处和社区服务中心进行付酬访谈。

3） 政府部门和有关专家

政府部门也是企业信息搜集的一大来源，如城市规划部门。事实证明，如果企业的选址人员对该城市5年或10年的建设规划不熟悉的话，将有可能导致企业选址失败。选址人员最好能经常接触政府有关部门的负责人，以便及时得到最新的有关规划或政策动向。一般来说，在中国的大型跨国公司都有专门与政府机关打交道的部门或负责人，如在麦当劳中国公司的各地分公司中，就专门设置了“政府公共关系部”。国内的连锁企业一般也设公关部，但与选址工作关系不大。此外，选址人员在获取政府信息时最便捷的方式是接触各行业的专家，他们与相应的政府部门都保持着密切的联系；与专家的交流有时会获得意想不到的效果，专家对某些市场信息的分析可能带给企业管理者或专业选址员一种顿开茅塞的感觉。有经验的选址人员说，规划专家对城市商业中心转移等方面的冷静预测要比大部分业内人士的分析准确。

4） 房地产等相关行业的从业人员

选址人员常常可以从房地产业、制造业、代理业等相关领域的从业人员处获得有价值的信息。连锁业与房地产业密切相关，有些连锁企业没有足够的选址人员，干脆就委托房地产中介代为选址。针对不同消费群体的连锁企业应该将店址选在有相应租（售）价格的房屋集中区，这是业界公认的规律。家乐福当初将两家店都开在北京南城，就是因为随着北京旧城改造，新来的居民从新建物业的高价格上就可看出其身份。家乐福迅速捕捉到这一趋势，抢先进入了。

5） 实地调查

实地调查是连锁企业常用的信息搜集方法之一，尤其是在企业无法搜集到全面的二手信息，又无法找到可以信任、收费适宜的市场调研公司时，实地调查是唯一可以采用的方法。

（1）试买调查。为了了解当地竞争店的经营动向和消费者的购物习惯，选址人员可以到竞争店进行试买调查。试买调查是指作为实际的顾客在竞争店买东西，然后调查其店内的陈列状况、店铺布局、商品结构、顾客层次、价格水平和服务状况等。

（2）观察访问。选址人员可以在拟选店址前或竞争店的周围观察拟选店址的特征以及竞争店的顾客人数、促销状况、商品陈列等，推算主要商品的销售额；也可以访问前往竞争店购买商品的顾客，了解顾客住址及所购商品，以此推断将来新店的商圈范围。这种访问的成功概率很大，选址人员还可借此对商圈内的顾客情况进一步了解分析，但需耗费较多的人力与时间。

（3）小组面谈。它也称作焦点小组法，是指将有关人员（如潜在目标顾客）召集起来，以小组讨论的形式听取参与人员的意见以搜集信息。调查结果受小组的规模、组成，参与人的个性、所担任的角色，会议的具体安排，访谈者与小组或个人的关系等的影响。由于这种调查方式需要一定的组织能力，往往由专门的调查员组织讨论。

（4）电话调查。它是通过电话了解顾客住址和购买情况的一种调查方法。这种方法获得资料的速度快，调查成本低，但易打扰被调查者，可能会引起调查对象的反感而不易获得合作。由于电话调查的时间不能太长，所以必须准备一个简明扼要的调查提纲。

（5）邮寄问卷。它是指通过邮寄问卷方式询问当地的潜在顾客，由返回的问卷分析拟开设商店的地理区域、顾客特征、顾客需求和对竞争店的态度等。这种方法的优点是费用不高，可广泛了解受询问者的分布情况，不受时间和地点的限制；缺点是回收率很低，且花费时间较长。为解决问卷收回的数量较少及时间难以控制等问题，可采用有奖调查问卷的方式。

企业无论采用哪一种调查方法，都必须事先准备一份店址特征调查表（见表5-2）。不同企业对店址的要求是不同的，该表仅供参考。

表5-2 **店址特征调查表**

1.名称认可度	19.交通
2.地点类型	20.竞争
3.城市（城镇）的描述	21.直接竞争
4.区域的描述	22.吞并
5.视野	23.饭店活动
6.典型外观	24.零售活动
7.标志质量	25.娱乐活动
8.到店的方便程度	26.夜间生活
9.到达时间	27.学生
10.办公室通道	28.办公室
11.居住区通道	29.商圈的范围
12.到达经营区的方便程度	30.周围零售店
13.战略位置	31.主要的打折商店
14.停车情况	32.购物中心
15.车流影响	33.商圈的历史
16.旅行影响	34.商圈的年代
17.潜在经常往来者	35.店铺的集合
18.公共交通	36.关键因素

5.3.2 确定备选店址

寻找合适的店址必须仔细对几个地点进行比较，除非某个店址的价值显而易见，否则好的店址都应该在备选项中诞生。因此，在搜集、分析完资料后，选址人员要做的下一个工作就是确定几个符合标准的备选店址，以供决策者参考和决定。确定备选店址的方法主要是根据前期搜集的资料做初步判断，剔除不符合标准的地点，从中选出可供考虑的店址。除此之外，还有一些具体的方法可供参考。

1）图上作业

图上作业是连锁企业选址常用的方法，绘图技术也能显示出一个选址人员的专业水平，对决策者最终决策很有帮助。好的图示应该将该地区或该商圈内的所有竞争者和可选位置都标出来，并显示出这些位置的交通状况。这样有助于决策者判断哪里的条件最具有竞争力，并发现未充分开发或被现有竞争者忽视的区域。下面举例说明这种选址方法。

一家连锁百货公司准备进入一座城市开店，该百货公司需要弄清楚这座城市的哪些区域既有较强的购买潜力，又有现成的物业，且区域竞争程度较低。根据过去的选址经验，区域购买潜力取决于3个因素，分别是：中等家庭年收入超过40 000元；每平方千米的住户数超过2 000户；最近3年，每年人口平均增长率至少达2%。该百货公司拿到了这个城市的区域购买潜力分析图（如图5-4所示），它是由23个户口区组成的；西部是山区，北部和南部有主要的公路，东部是铁路。根据购买潜力的3个因素，调查分析得出如下结论：有3个区（6、10、17）符合所有3个条件；有4个区（1、5、11、16）2个条件；有5个区（8、9、14、15、18）只符合1个条件；另外11个区（2、3、4、7、12、13、19、20、21、22、23）1个条件也不符合。

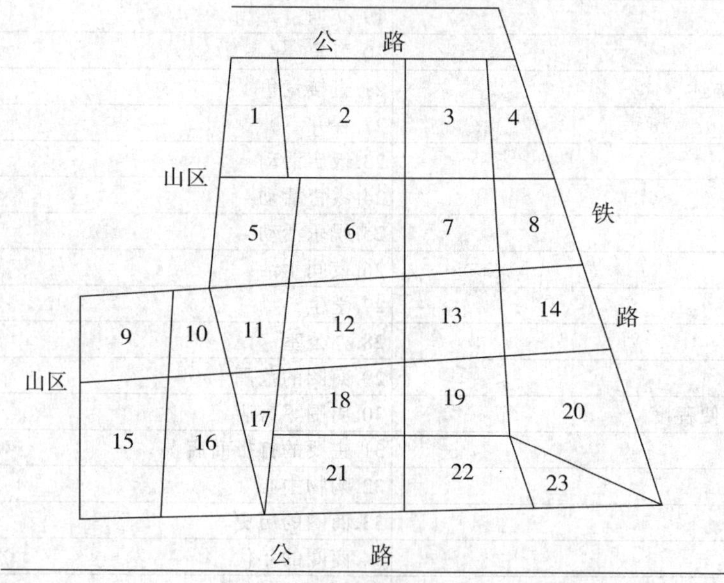

图5-4 某城市区域购买潜力分析图

图5-4清楚地反映了整个城市中潜在需求最大的那些区域，及满足3个条件的区

域。接下来，选址人员要把现有竞争对手的商店地点和可供开店的地点也绘制成图（如图5-5所示），▲号表示可供开店的地点，●号表示现有竞争店的地点。从图5-5中可以发现，有两个区域（10、17）最具有立即开发的潜力，这两个区域需求密度大且无竞争店存在。此外，有的区域（1、5）需求密度较大，同样也暂无竞争店进入。另外，要开设商店一定要有可用的场所。从图5-5中也可以看到，在条件最好的7个区域（按需求潜力划分指第6、10、17、1、5、11、16区）中，只有第10区有可用的场所，而与之临近的第9区现在没有商店，但有两个场所可供开店。同样，临近第11区和第17区的第12区也有1个可用场所。因此，我们不妨将第9区和第12区作为备选店址。于是，备选店址基本确定下来，是第9区、第10区和第12区。随后，选址人员需要对这几个店址进行详细的调研分析，从中选出最佳地址。

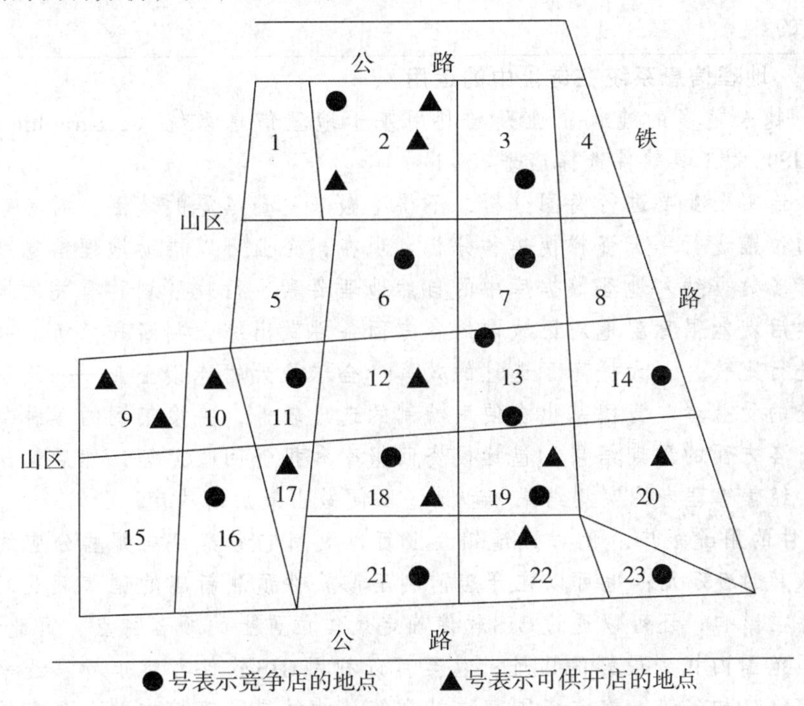

图5-5 某城市竞争店和选择的开店地址

2）对手跟进

一些业内人士常常开玩笑说："假如你实在不知道该怎样选址，那就学你对手的做法：它到哪儿，你就到哪儿。"这句话虽然是笑谈，但不无道理。在现实中，经常可以看到麦当劳附近有一家肯德基，而在国美的不远处也常发现苏宁的身影。这不是一种巧合，而是一种有效的选址方法，尤其是对那些缺乏选址经验的企业而言，跟着行业中的领头羊走，既简便易行，又可以节省自己的选址费用，并可以利用"扎堆效应"带来客流量。当然，这种选址方法也有一定的风险：一是租金风险，后进入者比先进入者往往要承受租金上涨的风险，因而对先进入者可行的地址未必适合后进入者；二是任何对手的选址都不可能是完美的，盲目跟进也有可能与先进入者犯同样的错误。在现实中，有些企业会禁不住高利润的诱惑而冒险跟随竞争者，而有些企业，如沃尔玛则喜欢前往竞争对手较少的地区；肯德基的选址细则中也有一条，就是必须预防顾客的主要动线被后进入的竞争者堵住。不管“跟着对手走”是否科学，至少在确定备选店址时它能给选址人员提供参考。

3）现场考察

选址工作是很艰苦的，选址人员绝不能把自己关在房内“运筹帷幄”，即使拥有再多的信息资料，也抵不上一次亲临实地的真实感受。即便像肯德基这样拥有最先进的信息化选址软件的公司，它的选址人员也并不比其他公司的选址人员轻松，他们经常乘坐各种交通工具检验备选地址的交通状况，设身处地地想象将来顾客的购物经历及可能遇到的问题。一位曾为沃尔玛选址的人士说，他每次都要在可能建店的地方徘徊很久，努力想象将来顾客来此处购物的情景。现场考察方式的运用是建立在选址人员长期的经验积累基础上的。

小资料5-1　地理信息系统在选址中的运用

今天，越来越多的连锁企业开始利用基于地理信息系统（geographic information systems，GIS）的工具软件选择店址。

过去，连锁企业要进行商圈分析，不得不搬来一叠厚厚的地图，对考察区域以及竞争对手的位置进行手工资料搜集和分析。现在，企业可以借助地理信息系统，将人口统计等诸多数据纳入地理数据库中的自然地理要素、行政区划和有关的地理位置数据表中，然后就能很直观地对区域内的各方面条件做出综合判断和分析，并对不同区域的情况进行比较，大大提高了选址的效率。全球最大的连锁企业——沃尔玛就是地理信息系统的受益者。肯德基也在使用特制的选址软件，将搜集到的各种复杂数据代入，演算出各方面的预期结果，包括投资回报率和投资回收期等；然后拿这些数据与选址人员、经营管理者的实测结果相印证，以便做出最后的决定。

GIS软件的用途很广。例如，连锁企业可以利用它考察目前哪些分店的商圈内家庭年均收入超过5万元；也可以在开店前利用该软件预测新店的销售额及对原有商店销售额的潜在影响；还可以通过GIS软件确定最佳位置上的顾客特点，据此设计模型，以便在全国范围内找到最好的店址；甚至可以利用GIS软件考察市场渗透率，明确其地理位置的优势和劣势。在许多国家，社会统计的结果是直接向社会公布的，无论收费还是不收费，公众的获取渠道都很畅通。大到城市人口数据，中到街区人口职业分布，小到居民家庭电话号码，这些数据甚至可以与GIS同时提供给连锁企业。在我国，这种数据的搜集还很困难，因而限制了GIS软件在我国连锁企业中的运用。

5.3.3　评估备选店址

1）多因素分析法

这种方法首先确定影响门店位置的各种因素及不同因素的重要程度，然后对各个备选店址进行评分，最后根据评分结果确定最佳店址，这实际上是一个利用优化决策来选址的方法。例如，影响门店位置的因素主要有14项，每个备选店址的影响因素评分及计算结果见表5-3。综合考虑各种因素，店址3的得分最高，因而可以作为最优店址。

需要说明的是，不同业务类型和业态类型的门店，选址的影响因素及权重是不一样的，这需要根据选址人员过去的经验来判断。

表5-3 门店选址的多因素分析

选址因素	权重	备选店址得分			权重×备选店址得分		
		店址1	店址2	店址3	店址1	店址2	店址3
商圈内人口	5	8	7	9	40	35	45
商圈内居民收入	5	5	7	6	25	35	30
是否接近目标顾客	5	6	5	6	30	25	30
机动车流量	3	7	8	7	21	24	21
非机动车流量	3	5	5	6	15	15	18
行人流量	5	5	6	6	25	30	30
与邻店关系是否融洽	2	-4	3	4	-8	6	8
物业费	4	6	5	-3	24	20	-12
广告费	2	5	6	3	10	12	6
门店能见度	3	3	5	5	9	15	15
营业面积是否合适	3	4	-2	6	12	-6	18
店面是否可扩充	2	-6	-2	-2	-12	-4	-4
停车位是否充足	3	-5	3	6	-15	9	18
与开发商关系是否融洽	2	7	5	4	14	10	8
合 计	—	—	—	—	190	226	231

注：每一因素按重要程度分成5个等级，每个备选店址的因素评分分布在-10～10区间内。

2）效益评估法

它是根据拟开门店的预计经济效益来评估备选店址，通常计算出拟开设门店的营业潜力和投资费用，再通过计算相关指标，如投资利润率、投资回收期、销售利润率等确定店址价值的评估方法。

（1）拟开门店营业潜力

拟开门店营业潜力可通过预测门店的销售额来确定。预测方式可以是过去在类似环境中的经验、同行业的一般水平，或者是统计分析方法。有一种预测方式比较简单易行，即根据已知的门店商圈内消费者的户数、离门店的远近、月商品购买支出比重及新门店在该区域内的市场占有率四个因素来估算。现举例说明门店销售额估计值的计算方法。

例如，新开超市的商圈有三个层次：第一层次主要商圈内有居民2 000户，第二层次次要商圈内有居民4 000户，第三层次边际商圈内有居民6 000户。若他们平均每户每月去超市购买食品和日用品的花费为500元，则：

主要商圈居民支出总额=500×2 000=1 000 000（元）

次要商圈居民支出总额=500×4 000=2 000 000（元）

边际商圈居民支出总额=500×6 000=3 000 000（元）

据调查分析，新开超市的市场占有率在主要商圈为30%，在次要商圈为10%，在边际商圈为5%，则：

主要商圈购买力=1 000 000×30%=300 000（元）

次要商圈购买力=2 000 000×10%=200 000（元）

边际商圈购买力=3 000 000×5%=150 000（元）

新开超市的销售额估计值=30 000+20 000+15 000=650 000（元）

（2）开店投资与经营费用测算

通过商圈调查可以估算出新店的营业额，但该店址是否值得经营，还必须与它的投资成本及日后的经营费用联系起来考虑。

①开店前期投资预估。开店前期的投资主要包括：第一，设备，如冷冻冷藏设备、空调设备、收银系统、水电设备、车辆、后场办公设备、内仓设备、卖场陈列设备等。第二，工程，如内外招牌、空调工程、水电工程、冷冻冷藏工程、保安工程等。连锁企业总部应事先确定设备及工程投资项目、供应厂商、数量及金额。第三，商业建筑和停车场费用，即使开店的物业是企业自己投资建造的，这笔建筑费用也要考虑在前期总投入中。

②开店后经营费用预估。开店后的经营费用可分为固定费用和变动费用两类。固定费用是指与销售额的变动没有直接关系的费用支出，如工资、福利费、折旧费、水电费、管理费等；变动费用是指随着销售额的变化而变化的费用，如运杂费、保管费、包装费、商品损耗、借款利息、保险费、增值税等。上述各项费用要控制在多少以内无一定标准，但最基本的前提是毛利率要大于费用率。

3） 比较评估法

这种方法也称为类比法，是将备选门店的各种影响因素与参考门店进行比较而得出相应结论的评估方法。采用这种方法时，先要确定一家或数家参考门店，而且必须与拟开设门店的商圈特征类似，然后将备选门店的资料与参考门店的资料一一比较，看能否得出与参考门店类似的结论；再根据参考门店的实际数据估算拟开设门店的未来销售业绩和经营成本，从中得出投资回收期的长短。采用比较评估法的步骤如下：

（1）在目前已开设的门店中，把在规模、商圈大小、人口统计特点、竞争状况、商品规划和价格水平等方面与拟开设门店比较接近的门店作为参考门店。

（2）把参考门店的商圈范围划分成几大区域。

（3）用参考门店的内部数据或客户调查的结果估算各区域的销售额。

（4）用各区域的估算销售额除以其人口数量，算出各区域的人均支出。

（5）用参考门店的人均支出估算值乘以拟开设门店各区域的人口总数，估算出拟开设门店的销售额。

（6）考虑拟开设门店的具体因素上调或下调估算销售额。

（7）把调整后的销售额和拟开设门店的投资费用、经营成本进行比较，计算投资回收期。

比较评估法的一个优势是基于实际门店来估算拟开设门店的经营效益，相对容易操作；数据是企业内部的，比较容易获取。但是，采用这种方法时，参考门店的选择非常关键，它直接关系到预测数据的准确性。选择参考门店不可避免地会带有一些主观因素，因而有些企业在使用这种方法时往往选择不止一家参考门店，并取其平均估算值，虽然这会使工作量大大增加，但可以减少主观因素的影响。

4）关键指标评估法

它是连锁企业采取几个关键指标，通过拟开设门店的指标数据来评估该门店价值的一种评估方法。常用的关键指标有选址比率和截流率等。下面介绍选址比率指标的运用。

选址比率是一个很特殊的指标，与其说该指标具有科学性，不如说它更具有经验性。其计算公式如下：

选址比率=销售额÷成本

一般情况下，选址比率必须大于或等于1，开设该门店才有价值。例如，如果开店花费的成本为500万元（包括租金、设备、装修、家具等初始投资费用），那么第一年的销售额应该至少达到500万元，即选址比率为1（500÷500）。当然，理想的比率要大于1，最好能达到1.5。如果新店的选址比率小于1，根据经验，这个店址现在开店的风险就比较大。当然，这并不意味着未来几年它的发展前景不好，因为发展前景需要从战略高度进一步分析。选址比率会因为连锁企业的业务性质而有所不同，且带有一定的经验性，但它的指导作用是不容忽视的。

上述方法通常是综合使用而不是单独使用的。事实上，国外许多连锁企业通常使用多种方法，通过比较不同的预测数据降低商店选址的风险。上述方法有些估算准确，但所需费用较高或时间较长；有些操作简易，但数据比较粗略。因此，评估备选店址没有最佳方法，用什么方法取决于企业可获得的信息数量、花费的时间和资金以及选址人员的经验。

小思考5-3　上述评估方法分别适合什么条件下的连锁企业？为什么通常要综合使用？

5.3.4　撰写选址分析报告

当选址人员确定了一个合适的店址后，需要撰写一份详细的选址分析报告，以供部门经理和公司领导审核。新店选址分析报告的内容如下：

（1）新店周围地理位置特征表述（附图说明）；

（2）新店物业的具体情况；

（3）新店开业后预计能辐射的范围（商圈大小）；

（4）新店商圈内商业环境和竞争情况；

（5）新店商圈内居民及流动人口消费结构、消费层次；

(6) 新店的交通便利情况;

(7) 新店投资效益分析;

(8) 新店开业后商品结构和经营特色建议;

(9) 新店开业后的风险分析及防范;

(10) 新店未来前景分析。

撰写选址分析报告常常需要一张张详细的图示，不仅要有新店的地理位置图，还要有大量的商圈特征图。实际上，图示不仅在最后一个环节需要，在前面的商圈分析和选择备选店址时也需要。绘图技术的不断发展对企业选址决策的帮助越来越大，国外企业的绘图技术已经十分成熟，基本上都采用计算机软件完成绘图。在绘制商圈密度图时，普遍采用3D绘图技术，而且随着数据量的不断增大，持续绘图系统也逐渐被采用，它可以反映不同时间的顾客来源以及特定产品适宜的区域。

选址分析报告不仅要详细分析新店址的基本商圈特征和投资效益，而且要对日后门店经营的风险进行分析，对日后的经营策略提出建议。这就涉及选址信息的利用问题。在选址过程中搜集到的大量信息，如果只用于选择一家店址就丢弃实在是一种浪费。除了选址之外，所搜集到的信息至少还有两种用途：一是为门店日后的经营活动做参考。选址调查中得到的当地居民职业和消费习惯的数据，能给门店管理带来很多实际的帮助；对顾客行走路线的考察可以直接决定今后的促销宣传画和户外广告设在哪个方向。二是为下一次选址做参考。但是事实上，令选址人员苦恼的是：一方面他们的经费不够；另一方面公司没有足够的信息积累供他们参考。常见的现象是“每一次几乎都是从零开始”。因此，为防止选址信息流失，最好在选址过程中就规定选址人员必须对日后的经营提出建议；同时，每次选址的详细信息都应该保存下来，供以后的选址工作参考。

任何店址的选择都是有一定风险的，许多时候选址人员明明知道这不是最佳地址，但最佳地址已经让竞争对手抢先一步占领了，而商圈的购买潜力又不允许他放弃这一区域，因而只能退而求其次。在这种情况下，连锁企业必须想方设法弥补店址的先天不足。

还要说明的是，选址虽然是门店经营的第一步，但绝不是最重要的一步。目前，许多连锁企业管理者存在一种“唯店址论”的思想，当一家门店倒闭时，直接管理者检讨时最常使用的方法是将所有责任先推到选址人员身上，然后才分析经营管理的不足之处。特许经营加盟店如果效益不佳，总部也常常指责其位置不佳，而不是检讨自身的经营模式是否“水土不服”。这种“唯店址论”是十分危险的，它会阻碍一切追求卓越的经营努力。北京有一家闻名全国学术界的万圣书园，最初设在北京燕东园成府路一处低矮的平房中，周围的居民多是城郊农夫和外地民工，除了租金十分便宜以外，再也没有什么值得称道的了。尽管不远处有中国最高学府——北京大学，但谁也没指望北京大学的师生会到这里来购书。然而，事实超出了人们的想象，北京大学的学生和老师络绎不绝地从东门步行出来购书，吸引他们的是当时少见的自由选购图书方式和店主刻意追求的文人氛围。随后，万圣书园淘汰了娱乐类书籍，最终成为在北京乃至在全国都有名的学术书店。可见，店址对一家门店的经营固然重要，但更重要的是企业自身的经营管理水平。

小思考5-4 选址是连锁企业门店经营成功与否的最重要因素吗？

■ 本章小结

连锁经营的优势在于规模，追求规模扩张是连锁企业内在的本能冲动。连锁企业的市场扩张战略常常涉及扩张区域、扩张路径及扩张支持系统三大内容。一家优秀的连锁企业在不断开新店的同时也会对原有质量不达标的门店进行调整，以保证每一个“点”连接起来形成一张有效的“网”。店址选择是实现企业扩张战略的基础工作，它需要进行商圈分析。商圈大环境分析包括对市场潜力、竞争状况和基础条件的分析；小环境分析则包括业务类型与地点类型的匹配性、客流量、竞争对手、交通便利性、城市发展规划、周围环境、物业本身等因素的分析。选址程序包括四大步骤：资料搜集与分析、确定备选店址、评估备选店址、撰写选址分析报告。每个步骤都需要选择合适的工具，以便最后做出正确的选址决策。

■ 主要概念和观念

网点扩张　网点修枝　网点选址　商圈分析　选址程序　选址技术

■ 基本训练

□ 知识题

1.连锁企业的市场扩张战略主要包括哪些内容？

2.连锁企业区域扩张战略的两种具体模式各有什么优势和风险？各适用于什么情况？

3.连锁企业四种扩张路径各有什么优势和风险？能否综合运用进行扩张？

4.连锁企业选址分析的内容主要有哪些？

5.不同类型的连锁企业如何与地点类型相匹配？

6.连锁企业选址包括哪几个步骤？

7.连锁企业选址分析的资料来源主要有哪些渠道？

8.连锁企业确定备选店址和评估备选店址主要有哪些方法？

9.选址分析报告包括哪些具体内容？

□ 技能题

1.试为便利店设计一份调查商圈内竞争对手情况的问卷。

2.想象一下在你居住区附近开一家你心目中理想的商店，为此撰写一份选址分析报告。

□ 能力题

1.案例分析

喜茶的选址逻辑

作为新茶饮运动的开创者，喜茶一直是购物中心的“流量王”。在消费升级的背景下，除了扎实的产品、稳定的供应链及强势营销之外，喜茶这杯“灵感之茶”在商业模式上获得了成功。它并非仅在几个方面下功夫，而是进行全方位的细致打磨，这其中也包括重要的一环——门店选址。

2017年，喜茶从珠三角出发，一路北上，进驻上海，布局华东，占据北京制高点，新增40多家直营门店，所到之处皆引起购买热潮，成为商场里的“人气吸金地”。喜茶看似永远保持“开一家火一家”的节奏，其实背后有其团队摸索出的一套科学、严谨的选址系统作为支撑。

喜茶首先把商圈、购物中心项目、商场铺位分别划分为A、B、C三个等级。若横向同级，则纵向选择优先顺序，喜茶按照“商圈 > 项目 > 位置”这个纵向逻辑进行门店选址。以一线城市为例，喜茶的选址分为三个梯队，见表5-4。

表5-4 **喜茶选址的梯队**

第一梯队	A级商圈	A级项目	C级以上位置
	A级商圈	B级项目	B级以上位置
	B级商圈	A级项目	A级位置
第二梯队	B级商圈	A级项目	B级以上位置
	B级商圈	B级项目	A级位置
	B级商圈	B级项目	B级以上位置
第三梯队	C级商圈	B级项目	A级位置
	C级商圈	B级项目	B级位置
	C级商圈	C级项目	A级位置

由此可见，喜茶开发团队的选址思路以“商圈覆盖为主”，如果购物中心没有符合梯队的位置，但商圈又处在开店规划时间内，喜茶将优先考虑A级或B级铺位。

关于商圈、项目、位置的分级标准，喜茶借鉴了肯德基、麦当劳的选址体系，采取层次分析法划分等级。比如在商圈等级方面，喜茶根据商圈覆盖范围、商圈内销售推动类型和构成等条件划分；在购物中心方面，参考的维度包括该购物中心所在城市商圈等级、销售额、体量、日均客流量、停车位等要素。通过各个维度的选择和权衡，形成最终的等级评判。

此外，为了节省时间和成本，提高门店选址效率，喜茶已经开始运用VR技术，实现了远程监测监控、虚拟现实看场。由于全国各地发展情况不同，喜茶的选址系统也会根据当地情况进行动态调整，不是一成不变的。

虽说喜茶在选址布局上有自己的方法，但喜茶创始人Neo曾说过：“从划大区出发，最主要的是覆盖面，要通过一家店获得一个市场。”这一点从最初开在上海的3家店就能体现出来。不过，在广州，喜茶在天河路商圈密集布局，已经开出5家门店，未来还会在该商圈继续择优开店。因为相比其他城市，广州有其特殊性。天河路商圈是一个人流十分集中的地方，年轻人比较多，人均消费能力很高；而老城区虽然也有繁华的商业地带，但是远远不如天河区那样人流密集。再者，广州作为喜茶门店拓展布局的首个一线城市，相对而言，当时的品牌还不像现在那样强大，完全是依靠产品和销售量把品牌认知度建立起来的。直到进驻上海后，喜茶才有一套完善的购物中心选址策略和方案。

截至2018年5月11日，喜茶在全国13个城市一共设有90家直营门店。喜茶计划在2018年将国内门店数量翻一倍，预计新增100家门店，主要分布在一线城市、新一线城市及二线城市。尤其是新一线城市，比如成都、武汉、重庆、西安等地，喜茶将重点突破，每个城市开设3~5家门店。这种类型的城市商圈很多，购物中心也比较多，适合重点拓展。

问题：喜茶的“商圈＞项目＞位置”选址模式背后的逻辑是什么？为什么一家企业的选址方式不能固化？

资料来源　赢商网（公众号），2018-05-11. https：//mp. weixin. qq. com / s/_8zwBAZ_EC-JoNr2yHesN4g.

2.网上调研

通过互联网查找一些连锁企业的具体选址要求，分析这些选址要求与其业务特点有什么联系。

第5章即测即评

第6章 采购与配送管理

学习目标

知识目标

- 了解中央采购制度的利弊以及解决该制度缺陷的方法；
- 了解商品采购的具体方法和采购控制方法；
- 掌握配送中心的基本职能及配送中心规划的相关决策；
- 了解采购与配送作业管理的主要内容和管理重点。

技能目标

- 学会计算不同采购方法下的采购批量和采购点；
- 学会计算采购预算和采购限额。

能力目标

- 能针对采购中出现的具体问题设计采购控制方法或制度；
- 能根据连锁企业的类型设计配送中心的功能和规模；
- 能发现采购与配送作业环节存在的具体问题并加以解决。

6.1 商品采购管理

对于零售连锁企业和餐饮连锁企业来说，企业经营的源头便是商品采购，采购工作的好坏直接关系着企业是否拥有可靠稳定的货源，关系着后续商品经营活动能否正常开展。由于实际工作中各种采购内幕的存在，企业应得的一部分利润在源头就已白白流失。大量商品积压、有限资金被占用、价格竞争无优势、商品质量不稳定……这其中的原因除了采购员本身的素质低下外，连锁企业也应该反省一下自己的采购制度是否合理、采购方法是否科学、采购控制是否完善。这里主要介绍连锁企业普遍采用的采购制度、采购方法和采购控制，它们不仅对零售和餐饮连锁企业有借鉴意义，对服务连锁企业的设施、器具采购也有一定的参考价值。

6.1.1 中央采购制度

中央采购制度又称集中采购制度，是指采购权限高度集中于连锁总部，由总部设置专门的采购机构统一采购所有门店经营的商品，门店则专门负责销售，与采购脱离。这是一种采购与销售相分离的采购制度。在这种制度下，商品的引入与淘汰、价格制定及促销计划等完全由连锁总部统一规划实施，各门店对商品采购无决定权，但有建议权。

1） 中央采购制度的优点

（1）可以提高连锁企业在与供应商谈判时的议价能力。由于集中采购进货量大，连锁企业在谈判中处于优势，可以获得优厚的合同条款，享受较大的价格优惠，这是连锁企业竞争力的主要来源之一。

（2）可以降低采购费用。连锁企业只需要在总部建立一套采购班子，而不必各门店都建立自己的采购队伍，降低了采购的人力成本；同时，采购谈判、信息搜寻、商品运输等费用也大幅度降低，这就大大降低了企业的采购总成本。

（3）有利于连锁总部统一规划、实施促销活动，有助于保持企业的统一形象，使企业整体营销活动易于策划和控制。

（4）将采购职能集中于训练有素的采购人员手中，有利于保证采购商品的质量和数量，提高采购效率；同时，能使各门店致力于销售工作，提高店铺的营运效率。

（5）建立在中央采购制度基础上的配送体系降低了连锁门店仓储、收货等费用。如果没有统一配送，各门店为保证不缺货，需要建立自己的仓库，同时需要建立庞大的收货队伍，这会增加连锁企业的采购总成本。

（6）有利于规范企业的采购行为。困扰连锁企业的一个大问题就是商业贿赂。所谓商业贿赂，是指供应商给连锁企业的采购人员提供金钱或有价值的物品以影响其采购决策。通过集中采购，可以建立一套行之有效的规章制度及制衡机制，有助于解决这一问题。

2） 中央采购制度的缺陷

（1）购销容易脱节。中央采购制度在获得专业化分工效率的同时，也增加了专业化分工协调的困难。由于连锁企业门店数量众多，地理分布较分散，各门店所面对的消费和需求偏好都存在一定程度的差异，中央采购制度很难满足各门店的地方特色，物流人员配送商品也难以适应各门店的地方特点。

（2）采购人员与门店人员合作较困难，门店的积极性难以充分发挥出来，维持销售组织的活力也较困难。

（3）责任容易模糊，不利于考核。如果门店经营业绩不佳，很难分清是采购的责任还是销售的责任，最终难以找到解决问题的最佳办法。

3） 缺陷的弥补方式

目前，中央采购制度为大多数连锁企业所采用。在保证中央采购制度优越性的同时，连锁企业针对其存在的弊端也做了很多改进，尤其是针对采购人员不了解顾客的真正需要、采购的商品难以满足各地消费需求等问题，许多连锁企业都在努力探索解决办法，下面是一些连锁企业已经采用的方法：

（1）完善信息系统。信息系统是中央采购制度得以实施的保证，比如POS系统可将销售信息和库存信息及时、准确地汇集到采购部门，采购人员可以随时了解门店的销售动态和库存状况，进而做出准确分析，为畅销商品的补货和滞销商品的淘汰提供方便。目前国内外大部分连锁企业都安装了POS系统，此外，EOS系统也较好地弥补了中央采购制度的缺陷。

（2）岗前培训。大多数零售连锁企业都要求采购人员在从事采购业务之前先在商店里工作一段时间。在为期6～18个月的培训期内，未来的采购人员要学会解决商店的运营人员、销售人员和商品经理面临的问题以及了解顾客需求等。这样做的目的，一是增加采购人员与顾客的接触，使采购人员懂得如何接近顾客并了解顾客需求；二是改善采购人员和负责销售这些商品的门店人员之间的关系，保证日后的正式交流和非正式交流畅通无阻。

（3）经常参观门店。让采购人员经常参观门店并在相应部门工作也是解决采购与销售脱节的办法之一。沃尔玛所有的经理（不仅是采购人员）都经常参观门店，并且实践他们的“漫步管理”哲学。诺顿百货公司不是将采购人员集中在位于西雅图的公司总部，而是让他们居住在他们负责采购商品的门店周围。由于采购人员只和他办公室周围数量有限的几家门店一同工作，所以他们经常光顾这些门店，了解门店的经营情况和顾客信息以及竞争对手的商品信息。

（4）委派专人负责协调。有些连锁企业设立专门的商品联络员负责协调购销活动。商品联络员向采购部门的商品经理提交报告，他们通常要在店中耗费大量时间协助门店人员进行商品展示和销售，还要负责告知采购人员门店销售商品时遇到的有关问题。日本伊藤洋货堂在采购部门设立品种督导（category supervisor，CS）一职，主要作为总部采购人员和门店之间的中介。品种督导由部门总经理管理，他们就流行趋势、商品销售等议题向品类经理通报信息、提供支持和建议，以便总部采购人员在引进商品时能够做出准确的判断，同时使引进的新商品能够在商店中更好地销售。

（5）权力适度下放。采取一定程度的分权可以弥补中央采购制度的缺陷。连锁企业可以将全部门店按地理位置分区，每区拥有一定数量的门店，以区为单位设地区总店，实行连锁企业总部集中采购与地区总店采购相结合的采购制度。连锁企业经常采用的方法是直接赋予门店一定程度的采购权，这可以按销售额的一定比例（比如10%）下放，各门店可用来采购本店的特色商品；也可以将某些类别、品种的商品（比如地产地销的商品）交给门店自行采购。

（6）加强部门之间的联系。尽管采购是一项专业工作，但采购人员必须与企业内部许多部门保持联系，还要与外部供应商和其他代理商保持联系。图6-1列出了一家国外大型连锁企业采购部门与其他关联部门相互合作、相互影响的关系，商品主管、品牌经理、工程师以及质量控制员在采购中密切合作。在一些大型连锁企业，这些管理人员被纳入企业采购团队或成为采购委员会的成员，而且各部门与采购人员之间的信息流动是横向的，这样就能避免出现信息向上汇报后再转回造成的信息被延误和被扭曲的情况。

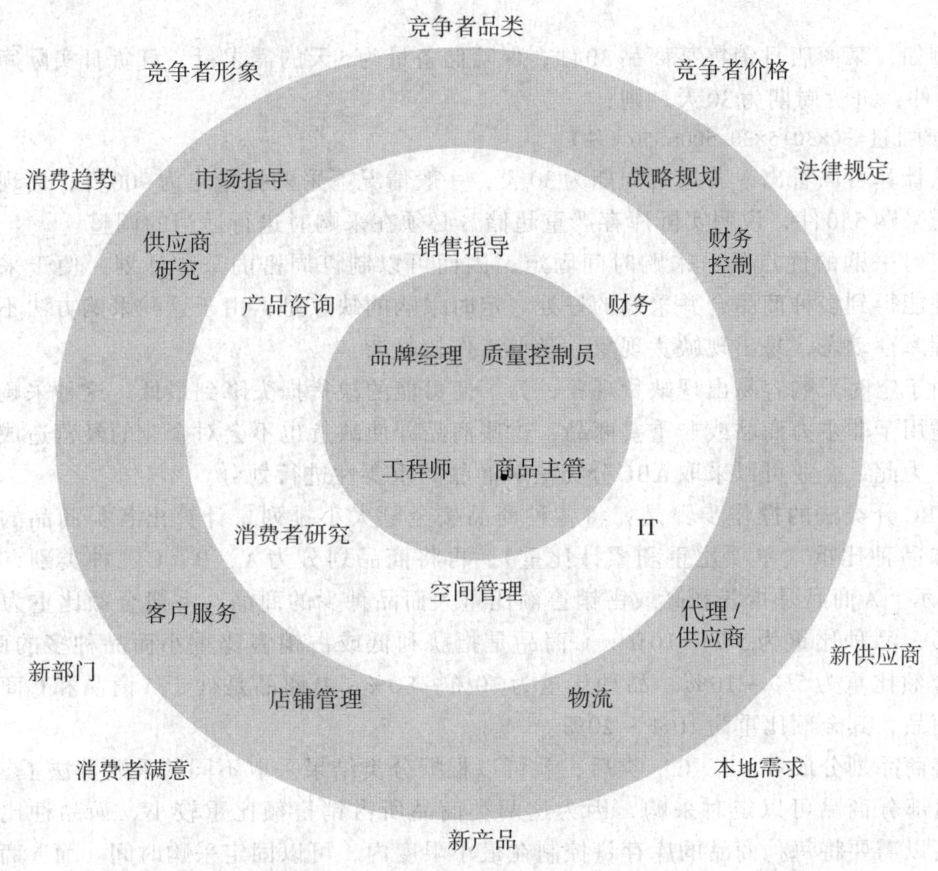

图6-1 采购部门与其他关联部门的关系

资料来源 麦戈德瑞克. 零售营销［M］. 裴亮，等，译. 北京：机械工业出版社，2004.

6.1.2 采购方法

不同的连锁企业要根据自身条件设计不同的采购流程，采用不同的采购方法。这里我们主要介绍两种传统的采购方法和三种目前较为新颖的采购方法。两种传统的采购方法是定时采购和定点采购，三种目前较为新颖的采购方法是招标采购、联合采购和持续补货。

1）定时采购

定时采购就是连锁企业确定一个固定时间即采购周期，每隔一个采购周期就集中采购一批商品，此时采购商品的数量是以这段时间销售掉的商品为依据计算出来的。

采购周期根据企业采购该种商品的备运时间、平均日销售量及企业的储备条件、供货商的供货特点等因素而定，一般由企业预先设定，可以是10天，也可以是15天，或更长时间。采购批量则不固定，每次采购前必须通过盘点了解企业的实际库存量，再确定采购批量。计算公式为：

采购批量=平均日销售量×采购周期+保险储备量-实际库存量

上式中，保险储备量是防止由消费需求发生变化和延期交货引起脱销的额外库存量。

例如，某商店日销售某商品30件，保险储备量为5天的需求量，订货日实际库存量为500件，进货周期为30天，则：

采购批量=30×30+5×30-500=550（件）

从计算可以看出，若进货周期为30天，一般情况下采购批量应为900件；而现在这批只需采购550件，说明实际库存严重超储，必须在采购时进行适当的调整。

定时采购的优点是：采购时间固定，因而可以制订周密的采购计划，便于采购管理，并能得到多种商品合并采购的好处。定时采购的缺点是：由于这种采购方法不能随时掌握库存动态，易出现缺货现象，盘点工作较复杂。

由于定时采购容易出现缺货现象，为了使可能的缺货损失降到最低，这种采购方法一般适用于非主力商品或非重要商品，这些商品即使缺货也不会对企业的经营造成太大影响。为此，企业可以采取ABC分类法对商品的重要性进行划分。

ABC分类法的操作步骤是：将各种商品按金额大小排列，计算出各类商品的金额比重和品种比重（单项比重和累计比重），再将商品划分为A、B、C三种类别，如图6-2所示。A商品是指获利高或占销售额比重大而品种少的商品，一般金额比重为70%～80%，品种比重为5%～10%；C商品是指获利低或占销售比重小而品种多的商品，一般金额比重为5%～10%，品种比重为70%～80%；B商品是处于A商品和C商品之间的商品，其金额比重为10%～20%。

将商品划分成A、B、C三类后，就可以根据分类结果采取不同的采购方法了。C商品和B部分商品可以定时采购，因为这两类商品所占销售额比重较小，而品种比重较大，所以需要将每种商品的库存量控制在最小限度内，可以固定采购时间。而A商品是重点商品，应进行重点控制，要注意防止脱销，因而不适合定时采购。定时采购也普遍适用于服务类连锁企业的设施、器具采购。

2）定点采购

定点采购也称为采购点法，是指企业根据库存水平降到某一点来确定采购时间。定点采购的特点是采购批量固定，采购时间不固定。这种采购方法的关键是确定采购点的库存量，如图6-3所示。

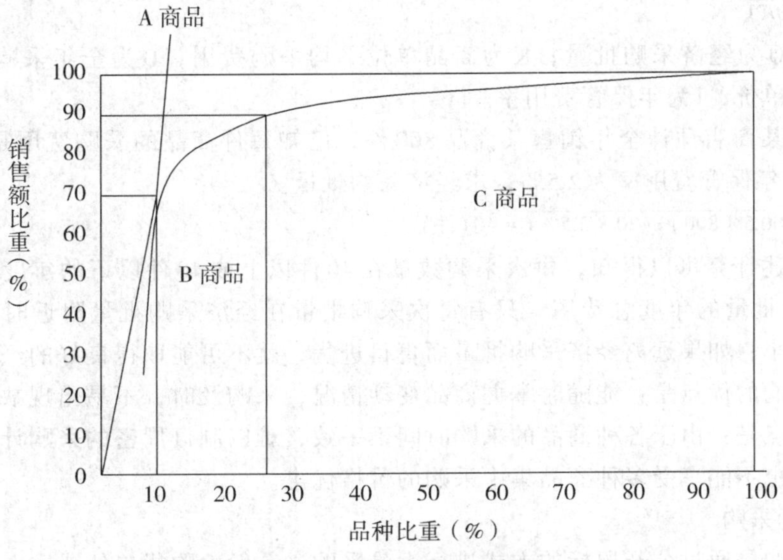

图6-2　ABC分类法示意图

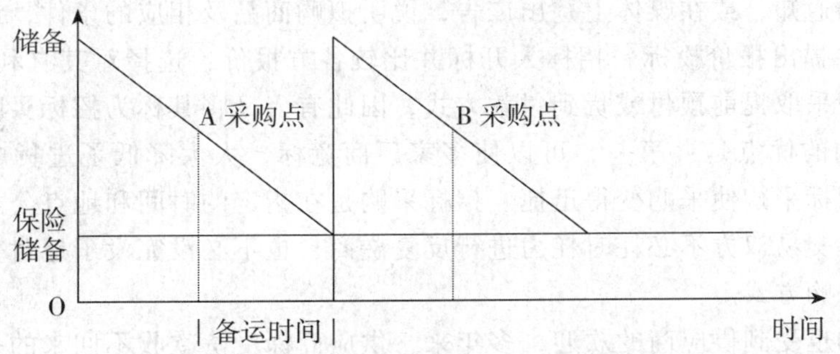

图6-3　定点采购的采购点及库存量

从图6-3中可知，从A采购点开始到可以销售，一般需要一定的间隔时间，不可能随进随销。这段间隔期也称备运时间，包括：第一，商品在途运输时间；第二，商品验收入库时间；第三，销售前整理加工时间；第四，其他时间。

在这段时间内，存货通过逐日销售下降，如果库存量下降到A采购点而不开始采购，则门店就会冒脱销的风险；如果存量尚未下降到A采购点就提前采购，则仓库要冒积压的风险。因此，当库存量下降到A或B采购点时，是开始采购的最适当时间。采购点的计算公式如下：

采购点=平均日销售量×平均备运时间+保险储备量

例如，某商品平均日销售量为30件，备运时间为10天，保险储备量为150件，则：

采购点=30×10+150=450（件）

从计算可以看出，当该商品库存量超过450件时，不考虑采购；当库存量降到450件时，就及时按预定的采购数量进行采购。定点采购的采购批量可以参考经济采购批量的计算方法。

所谓经济采购批量，就是使采购费用与保管费用之和减少到最小限度的采购批量。其计算方法如下：

$Q=\sqrt{2KD/PI}$

其中：Q为经济采购批量；K为商品单位平均采购费用；D为全年采购总数；P为采购商品的单价；I为年保管费用率。

例如，某商店预计全年销售某商品800件，已知每件商品的采购费用是0.5元，单价为20元，年保管费用率为2.5%，求经济采购批量。

$Q=\sqrt{(2\times0.5\times800)\div(20\times2.5\%)}=40$（件）

通过上述计算可以得知，每次采购数量在40件以上或40件以下的年度总费用都高于40件采购批量的年度总费用。只有每次采购批量在经济采购批量附近时，才能使年度总费用最小；如果远离经济采购批量而盲目进货，就不可能取得良好的经济效益。

定点采购的优点是：能随时掌握商品变动情况，采购及时，不易出现缺货现象。定点采购的缺点是：由于各种商品的采购时间不一致，难以制订周密的采购计划，不便于采购管理，也不能享受多种商品集中采购的价格优惠。

3）招标采购

招标采购是通过公开招标的方式进行大量采购，一般由购货单位或主办单位发出采购某种商品的通知，或在媒体上登出广告，说明拟购商品及相应的条件，请各方卖主在指定的期限内提出报价投标，招标人开标并比较各方报价，选择对其有利者达成交易。招标采购一般采取提前预付或货到付款方式，因此有人又将其称为招标买断制。

招标采购的优点是：第一，可以使多家厂商竞标，大大降低了进货成本和采购价格。第二，招标采购使采购变得迅捷。招标采购是在指定的时间和地点公开进行的，优劣一目了然，交易双方不必耗时耗力进行反复磋商，也不必没完没了地讨价还价，是一种高效率的采购方式。

招标采购也受到供应商的欢迎，多年来，供应商深受货款收不回来的折磨，也受某些商家的上架费、促销费、店庆费等名目繁多的费用的盘剥。招标采购的公开性原则，节省了厂家的关系费用；而它的买断制原则，又保证了厂家能及时回收货款，因此供应商能接受招标采购。

招标采购的兴起也说明国内商业资本的成长已使零售商与制造商的力量对比发生了变化。大型连锁零售企业利用完善的营销信息与后勤系统，向消费者提供质优价廉的产品和服务。在一个以顾客为核心的时代，它们深信，在了解及满足顾客需求方面，它们处于比制造商更为优越的位置。它们理直气壮地告诉那些有实力的制造商应该生产什么、生产多少、生产什么样的品种与款式、如何定价、如何做广告、如何进行产品促销、如何进行物流配送，甚至是如何改进和组织其生产管理。

4）联合采购

这种采购方式实际上是同行业的合作采购，是自由连锁组织最常用的采购方法。这是指一些中小型连锁企业或独立商店组织起来，为了获得一定的规模优势，成立采购联盟或加入第三方采购组织，实行共同谈判、共同进货。在这种情况下，小型连锁企业的许多订单集中在一起，在与供应商谈判时容易争取到较低的价格，同时也能拓宽供货渠道。

在西方国家，大型连锁企业的力量不断壮大，对中小型连锁企业和独立商店的威胁越来越大。这些中小型企业为了生存，不得不联合在一起。最初，这种联合仅限于采购合作，以便争取更大的进货主动权。随着企业联盟的进一步发展，合作的内容也越来越广泛，包括营销、店铺设计、商品组合、培训、开发自有品牌等，逐渐形成自由连锁组织。有些企业联盟还出现了国家间合作，如国际SPAR就聚集了35个国家的1.5万家成员，2004年年底将其联合采购的范围延伸到中国。

5）持续补货

持续补货是指连锁企业与供应商一体化运作，连锁企业无须下订单，而是供应商根据信息系统掌握连锁企业的门店销售情况和库存情况，随时向企业供货，以保证商品持续供应并降低库存。这种运作方式通常是两家公司长期协作的结果。

这种采购方式实际上是供应链上下游企业之间的无缝合作方式。这种方式最早是由宝洁与沃尔玛共同探讨开发的。20世纪80年代，宝洁与沃尔玛在合作过程中面临一个关键的问题，这个问题首先是由婴儿尿布引起的，即如何确保对沃尔玛进行及时、高效、经济的补货，同时降低沃尔玛各家门店销售过程中的缺货可能性。于是，两家公司坐下来认真研究，最终发展出一套持续补货系统。图6-4显示了持续补货的发展历史。

图6-4 持续补货的发展历史

20世纪90年代中期，随着信息技术的快速发展，持续补货系统得到进一步完善和发展，成为沃尔玛的核心竞争力所在。事实上，越来越多的连锁企业已经认识到，与优良的供应商建立长期稳定的合作关系对企业发展是至关重要的。过去，连锁企业只需要专注于企业内部管理，包括对商品的管理、财务的管理、人员的管理，便能在市场中获得竞争优势。然而，在今天的信息社会中，这种独自挖掘潜力的竞争方式已不能适应竞争的要求，连锁企业要将自己放在整条商品供应链中考虑自己的地位和价值，通过与供应商建立战略伙伴关系，不断提高对顾客需求做出迅速反应的能力、企业各部门的应变能力和优化企业外部资源管理的能力，从而建立起自己的竞争优势。

6.1.3 采购控制

采购控制是连锁企业实现经营目标的重要手段，在营运中谁能控制商品采购这一环节，谁就控制了商品流通的源头。采购过程中各种黑幕和腐败的存在损害了企业的利益，因此，采购控制成为企业管理者最重视也最头痛的工作。下面介绍几种采购控制的方法。

1）流程控制

流程控制是指连锁企业通过合理设计商品采购的各个环节以及每一环节上的相关组织和个人的权利与责任，将采购工作的全过程置于多重监管之下，实现采购透明化、流程科学化、责任明晰化，杜绝采购权力滥用导致的采购腐败。

采购流程是指连锁企业从建立采购组织开始到商品引入商场正常销售为止的整个过程。该流程的主要环节如下：建立采购组织→制订采购计划→确定供应商和货源→谈判及签约→商品入场试销→商品正式销售。连锁企业可以在每个流程中设计相应的管理制度来约束采购人员的行为。

（1）建立采购组织。在建立采购组织这一环节，除了选择高素质的采购人员、明确各环节的职责外，为了防止采购人员滥用个人权力，一些连锁企业还设立了采购委员会这一非常设机构。该机构由采购部、质量监督部、财务部、顾客投诉部等部门的人员组成，定期召开会议，旨在对引进新供应商、新商品做出决策。采购人员只提供相关信息，并根据会议决策进行具体的采购工作。

（2）制订采购计划。企业在一定时期内采购什么、采购多少等重要计划不是由采购部独立做出的，而是采购部会同有关部门如营销部、运营部、自有品牌开发部等部门共同制订的。采购计划是建立在详细的市场调查基础上的，并与其他相关计划，如销售计划、促销计划相衔接。

（3）确定供应商和货源。大量供应商的商品都想进入连锁企业的卖场，为了杜绝人情关系和假冒伪劣商品，连锁企业可以预先建立一个供应商准入制度，设立一系列标准，以便对供应商进行选择。采购人员在此环节的工作是对供应商资格进行审查，根据标准进行初选，但供应商的商品最终是否进入卖场还要由采购委员会集体决定。

（4）谈判及签约。这一环节主要由采购人员完成，比较难监督，但一些连锁企业仍然制定了许多制度来约束采购人员的行为。例如，沃尔玛规定，谈判只能在采购大厅进行，禁止采购人员与对方建立私人关系，诸如一起吃饭等行为均被禁止；由一组人而不是一个人负责一项谈判，每次谈判必须做出详细记录，以便可以随时由其他人接替谈判工作；谈判前必须详细询价，了解其他商场的价格情况等。

（5）商品入场试销。所有商品正式销售之前必须经过试销阶段。在入场之前，有些企业还设置专门的检验室对商品质量进行检验，在试销过程中销量达不到标准的产品要坚决予以淘汰。在试销过程中，店长对商品的去留问题有发言权。

（6）商品正式销售。商品正式销售后并非万事大吉了，连锁企业还要设置相关部门监控商品的销售动态，对列入滞销排行榜的商品要随时予以淘汰；同时，要定期对供应商进行评估，只有评估合格的供应商才能成为企业长久的合作伙伴。有些企业还设立事后追查制度，一旦发现商品质量和价格问题便追查到采购环节。

2）指标控制

除了对采购环节的控制之外，连锁企业还要建立考核采购人员的指标体系，对采购进行细化控制。采购人员的考核指标体系由以下8项组成：一是销售额指标；二是商品结构指标；三是毛利率指标；四是商品周转天数指标；五是商品到位率指标；六是新商品引进率指标；七是商品淘汰率指标；八是通道利润指标。

需要指出的是，通道利润是否应该作为采购人员的一个考核指标至今尚有争议。客观而言，在激烈的价格竞争之下，商品毛利率越来越低，以致在消化了营运费用之后，有些零售连锁企业甚至出现了利润趋于零的情况。因此，通道利润就成为一些零售连锁企业的主要利润来源，这种状况在一些竞争激烈的地区已经发生。通道利润可表现为进场费、上架费、专架费、促销费等。零售商向供应商收取一定的通道费用，只要是合理的就是允许的，但不能超过一定的限度，以免破坏与供应商的关系，偏离经营的正确方向。因此，对采购人员进行考核，通道利润指标不应在整个考核指标体系中占很大比例，通道利润指标应更多体现在采购合同与交易条件之中。

3） 预算控制

预算控制是通过制定采购预算，限制采购人员在一定时期内的采购金额，并结合其他考核指标对采购工作进行控制的方法。具体做法是：

第一步，计算一定时期某采购人员负责品项的计划采购额（一般为一年），计算公式是：

计划采购额（按零售价计）=计划销售额+计划扣减额+计划期末存货－期初存货

公式中的计划扣减额是指本期内预期的降价（降价是为了刺激销售）、各种折扣以及库存短缺（由失窃、损坏或簿记错误造成），计划扣减额是预先对这些内容进行的合理估算，常借鉴过去的经验。

例如，某连锁超市某类商品2017年的计划销售额是500万元，计划扣减额为销售额的5%，按零售价计算的年末存货是50万元，年初存货是45万元，则计划采购额是：

计划采购额=500+500×5%+50−45=530（万元）

第二步，计算本期的采购成本作为该采购人员的采购预算，计算公式是：

计划采购成本=计划采购额×（1−毛利率）

假设上例中连锁超市该类商品的毛利率为30%，则：

采购成本=530×（1−30%）=371（万元）

由计算可以看出：该采购人员2017年采购预算为371万元，年度内不能突破预算，并要完成其他考核指标。

第三步，计算采购限额，作为对本期采购人员剩余采购权限的控制金额。

采购限额是一定时期内计划采购成本与采购人员承诺的购买款项（或应付货款）之间的差额，它代表采购人员本期内留用的采购金额。

在上例中，若该连锁超市采购人员已经在2017年5月前做出了150万元的承诺购买款项（或应付货款），则他本年度已经用掉150万元的采购预算，剩余的7个月还留用了221万元（371−150）。

采购预算和采购限额主要有两个作用：一是确保企业的商品结构稳定，对不同类型的商品分别制定采购预算并通过采购限额进行控制，采购部门就不会将总预算集中在某几类商品的采购上，从而体现企业商品战略定位；二是将采购预算和其他效益指标结合起来考核采购工作，能促使采购人员在有限的资金条件下挖掘更有潜力的新产品和争取更好的进货条件，调动其积极性和主动性。

4）定期对供应商进行考核

由于采购工作是商品经营的首项环节，直接关系到后续商品经营活动的有效性，因此，采购控制不能仅对采购人员的工作进行控制，还必须定期评估进场的商品和供应商，据此评估采购工作的好坏。评估内容主要包括两个方面：对商品的评估和对供应商的评估。

对商品的评估主要是看它能否畅销以及对企业的贡献有多大，一般采取销售量排行榜和利润排行榜进行比较，并通过末位淘汰制及时淘汰滞销商品，同时引入新商品。

案例6-1 ZARA的产品设计与供应链管理

作为快时尚服装产业的头号选手，ZARA打破了服装产业一贯以设计师主导流行趋势为导向的惯例，而是以“顾客意见至上”为中心。超过600位总部设计师时刻将顾客的意见融入设计中，他们不看重高端流行，而是以当季和当下顾客的需求为主，单单一年就能设计出4万多种款式，以惊人的速度创造出你买下的每一件ZARA服装。

ZARA能分秒不差地掌控制作流程，重点就在于它拥有自己的独立工厂。或许你不知道，并不是每个快时尚品牌都会设立自己的专属工厂，ZARA这样做为的就是方便控管。或许生产成本将高出竞争对手15%~20%，不过能创造出更多款式，也能压低库存，让设计→打版→制作成衣→店铺上架成为良性循环。这不仅不会受到外界成本波动的影响，还有利于控制成本，真正做到用速度创造时尚。

ZARA内部分工之细是你难以想像的，所有员工各司其职。每位负责设计单品的设计师都会搭配买手，当设计图完成后，买手必须通过互联网在世界各地比价，找出最划算的布料和五金件等；设计师并不会一人身兼多职，男装设计师就是男装设计师，配件设计师就是配件设计师，超过600位设计师专门做好自己的工作。此外，画版型、裁剪版型、制作成商品等，也都是由不同的人专职负责。

在加起来超过90个足球场大的ZARA总部和超大的物流中心，从成衣制造、人工熨烫、折装、挂装，直到分类，所有商品依照全世界7 504家分店的订单需求，有效且精准地装到专属纸箱中，紧接着运送至各个国家，欧洲地区只需要24小时就能到分店中，其他地方仅需要36~72小时。商品一到分店，贴上标签后，便直接上架。也就是说，此刻你拿在手上的那件ZARA服装可能36小时前还在西班牙。

有别于多数大品牌的工厂设在中国或是中南美洲，ZARA一直将45%的生产留在西班牙，而且所有商品无论是中国工厂制作了刺绣部分，还是中南美洲工厂制作了编织部分，最后都统一回到西班牙，再由西班牙寄送至全世界。或许你会好奇，为何这么麻烦？有效掌握和控管，一直是ZARA的企业精神。要提高速度，精准掌控每一个环节绝对是重点。

问题：ZARA的快时尚服装供应链效率来自哪些方面？

资料来源 中国连锁经营协会（公众号），2018-03-07. https：//mp. weixin. qq. com / s / 90ydY4wu4JEUYKpv3Pu5rA.

对供应商的评估相对要复杂一些，不同行业评估的标准也不一样。下面介绍连锁超市对供应商的评估指标，见表6-1。连锁企业对不同供应商综合评估后，可以将其分为A、B、C、D四类。A类供应商是优秀供应商，不仅应予以表扬，而且在付款、陈列、促销等方面应给予特殊照顾，与之建立良好关系；B类供应商属于合格供应商，可以继续留在场内；C类供应商属于不合格但有一定潜力的供应商，应通知其限期整改；D类供应商属于不合格且无发展潜力的供应商，应及时淘汰。连锁企业对供应商定期考核，不仅可以建立重点关系，而且可以阻止一些因人情关系而入场的供应商。

表6-1 **供应商评估考核表**

项目	评估考核等级			
	A类	B类	C类	D类
商品质量	品质佳 (15)	品质尚可 (8)	品质差 (6)	时常出现坏品 (2)
畅销程度	非常畅销 (10)	畅销 (8)	普通 (6)	滞销 (2)
商品价格	比竞争对手优惠 (20)	与竞争对手相同 (12)	略高于竞争对手 (8)	大大高于竞争对手 (2)
配送能力	准时 (15)	偶误 (10)	常误 (8)	经常误 (2)
促销配合	配合极佳 (15)	配合佳 (10)	配合差 (5)	配合极差 (3)
缺货率	2%以下 (15)	2%~5% (12)	5%~10% (8)	10%以上 (2)
退货服务	准时 (10)	偶误 (8)	常误 (6)	经常误 (2)
经营潜力	潜力极佳 (10)	潜力佳 (8)	普通 (6)	潜力小 (5)
得分	110	76	53	20

说明：(1) 对供应商应定时评估考核，一般每半年或每季度进行一次；(2) 得分80分以上为A类，60~80分为B类，50~60分为C类，50分以下为D类。A类供应商应给予表扬和奖励。

小思考6-1　采购工作中的指标控制与预算控制之间的联系和区别是什么？

6.2 配送中心及其管理

6.2.1 配送中心功能

配送中心是承担连锁企业物流专业化管理职能的组织机构，是连锁经营最基本的支撑条件，因为连锁经营的集中化、统一化管理在很大程度上是靠配送中心来具体实施的。通过配送中心的作业活动，变分散库存为集中库存，便于控制商品的数量、质量与商品结构，节省大批库存占压资金，降低连锁企业的物流总费用；而且可以大大简化门店的作业活动，保证门店集中优势开展销售及顾客服务活动；还能实现商品在流通领域中的增值，并向门店提供增值服务。

所谓配送，是指将各门店所需货物在规定时间安全、准确地送达的活动。配送中心是从供应商手中接受多品种、大批量货物，进行分装、储存、加工、分拣和信息处理等作业，按照各门店的订货要求备齐货物，以令人满意的服务水平进行配送活动的设施或机构。

一般来说，连锁企业内部的配送中心根据权限的大小，可以分为三种：一是纯物流配送型，即该配送中心只根据总部的要求进行物流作业，不负责商品采购和商品组合、商品定价、批发销售等职能；二是采购配送一体型，即该配送中心不仅负责物流配送，还兼有采购职能，代表总部行使下订单、选择供应商、确定商品价格的权力；三是独立配销型，即该配送中心是独立的物流事业部，不仅负责本企业的商品采购和商品配送，同时还对外批发销售以及承接企业外的物流配送业务。这里主要介绍纯物流配送型配送中心的功能及管理。

连锁企业纯物流配送型配送中心作业流程如图6-5所示。

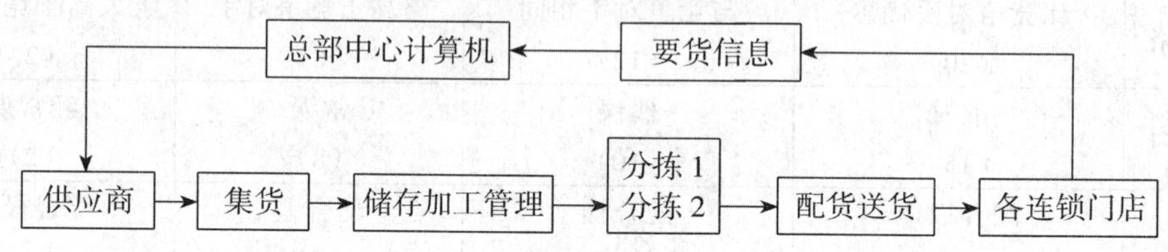

图6-5 连锁企业纯物流配送型配送中心作业流程

配送中心虽然称为“中心”，但不是一个点。静态地看，它是一个空间场所，拥有若干配送设备；动态地看，它像“千手观音”一样，用配送体系组成了一个连锁网络，把各门店连接起来，形成规模效益。其功能如下：

1）集货

集货主要是对供应商送来的商品集中收货并核验。货物由供应商送达配送中心，在这里进行核对货单、检查货物外包装是否有损伤、核查数量、检验货物的质量等工作。有些连锁企业设立检验中心，专门负责对采购的商品进行二次检验，以保证其商品品质。

2）储存

商品配送是靠集货来实现对各个连锁门店的配送的，因此储存职能一般必不可少，它起到调剂商品的入和出、保证供给源源不断运作的重要作用。配送中心除了对一些品种多、一次采购批量较小、各连锁门店需求不同的商品集中储存外，对于常年销售、采购数量大的商品也应保持一定的库存储备，随时满足各连锁门店的要求；同时还要采用科学的管理方法保证货物在储存期间的品质、数量不发生变化。

3）加工

有些配送中心并不承担加工职能，但对于另一些配送中心而言，加工是其重要的工作，尤其是生鲜食品配送中心，通常都配有面积较大的加工场地。对于鲜活商品和农副产品，供应商提供的往往是原始形态的实物，不能直接分送到各连锁门店销售。配送中心需要对这类商品进行不同程度的加工，如肉类的分割、计量、分装，蔬菜的分拣、计量、包装等。

4）分装

这是将不同分量的商品在配送中心按配货指令进行分解和打包，根据连锁门店的要求形成新的组合。例如，供应商提供的商品一个包装的数量较大，对于单个门店来说容易造成积压或不利于销售。于是，配送中心根据各连锁门店销售的要求，对这些商品进行分装，缩小包装以满足各门店的要求。

5）分拣配货

这是按门店的不同要求，对各种商品进行有效选择，按照一定的种类、规格、数量进行理货。由于各连锁门店在同一时间提出的要货在品种上不完全相同，要货数量也不等，同时供应商提供商品的时间也不一致，这就要求配送中心将供应商提供的商品汇集后，再根据各门店的要货进行分拣配货，然后分送。

6）送货

送货是将完成分拣配货的商品按规定时间和路线送到各门店。送货的起点是配送中心，虽然送货的全过程已超出了配送中心的场地范围，但送货的指挥和管理工作在配送中心。所以，送货是配送中心所实现的最后职能。

7）信息处理

配送中心所实现的各种职能之间的衔接不仅要靠实物的运输、加工等环节贯穿，也要靠各种信息、指令的传递和指挥，信息处理职能是所有职能中起连接作用的一环。配送中心也是连锁企业的信息中心之一，它一头连着采购，一头连着销售，各方面实际经营中所取得的经验和暴露的问题均可以在配送中心得到全面反映。

配送中心是连锁企业的后勤服务系统，对配送中心的要求主要有两点：一是专业服务，即保证按门店的要求来组织商品配货和送货。专业配送企业往往以鲜明的企业标志来表达对顾客的忠诚服务。例如，日本大和运输公司以黑猫为服务标志，其图案是一只母猫叼着一只小猫，这是谨慎搬运顾客货物的象征。二是速度，即迅速、及时地把商品送到指定门店。我国台湾东源储运股份有限公司的企业标志是一白一黑两只奔跑的狗，标语是“GO！便捷配送”，显示了全体员工不断向前的理念和快捷、迅速的目标。

6.2.2 配送模式及配送中心规划

1）连锁企业配送模式选择

一家高效的连锁企业必须有一个高效的配送体系来保障，但是，这并不等于说每一家连锁企业都必须有自己的配送中心。实际上，随着储运设施的现代化和信息技术的普及，社会化和专业化的物流系统已为借助他人的配送中心或共建配送中心提供了可能。因此，在考虑企业配送中心建设时，第一个要决策的问题是兴建自己的配送中心还是与其他企业合建配送中心，或者干脆委托专业化配送公司进行配送，也就是配送模式的选择问题。

(1) 委托配送。这是指连锁企业不自建配送中心，而是将企业的配送业务委托或外包给其他专业化物流配送公司。专业化配送中心主要有两大类：一类是其他连锁企业的专业化配送公司，这些配送公司不仅承接本企业的配送业务，同时也承接其他企业的配送业务，作为事业部形式独立运营。另一类是专门从事配送的物流企业即第三方物流。这种配送模式可以使连锁企业节省大量的建设资金，并将精力更多地放在经营活动上，更好地满足顾客需求，也可转移积压与缺货风险。这种模式对于一些实力有限或规模有限的中小型连锁企业尤为适用。

（2）共同配送。这是指连锁企业与其他企业联合起来共同投资兴建配送中心，共同经营管理配送中心，并共享配送中心的服务。联合的对象一般有两类：一类是专业物流企业，共同利用其先进设施与设备，以及多功能的服务能力，取得规模效益；另一类是其他连锁企业，这里往往不止两家企业，也可能是多方合作，主要是受规模和资金限制没有能力自建配送中心的中小型连锁企业。该模式最大的特征就是共同配送，将各个企业的配送需求组织化，在配送时间、数量、次数、路线等诸方面做出最佳选择，进行合理有效的配送。

（3）自行配送。这是指连锁企业根据自身门店规模和分布情况，选择适宜的地点自己投资兴建配送中心，主要为企业内连锁门店提供配送服务。配送中心作为连锁企业的一个分部或分公司进行管理，以企业的综合利益为主，最大限度地满足各连锁门店的需求，使门店享受优质的配送服务。这种模式对于一些实力雄厚又对配送要求较高的连锁企业比较适用，沃尔玛便采取这一配送模式。

对于一家连锁企业来说，选择何种配送模式，要依据配送环境和自身条件进行选择，既需要对现有配送中心进行评估，又需要对企业财力进行筹划，而后进行效益比较分析，最终决定选用哪种类型。从投资决策角度分析，应首先寻找理想的专业化配送中心，其次是寻求共有型配送中心，如果前两者都没有可行性，再考虑自己投资兴建配送中心。

连锁企业自建配送中心一般发生在以下情况：没有可利用的专业化配送中心，也找不到合资兴建配送中心的理想伙伴；拥有一定的资金实力并预测未来配送中心有很好的效益；连锁企业能较快实现规模效益；配送中心能提高专业化水平，使其提供或配送商品的费用低于其他配送机构。

案例6-2　日本7-11便利店的物流配送

作为全球最大的连锁企业之一，日本7-11便利店能够取得今天的成功，除了有效的品牌运作、特有的经营管理方式之外，其高效的物流配送系统也是取得成功的关键所在。

新鲜、及时、便利和不缺货是7-11便利店最大的卖点。它们将商品细分为出版物、常温食品、低温食品和鲜食品四个类别，不同类型的食品采用不同的冷藏设备和方法配送，配送的时间和频率也不相同。对于有特殊要求的冰淇淋，7-11便利店会绕过配送中心由配送车早、中、晚三次直接从生产商那里运到门店。对于一般食品，7-11便利店实行的是一日三次的配送制度：早上3点到7点配送前一天晚上生产的一般食品；早上8点到11点配送前一天晚上生产的特殊食品，如牛奶、新鲜蔬菜等；下午3点到6点配送当天上午生产的食品。一日三次的配送频率在保证商店不缺货的同时，也保证了食品的新鲜度。

为确保各门店的供货万无一失，配送中心还有一项特别的制度和一日三次的配送制度相配合，每家门店都会碰到一些特殊情况，可能造成缺货，这时只能向配送中心电话告急，配送中心则会用安全库存对门店进行紧急配送。如果安全库存也告急，配送中心就转而向供应商紧急要货，并且在第一时间送到缺货门店。

7-11便利店非常注重快速反应能力以提高配送效率。在日本7-11便利店，当顾客走到收银台结账的时候，收银员首先扫描商品的条形码，向顾客报价。顾客付款之后，收银员先输入顾客所付的款额，接着根据顾客的性别并目测估计其年龄，在POS机上按下相应的按钮打开POS机收款并找钱。按钮分两组，蓝色代表男性，粉红色代表女性，每组均设有以下数字按钮：12、19、29、39、50（12代表12～18岁，19代表19～28岁，以下类推）。结账后POS机所输入的数据经由门店的电脑主机，通过网络传递到总部的电脑主机。这样OFC（总部片区经理）和日本7-11便利店总部都能得到即时的数据更新及对顾客需求的数据分析。通过即时的数据分析，OFC能掌握到每小时每家门店顾客需求的趋势和每个顾客的消费单价以及库存率。通过整合这些区域、产品和时间数据，总部掌握顾客需求的效率大大提高，可以及时地帮助门店预测每天的销售趋势，即时调整售价、理货及配送等活动，并在第二天早上使所有的商店和供应商都能获得上述数据，提高配送效率。这种快速的顾客需求反应不仅提高了物流配送效率，也提高了顾客满意度。

7-11便利店尤为注重配送线路的合理设计。在日本的城市街道，每隔一段距离就会看到7-11便利店的店牌，但是隔了一条河，在河的对面就看不到了（日本一般以河川为区域界限，隔了一条河就延长了配送时间和OFC指导的交通移动时间）。日本广岛有一位商店店主开了五家小商店，同时申请加盟7-11便利店。OFC考察时发现这位店主的门店所有条件都符合加盟日本7-11便利店的要求，便把调查报告交给营业部，营业部通过审查后，把信息传递给日本7-11便利店社长铃木敏文，但是得到的结果是绝对不行。理由是，虽然只隔了一条河，但是配送的路线和配送费用、配送时间以及总部OFC的指导时间都违背了日本7-11便利店配送的合理化原则。日本7-11便利店的配送路线基本不交叉运输和逆时针配送，这是基于对人体生理功能的分析。人习惯往左走，而往右走发生交通事故的频率高，交通事故会造成物流配送的停滞，影响顾客的满意度，进而影响企业的品牌形象和竞争力。可以看出，日本7-11便利店在物流配送上，连一个微小的不合理也不忽略，在细节上下功夫，追求物流配送路线的合理化。

问题：（1）日本7-11便利店的商品配送管理有什么特点？（2）国内连锁企业能否借鉴7-11便利店的配送中心经验？

资料来源 柯禹煌. 日本7-11连锁便利店的配送战略研究［J］. 福建商业高等专科学报，2014（12）：48-52.

2）配送中心的类型规划

当连锁企业经过慎重的考虑，决定自己投资或者与他人合作共建配送中心后，接下来的问题是组建哪种类型的配送中心。不同类型的配送中心在功能、设施、规模、投资和辐射范围方面是不一样的，企业首先需要确定自己的配送中心类型，然后才能确定配送中心的内部设施和投资决策。图6-6是配送中心的不同类型。

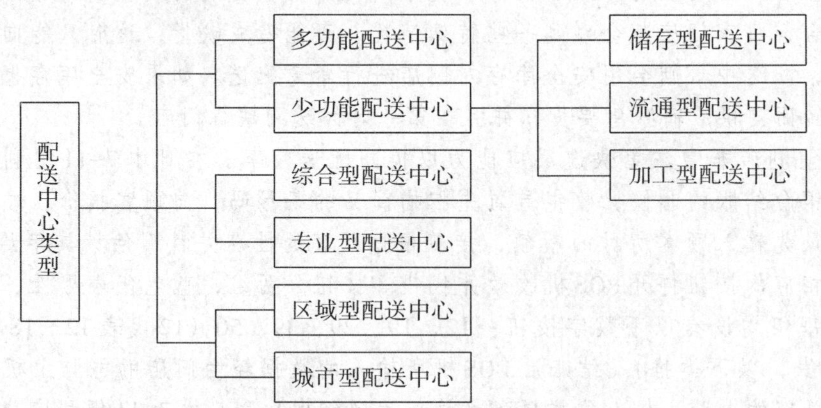

图6-6 配送中心的不同类型

（1）以配送中心的功能为标志，可以分为多功能型配送中心和少功能型配送中心。

配送中心的功能尽管很多，但并不意味着每一个配送中心都必须具备所有功能。各种功能都齐全的配送中心，可以称为多功能型配送中心。以某一种功能为主，兼有其他少量功能的配送中心，被称为少功能型配送中心或单功能型配送中心。少功能型配送中心主要有三种类型：储存型、流通型和加工型。

储存型配送中心（DC），是根据总部的决策预先将大量商品储存起来，再依据各门店的订货要求进行商品配送。这种配送中心具有很强的储存功能，一般拥有较大规模的仓储设施，其目的是把门店的商品储存时间和空间减至最低程度。

流通型配送中心（TC），是以暂存或随进随出的方式进行配货、送货，一般不具有长期储存商品的功能。通常情况下，配送中心是大批量进货，而后马上分装或组配，及时地分送到各客户货位或直接装载。商品在配送中心的储存时间一般不超过24小时，储存量很少。如日本的全家便利店，门店每天两次向总部订购日配品，然后由总部向工厂订货；工厂将商品送到配送中心后，配送中心立即分拣配货，分几批向门店送货。

加工型配送中心（PC），主要是对生鲜原材料进行解冻、清洗、整理、分割、加工、包装后，分送到各门店，保证其上市即可出售并消费。选择这种类型时，商品必须采取非常温储存，商品配送也必须是非常温运输，所以鲜度管理是一个十分突出的问题。

连锁企业配送中心究竟应该选择哪些功能，应综合考虑企业的业务类型、业态类型、经营战略、商品结构、门店布局等各种因素。目前，我国连锁企业在选择配送中心问题上存在一些模糊的认识，有些人仅把配送中心视为传统的仓储或一般的运输公司；有些人则相反，把配送中心视为高不可攀的全功能型，不是全功能就不算配送中心。这两种观点都有失偏颇。实际上，配送中心的功能选择必须根据连锁企业发展的实际需要确定，还要考虑整体经济效益，并非功能越全越好。例如，有些连锁企业着重于配送组织，租用他人的仓库和卡车，也实现了配送高效率。当然，这需要社会配送体系的健全和规范。

(2) 以配送中心的商品为标志，可以分为综合型配送中心和专业型配送中心。

综合型配送中心是指那些配送多种货物或商品的配送中心，比如既有日用工业品，又有鲜活食品、副食品。专业型配送中心是指专门配送某一类商品的配送中心，比如水果配送中心、食品配送中心、香蕉配送中心等。对于规模不大的连锁企业来说，常常配备综合型的配送中心，负责配送连锁门店的绝大部分商品，否则不易形成规模效益。而一些大规模的连锁企业，常常选择多个专业型配送中心。对于部分商品的配送，有时也可以考虑利用他人成熟的专业配送系统。例如，英国的香蕉流通主要由三大公司控制，它们拥有几十年的经验，能规范有效地进行香蕉配送，因此，英国连锁超市不需要建立香蕉配送中心。

(3) 以辐射范围为标志，可以分为区域型配送中心和城市型配送中心。

区域型配送中心是指辐射范围跨省、市，甚至全国的配送中心，其配送规模较大，主要向城市配送中心进行配送，较少直接配送至商店。城市型配送中心是以所在城市为配送范围的配送中心，一般直接配送至各个连锁店铺。是否建设区域型配送中心主要考虑两个因素：一是连锁门店的分布范围；二是每个配送中心的辐射能力。这一问题在中小型连锁企业中无须考虑，但对于辐射全国的大型连锁集团公司而言，区域配送中心的建设是非常重要的。

从国外配送中心的发展情况来看，大型连锁企业一般都有多个配送中心，如荷兰的阿霍德超市公司建有1个全国性配送中心、4个区域性配送中心、5个蔬菜配送中心、4个肉食品加工配送中心、1个鲜花配送中心和1个乳酪配送中心。中小型连锁企业往往只有一个综合性、少功能、城市型配送中心，随着企业规模不断扩大，配送业务逐渐增多，配送功能也逐渐完善。待企业跨区域加速发展时，区域型、专业化配送中心随之产生。我国连锁企业的配送中心目前大多是综合性的，将来随着企业规模的发展也会逐步建立专业型配送中心。

3）配送中心的组建时机和规模

一些实力雄厚的跨国连锁企业对某些市场志在必得，往往不考虑配送中心的建设时机问题，而是从其发展战略出发，先考虑在何处建设配送中心，再考虑在其配送范围内布点开店。例如，沃尔玛在中国的华南、东北和西南已经建成三大配送中心，并围绕这些配送中心全速布点。然而，对其他一些正在成长中的新兴连锁企业来说，由于配送中心投资巨大，不得不慎重考虑其建设的时机问题。因此，一些新建的连锁企业常常在连锁店发展到一定程度后，再建立自有的配送中心，以求尽可能发挥配送中心的潜力。例如，在门店仅有10家以下时，不急于建立自己的配送中心；随着门店数量的增加，对经营也有了准确的评估，这时再考虑建立和发展配送中心。配送中心的发展很难做到一步到位，但选址与建设时应考虑扩展的余地和弹性。规划配送中心时，不论是建筑物、信息处理系统的设计，还是机械设备的选用，都要考虑有较强的应变能力，以适应未来物流量扩大和经营范围拓展的需求。在规划设计第一期工程时，应将第二期工程纳入总体规划，并充分考虑扩建时业务工作的需要。

企业发展到什么时候应该开始建立配送中心？日本店铺专家认为，配送中心应建立在连锁店铺发展到相当规模的时候，而不是一开始就建立。

10 000平方米左右的综合商店（GMS）拥有10家店铺时，可考虑建立分货配送、流通库存、加工三大功能齐全的配送中心。

1 000平方米左右的超市连锁店发展到10家时，可考虑建立分货配送、流通库存功能的配送中心，而将鲜活商品的加工移到超市店内。

300～500平方米的便利型超市发展到30家时，可考虑建立分货配送、流通库存型配送中心，而鲜活商品加工在店内进行。当店铺数量达到100家时，加工量与配送量趋于稳定，可考虑以加工功能为主的配送中心。

配送中心的规模并非越大越好，而是够用就好，当然也要考虑业务的未来发展。连锁企业配送中心的建立往往是一个一个地建立，每一个配送中心的规模大小主要取决于两个因素：一是所服务的门店的经营总规模；二是商品周转速度。门店经营总规模主要是指商品经营总量。商品经营数量的多少直接影响配送中心的配送量和商品储存量。商品经营数量越大，所需的配送中心规模就越大。商品经营数量与门店面积呈正相关关系，因此连锁门店总面积与配送中心规模有密切联系。例如，法国家乐福集团一个2万平方米的配送中心负责20家左右超级市场的商品配送任务，这20家左右超级市场的门店总面积为20万平方米，即配送中心与门店总面积的规模比为1：10。连锁门店总面积与配送中心规模的比例没有标准数据供参考，因业务类型和业态不同而有所差异。商品周转速度也直接影响商品在配送中心停留的时间。周转速度慢，意味着商品占据配送中心空间的时间长，需要配送中心的规模就大；反之，则需要相对小的配送中心。同时，从厂商直达门店的商品越多，要求配送中心的仓库面积越小。

配送中心服务的门店数量确定了，配送中心的配送量也就容易确定了。问题是在门店没有饱和的地区，配送中心规模的大小就不能仅根据已开门店来考虑，还要考虑未来拟开门店。此时采用适当比例法确定配送中心的规模比较合适，即按照商圈顾客总数和分布、计划门店数量与配送中心的辐射半径的比例，来决定配送中心的位置、规模与数量。先根据配送中心的辐射范围计算顾客总人数，再按每家门店服务的顾客平均数确定计划开设的门店数，然后据此决定配送中心的规模。例如，日本的全家便利店的配送半径为30千米，在半径30千米的范围内平均设有70家门店，由一个配送中心负责配送。通常一个配送中心拥有4～5辆货车，按照本部送货单送货，一辆车一次送货10～15家门店，先装距离最远门店的货物，后装最近门店的货物；送货时先送到最近的门店，后送到最远的门店。

配送中心的规划除了类型规划、组建时机和规模规划外，还有地理位置规划、内部功能区规划、配送设施规划、作业流程规划、信息系统规划等，此处不能一一细述。总之，配送中心的建设是一个系统工程，关键在于商品在配送中心各个环节、配送中心与供应商和门店之间的高效率、低成本的无缝衔接，实现货畅其流，才能真正实现连锁企业的规模效益。

小思考6-2　为什么有些连锁企业在发展初期就考虑建设配送中心，而有些连锁企业在发展到一定阶段后才考虑建设配送中心？

6.3 采购与配送作业管理

6.3.1 订货作业

1）订货作业流程

订货是连锁企业根据门店所需要的商品向确定的厂商进行叫货或添货的行动，即通常所说的下订单。目前国内连锁企业订货大部分是通过“点菜员”（订货人员）以跑单、传真、电话或电子邮件等方式将订货信息传递给供应商，由它们在规定的时间送货至配送中心或门店。上述订货方式受自身特点和外部条件的限制，不易规范化，所以在操作过程中出现错误的可能性较大。例如，通过电话方式下订单，讲话人与听话人之间由于方言、口音、音量、口齿清晰程度的差异和外部的声音干扰（汽车声、音乐声、他人讲话声等）很可能出现歧义。在竞争日益激烈的今天，连锁企业要提高效率，就要向规范化管理靠拢。就订货而言，就是采用规范化的订货方式即电子订货方式。订货时，门店可以用掌上型终端机扫描或键入货号及数量，通过网络传送到连锁总部或供应商，由总部配送中心统一组织商品配送或由厂商直接配送。

订货可分成分散式订货和集中式订货两种。分散式订货是指连锁企业的门店被授权可以自行向厂商下订单；集中式订货是指连锁企业的各门店将订单传至连锁总部，由总部汇总后通知自己的配送中心进行订货和配送。图6-7、图6-8是两种订货方式的作业流程。

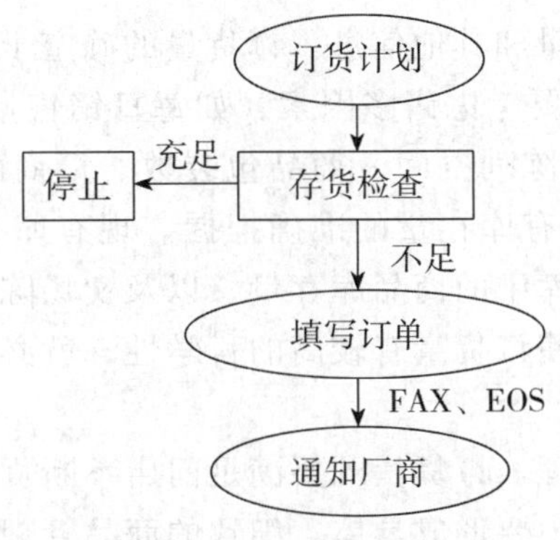

图6-7　分散式订货流程

2）库存水平不当的影响

订货量的准确性直接关系到企业的库存水平，连锁企业要真正做到订货量既不造成仓库积压也不造成商品缺货是非常难的，库存水平过高或过低都将给零售企业带来损失。

库存水平过高会增加商店的库存成本，主要体现在以下三个方面：

（1）资金成本：库存积压商品占用的资金将产生利息费用。

（2）仓储成本：商店仓储空间是有限的，有限的空间必须合理运用才能达到最佳效果。库存水平过高，会导致一些仓储空间被浪费在不需要的商品上，造成仓储成本增加。

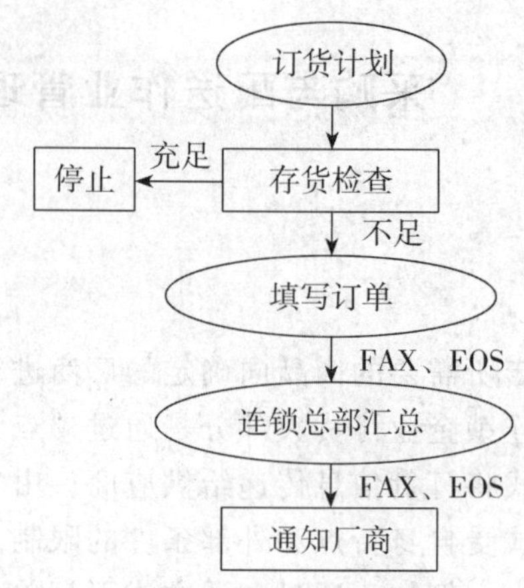

图6-8 集中式订货流程

（3）商品损耗风险：库存水平过高，商品损耗的可能性也增加了。其表现是：商品过期或过季；商品保质期将至，必须降价求售；商品被盗；商品被压坏（纸箱变软）；商品被撞坏或摔坏（运输不当）；商品变质（保存状况不佳）；商品被老鼠咬坏；盘点困难（放在不同位置）。

库存水平过低也会带来一系列问题，主要体现在：

（1）缺货成本：表现为丧失商机。

（2）形象成本：表现为公司缺乏资金或厂商不愿供货。

（3）口碑风险：表现为顾客买不到需要的商品，白跑一趟，下次不愿再来。

3）合理订货量的确定

（1）准确把握商品库存量和其他信息。订货量的确定十分复杂，理论上是根据经济订购批量确定，但在实际中要考虑诸多因素，如每日销售量、订货至送达的前置时间、配送周期、最低安全存量、陈列空间、商品包装数、厂商配送最小单位、最小订货量等。合理的订货量来自对现有库存量的准确把握。现有库存量除了配送中心的库存量外，还包括门店临时周转仓库中的商品库存量，以及卖场陈列货架上的商品数量。不管库存量表现为何种形态，要使订货量有较高的科学性，就必须随时准确了解库存商品的实际状态，做到心中有数。

（2）实施细致的商品管理。订货量既要满足门店不断货的需要，又要尽量降低库存成本，因而在日常商品管理中要形成具体、细致的商品管理制度。商品管理要具体到每一个单品，对商品的陈列位置、陈列方式、陈列量、标价、进货时间、保质期、温湿度控制等都应进行细致的管理。同时，还要采取ABC分类法，对重点商品的信息要详细掌握。这些基本情况和数据是确认商品现有存货量和需求量的基本依据。有了这些数据，才能较准确地得出需要更换、补充和处理的结论，才能真正把握库存状态，为确定订货量提供依据。

（3）分析和把握商品销售趋势。订货量不一定是个常数，它常常随着各种因素的变化而变化，因而需要对日常商品销售动态进行分析。具体需要观察和分析的内容有：哪些商品正处于畅销期？每日销售量可能达到多少？哪些商品的销售量开始下降？下降的幅度和速度如何？根据销售动态变化，订货量应该如何调整？调整的幅度多大？上述动态数据可以通过日常销售动态记录、POS资料分析、总部销售动态信息通报、新闻媒介宣传、顾客意见和反映等多种途径了解，也可以运用一定的调查和分析手段了解。此外，根据产品生命周期变化，也可以在一定程度上了解商品销售的动态。

（4）分析节假日和企业促销活动对销售的影响。不同时间的订货量是不同的，要注意分析节假日和季节的变化对销售的影响。在每年固定的节日，如“五一”“十一”等，各地区一般都举办大型活动，连锁企业也会实施促销活动，这都会影响一定时期某类商品销售的变化。根据过去类似活动期间商品销售的实际情况进行预测并调整订货量，在季节性变化来临之前，或在节假日、大型活动日来临之前适当增加某些商品的订货量，可以更好地满足消费者的需要。当然，产品生命周期的变化规律在时尚、流行商品上对销量的影响十分明显，需要制定相应的对策。

4）防止商品缺货

一般情况下，商店是不允许缺货的。缺货不仅造成商店原本可以实现的销售额无法实现，也给顾客造成极不好的印象，等于将顾客推给了竞争对手，因此各个商店都把缺货当成营业中的最大敌人。业界常有“缺货也是成本”“缺货会影响商店形象”“缺货会流失顾客”“绝对不能缺货”之类的说法，因此，防止缺货是非常重要的。对于缺货现象，事先应做好预防工作，一旦缺货应及时采取补救措施。

商品缺货的原因主要有：①库存有商品，但由于库存未定位或理货员工作不主动，未能及时陈列；②消费者指名购买，商店没有订货；③商店已订货，但商品尚未进场，备运时间过长；④商店已订货，但订货量不足，未能掌握消费者的购买规律；⑤由于某种原因而引起销售量急剧扩大，造成商店缺货；⑥商店进行促销活动，促销商品准备不足，一时短缺；⑦广告商品尚未引进，而消费者有购买意向。

要防止商品缺货，可以采取以下对策：

（1）属于库存有货但未及时陈列的，应加强库存管理和补货频率，制定补货标准，尤其要注意在营业高峰前及时补货。

（2）商品卖完而商店没有及时订货的，应加强卖场巡视，掌握库存动态；商品要定位管理，订货周期要相对稳定。

（3）商店已经订货但商品未到的，应根据商品备运时间重新确定补货点，建立商品配送时间表，寻找其他替代商品，或到其他商店购入补上；因为是连锁经营，也可在不同店铺之间调配。

（4）商店已经订货但订货量不足的，应按照ABC分类法重新制定重点商品安全库存量表。

（5）如果是配送中心没能及时配送商品，进货应以商店的日常销售、商店的库存量和配送中心的库存量三者相结合为依据，不能光看配送中心的库存量；对于重要商品，应提前订货。

（6）如果是商品销售量急剧增大，应做好市场调查工作，做好促销前的准备，每天检查销售状况，注意同业销售动态，了解消费趋势，密切关注紧急事件的发展情况。

（7）如果是广告商品未引进，商品采购人员应积极引进广泛宣传的新产品，尤其是电视广告商品，应快速引进。此外，采购人员应与商店保持密切联系，掌握市场商品信息。

(8) 如果是消费者指名购买而商店未进货，商店人员应向购买者表示歉意，并做好缺货登记，督促采购人员及时进货。此外，最好能与顾客保持联系，一旦货到立即通知顾客或上门送货。

(9) 对经常出现仓库有货但货架缺货的现象，应对理货员采取必要的处理措施；如果消费者经常指名商品而商店未订货，应对采购人员进行相应处理。

(10) 要定期或不定期对缺货情况进行分析，使商店管理人员和采购人员随时了解商品经营情况，尽量减少经营中商品缺货现象。

6.3.2 收货作业

收货作业是从货车上把商品卸下、开箱，检查其数量、质量，之后将有关信息书面化等一系列工作。收货作业的流程是：收货准备→货车到达→卸货→检查单据→商品核验→收货记录→入库。下面对收货作业的几个重要步骤进行介绍。

1） 卸货

收货作业是从商品自运输工具上卸下来开始的。为了高效率地完成每次卸货作业，管理人员必须事先做好准备：掌握大略的到货日、商品品种、货量及送货车型；尽可能准确地预测送货车到达时间；配合停泊信息协调进出货车的交通问题；为方便卸货及搬运，计划货车的停车位置；预先计划临时存放位置。其中，时间安排是收货控制的重要问题，一定要避免收货在时间上过度集中，因为收货时间太集中会使作业人员无法对所进商品进行合理有序的处理，同时还要保证所进商品有序堆放，以便能对其进行正常的检查检验。

卸货要尽量配合储存的处理方式，以免增加不必要的环节。配送中心储存商品一般有托盘、箱子和小包三种形式，同样，货车送货时也有这三种形式。如何使送货与储存两者间的三种形式顺利转换是很重要的。第一种情况是进货与储存都采用同一种形式，可以原封不动地将商品转入储存区。第二种情况是当送货是托盘、箱子形式而储存要求是小包形式时，必须在卸货点把托盘和箱子拆装并以小包的形式放在输送机上，从而进入储存区。第三种情况是送货是小包或箱子形式而储存要求是托盘形式时，必须先把小包或箱子放在托盘上再储存。

2） 商品核验

商品从送货车上卸下后、未拆卸前，应在送货司机面前验收箱数是否正确，以及外包装是否无损。核验商品必须及时、迅速、准确，做到随时进货随时验收。商品核验的方法很多，通常采用直接核对法或障蔽核对法，或者采用两者合并的半障蔽核对法；偶尔也采用抽查核对法，但抽查核对法容易出现差错，最好不用。

(1) 直接核对法。直接核对法即根据送货单逐项核对进货数量，是普遍使用的方法。直接核对法的优点是：除了在送货单上逐项做记号外，不必制作任何文件，验收员的工作快速而方便；如果送货单与验收员的记录不符，验收员可很快地重新核对；在送货单上都写有商品的品名，验收员不必再花时间猜想。直接核对法的最大缺点是容易失之大意，因为核对是一项单调乏味的工作，验收员已从送货单上知道了数量，很容易麻痹大意，核对粗略，易出差错。

（2）障蔽核对法。障蔽核对法就是验收员先不看送货单，而是边验货边制单，验收完后再与送货单核对，检查有无错漏短缺。这种方法工作量较大，所需时间较长；如果出现差异，重新核对会拖延很长时间。但这种方法能让验货员更认真、更仔细地核对，遗漏现象较少发生。

（3）半障蔽核对法。这是综合直接核对法和障蔽核对法两者的优点而设计的。验收员使用一张订货单副本，上面除了数量之外，所有内容都包括在内。验收员边核对边填上数量，再与送货单上的数量核对，核对无误后签单。这种方法不仅可以免去烦琐的制单工作，同时由于订货单副本上没写明数量，故要求验收员必须很仔细地核对。

对于不同商品的检验，配送中心采用的技术措施也不相同，如技术性能检测（如电器产品）、化验室分析（如化学半成品）、断裂强度测试（如皮包）、重量检验（如鲜肉）等。一般来说，对进货的检验是在供应商送货员离开后进行的，因此，采用保留接货法是企业惯用的做法。保留接货法即对所进商品进行简单的目测检验后，签字证明供货无误是有条件的，保留以后对进货做进一步细致检验的权利。

3）收货记录

商品验收后，验收员还必须作好验收记录。验收记录是进行商品验收的重要书面记载，内容一般包括：收发货单位名称，凭证号码，实收商品数量、规格、质量，数量差额和质量不符程度，验收日期、地点、验收人等。许多商店直接将送货单作为收货记录，上面注明实收商品数量及差额并有验收员及司机的签名，作为日后会计记账和商店盘存的依据。如箱子有破损或已开，或箱数短少，都应在司机带来的送货单上注明。送货单一式三份，厂商或配送中心保留一份，商店收货员保留一份，另一份在收到货后两天内送交财务处记账。无论是否短缺，送货单都必须有司机签名，如果将来对破损有争议的话，司机的签名是很重要的依据。

在企业管理规章中，必须明确规定哪些人有资格负责商品进货和进货控制工作。实践证明，进货和进货控制工作对盘点账实差有非常直接的影响，因此，除了经营场所的负责人以外，必须以书面形式明确规定哪些员工有资格承担这项工作，绝不能让企业的所有员工甚至是没有任何经验的新员工负责进货和进货控制。

6.3.3 存货作业

存货作业的主要任务在于妥善保存货物，并对在库品进行检查，善用空间，对存货进行科学管理。存货的仓库一般有三个区域：第一是大量存储区，即以整箱或栈板方式存储；第二是小量存储区，即将拆零商品放置在陈列架上；第三是退货区，即将准备退换的商品放置在专门的货架上。良好的存货策略可以减少出入库移动距离，缩短作业时间，充分利用储存空间。

1）存货方式

（1）定位储存。定位储存即每一种商品都有固定的储位，不同的商品按分类、分区域管理原则采用货架放置，不允许在指定的场所外放置商品。该方式的特点是易于管理，搬运时间少，但是需要较大的储存空间。

（2）随机储存。随机储存即每一种商品的储位不是固定的，而是随机产生的。这种方法的优点在于共同使用储位，最大限度地提高了储区空间的利用率。但是，这种方法也给商品的出入库管理及盘点工作带来困难，特别是周转率高的商品可能位于离出入口较远的储位，增加了出入库的搬运距离。这种方法适用于空间有限以及商品品种少而体积小的情况。

（3）定位随机储存。这种方法是每一类货物有固定的存放储区，但在各储区中，每个储位的指定是随机的。其优点在于吸收定位储存的部分优点，同时又可节省储位数量，提高储区利用率。

随机储存和定位随机储存方式对电子自动化管理技术要求较高，要特别注意电子仓储管理设备的安全运行系数。一旦电子仓储管理系统出现故障，仓库管理工作就会陷入瘫痪，因为只有电子中央处理器知道哪种商品存放在哪个位置。电子设备出现故障后，商品出入库操作根本无法用人工替代。由于国内一般连锁企业配送中心主要是靠手工操作，因而采用定位储存方式较多。在采用定位储存方式时，区位确定后应制作一张配置图，张贴在仓库入口处，以方便存取。一般而言，小量存储区应尽量固定位置，整箱存储区则可弹性运用。

2）存货原则

（1）周转率原则。按商品在仓库中的周转率来安排储位，周转率越高的商品离出口越近。

（2）相关性原则。应当把同一类型或具有互补性的商品安排在相互靠近的储位上，因为相关性大的商品在要货时往往是同时的。

（3）相容性原则。相容性低的商品绝不能储存在一起，以免损害品质，如烟、香皂和茶叶不可放在一起。

（4）先入先出原则。先入库的商品应先出库。这一原则特别适用于保质期短的商品，如食品、药品、感光材料等，以免商品在库停留时间过长，出现老化、变质、损耗等情况。

（5）堆高原则。为提高配送中心的空间利用率，能用托盘堆高的商品尽量用托盘储存。

（6）面对通道原则。为了使商品的标志、名称等信息便于查找，方便对商品的搬运、拣选等作业，应将商品面向通道保管。

（7）产品尺寸原则。为有效利用空间，在布置仓库时必须知道商品单位大小和相同物品的整批形状。包装标准化的商品应当放置在货架上保管，非标准化的商品应当依据其形状，考虑整批数量分配特殊储位。

（8）重量特性原则。这是按商品重量大小来安排储位的高低。通常情况下，重者置于地面或货架下层，轻者置于货架上层。

（9）商品特性原则。易燃易爆物储存于有防火设备的空间，易被窃物储存于保险间，易腐物储存于冷冻间，易污物加套储存等。对某些化学品应当隔离放置，以免对其他商品产生影响。

案例6-3　京东无人智慧配送站开业

2018年2月，京东自主研发、全球首个无人智慧配送站正式在中国开业。这是全球独一无二、真真正正的全流程、全系统智能化的无人配送站。

一是无人。无人机将货物送到无人智慧配送站顶部，并自动卸下货物。从入库、包装到分拣、装车，全程100%由机器人操作，一个配货员、分拣员、打包员都没有。

二是便捷。京东无人智慧配送站面积14.4平方米、高3.6米，可存储至少28个货箱，有1个发货箱，能存放1辆终端无人车并为其充电。这样的配送站适用于城乡山区等多种环境，兼备自提、退换货、收发件等服务，非常便捷。

三是智能。京东无人智慧配送站装上了眼睛，拥有了深度学习的人工智能。它收到无人机运来的货物后，在内部实现自动中转分发，再由配送机器人自动装载货物并完成配送。

四是省钱。无人智慧配送站的运行成本很便宜。以前的物流行业，人工要花去90%的成本，而现在一次性投入之后，只需要支付租金和机器维护费用即可。换句话说，以前的所谓无人配送站，其实只是实现了自动化而已；而京东无人配送站，则实现了从自动化到智慧化的革命性突破。

当然，京东带来的物流创新和颠覆，不仅仅是无人智慧配送站，还有无人仓、无人车、无人机送货！现在，京东的无人“机、车、仓、配送站”已经实现无缝衔接。也就是说，消费者在京东购物，从下单到配送的全流程无人化已然实现。比如，京东无人仓日处理订单能力超过20万单，而传统的仓库一天的订单处理量只有3万~4万单，无人仓是人工仓库效率的5倍左右。京东无人货车可以识别、躲避障碍物，辨别红绿灯，还能自动驾驶、路线规划、主动换道、车位识别、自主泊车……当到达指定位置后，它会通过发送短信等方式通知用户前来取货。京东还有无人机，刘强东不仅拿到了无人机空域批文，而且正式发布了自主研发的首款用于支、干线运输的倾转旋翼无人机——VT1。这款无人机载重200千克，续航200小时。

2017年7月20日，在联想第三届全球创新科技大会上，刘强东明确表示：“未来京东送货肯定是机器人送货！”一场快递物流业的颠覆性革命已经来临，刘强东的天地一体化智慧物流仅仅是人工智能时代开启的一个信号。

问题：即将到来的智慧物流将在哪些方面颠覆传统物流配送行业？

资料来源　微资源（公众号），2018-02-28.https：//mp.weixin.qq.com/s/K2uRq0wDL2arNuWLHorr8A.

6.3.4　分拣配货作业

在配送中心的作业范围中，分拣配货作业是其中极为重要的一环，其重要性相当于人体的心脏。分拣配货作业的目的在于正确而迅速地把门店所需商品集中起来。一般来说，分拣配货成本是其他如堆叠、装卸和运输等成本总和的9倍，占物流搬运成本的绝大部分。为此，若要降低物流搬运成本，首先必须从分拣配货作业着手改进，这样才能达到事半功倍的效果。分拣配货作业主要有两种方式：

1）摘果式配货

这是以订单为单位，对订单中的商品进行配货后汇集成一个出库单位的配货方式。它可以利用人工或者机械在每个较为固定的货堆中分别取出商品，很像果农摘果，因此被称为摘果式配货。这种方法主要适用于多品种、小批量的订单。这种配货方式的缺陷是对于每份门店订单，配货员都要在整个仓库内转一圈。在存有成千上万种商品的配送中心仓库中，配货员为寻找指定商品往往耗费大量时间，特别是对于那些新配货员来说更是如此。

2）播种式配货

这是将计算机系统中存储的各个订单内容，以一天中一定时间段为订单截止时间，按每一种商品的汇总进行配货清单打印，然后从商品保管场所将每种商品拣出，在商品分货区将商品再按订货方进行分配。这种方法主要适用于品种少但批量大的订单。

分拣配货以前主要靠人工，现在一般都是由机械流水线完成。国外近年来开发的电子标签辅助拣货系统（electronic label system，ELS）应用效果显著，受到企业的欢迎。分拣配货作业速度、作业效率和出错率直接影响配送中心的作业效率和顾客满意程度。

小资料6-1　自动分拣系统

配送中心包括多项作业，其中分拣作业是一项非常繁重的工作。尤其是面对门店多品种、少批量的订货，配送中心的劳动量大大增加，若无新技术的支撑，作业效率必然会下降。与此同时，门店对物流服务的要求也越来越高，一些大型连锁企业把分拣作业视为一大难题。

随着科学技术日新月异的进步，特别是感测技术（激光扫描）、条码及计算机控制技术等的使用，自动分拣机已被广泛用于配送中心。自动分拣机的分拣效率极高，通常每小时可分拣商品6 000～12 000箱，在日本和欧洲，自动分拣机的使用很普遍。特别是在日本的连锁商业（如西友、日生协、高岛屋等）和宅急便（大和、西浓、佐川等）中，自动分拣机的应用更是普遍。自动分拣机种类很多，其主要组成部分相似，基本上由下列部分组成：

（1）输入装置：被拣商品由输送机送入分拣系统。

（2）货架信号设定装置：被拣商品在进入分拣机前，先由信号设定装置（键盘输入、激光扫描条码等）把分拣信息（如配送目的地）输入计算机中央控制器。

（3）进货装置：或称喂料器，它使被拣商品依次均衡地进入分拣传送带。

（4）分拣装置：是自动分拣机的主体，包括传送装置和分拣装置两部分。前者的作用是把被拣商品送到设定的分拣道口位置上，后者的作用是把被拣商品送入分拣道口。

（5）分拣道口：是从分拣传送带上接纳被拣商品的设施，可暂时存放未被取走的商品。当分拣道口满载时，由光电管控制阻止分拣商品进入分拣道口。

（6）计算机控制器：是处理和控制整个分拣系统的指挥中心。自动分拣的实施主要靠它把分拣信号传送到相应的分拣道口，并指示启动分拣装置，把被拣商品送入道口。

6.3.5　其他作业

1）送货作业

送货作业是利用配送车辆把门店订购的商品从配送中心送达各门店的活动。送货作业在配送中心的物流成本中占有重要地位。一般来说，物流成本包括包装费、搬运费、运送费、保管费及其他。其中，运送费所占比例最高，约为35%～60%。为此，降低运送费对提高配送中心的效益有极大贡献。实际上货物运送过程受多种因素的影响。静态因素有门店的分布区域、道路交通网络、车辆通行限制、送达时间要求等；动态因素有车流量变化、道路施工、车辆变化等。为此，必须制订科学的送货计划，通过提高车辆出车率、装载率，降低空车率，合理规划运输路线等，提高配送效率和效益。

送货过程如下：首先制订详细的运输计划及运输调度作业计划，包括送货路线的规划、送货人员及送货车辆的管理等。送货人员必须完全根据调度人员的送货指示（出车调派单）来执行送货作业。当送货人员接到出车指示后，将车辆开到指定的装货地点，然后清点与装载已理货完成的商品上车，对于所驾驶的车辆也要在出库前进行例行安全检查。商品送达要货门店后，送货人员要协助指挥，将商品卸下车，协助门店有关人员将商品放到指定位置，并要求门店有关人员完成确认工作（送货单签收回单）。如果门店有退货、调货的要求，则应将退调商品随车带回，并完成有关单证手续。

2）退换货作业

退换货主要由如下原因造成：品质不良、订错货、送错货、过期品、滞销品、商品标示不符等。商品退换一般不为厂商所接受，除非证明品质不良或标示不符，因此必须事先有协议约定。退换货作业可单独进行，也可与进货作业相配合，利用进货回程将退换货带回。在退换货作业时应注意以下几点：

（1）厂商确认，即先查明待退换商品所属的厂商或送货单位。

（2）填写退货申请单，注明其数量、品名及退货原因。

（3）退调商品要妥善保管，应规划专门区域暂存，整齐分类才易管理。

（4）一旦确认商品不符合要求，要迅速联络厂商办理退、调货。

（5）退货时，要确认扣款方式、时间和金额，退换货最好定期办理，如每周一次或每10天一次。

3）加工包装作业

加工包装作业就是对进入流通领域的产品或半成品按销售要求进行再加工。

（1）包装加工。如大包装的商品根据销售要求进行重新包装，散装的日用杂品改装成包装商品，促销赠品进行搭配包装等。

（2）分选加工。如农副产品按质量、规格进行分选，并分别包装。

（3）贴标加工。为了规范经营、方便顾客、促进销售，在商品的外包装贴付标记、标签、价格、条码等。

（4）食品精加工和深加工。精加工是将农副产品去除没有食用价值及不卫生的部分，进行切分、洗净、包装等加工；深加工是将农副产品加工成半成品或成品（熟食品），以节省门店厨房内的工作时间和提高效率。

并非所有连锁企业的配送中心都设置流通加工部，加工功能是放在配送中心还是连锁门店，这是值得认真权衡的问题。大型综合超市一般将加工功能设在超市内部，以适应各门店商圈顾客的需要；而有些连锁企业如快餐业、干洗业等，门店对配送中心的加工功能较为依赖，这类企业的配送中心有必要设置加工场所。例如，餐饮连锁企业通过建立中央厨房，对一定地域范围内的门店实行统一采购、集中储备、集中加工，把加工后的原料或半成品送至各门店，使其稍作加工便可出售。这既可保证产品质量、降低产品成本，又能减轻门店负担，提高经营效益。

香港大家乐集团的连锁店全由中央厨房供应半成品原料，其总部10层以上为写字楼；8层以下是中央厨房的加工车间，分为蔬菜车间和肉食车间；底层为洗衣车间，负责集团几千名员工工作制服的消毒、清洗及整理。大家乐集团不仅提供西式快餐，也供应适合港人口味的多种中式快餐。早午晚加上茶市，产品品种达200多个，中央厨房负责将原料进行最大限度的加工处理。蔬菜车间的工作任务是将各类蔬菜切配成丁、块、片、丝等半成品，如打萝卜丝、打色拉料、蒸萝卜丝、蒸马铃薯等。肉食车间的工作任务主要是将化冻后的肉进行切割，流水线将肉切成丁、块、片，然后送到调料池浸泡，待肉有了滋味，再取出晾干，包装后冷冻储藏。每天上午9点以前，大家乐集团的保温车将各种半成品送至香港、九龙的100多家门店，有效保证了所有门店的食品品种、质量一致。

■ 本章小结

商品采购是连锁企业经营的源头，直接关系着企业后续经营效益。采购管理的核心在于采购制度、采购方法和采购控制是否科学合理。中央采购制度是目前连锁企业常用的采购制度，其有利有弊，企业必须采取一系列措施弥补中央采购制度的缺陷。采购方法主要有定时采购、定点采购、招标采购、联合采购和持续补货等方法，企业可以综合运用流程控制、指标控制、预算控制和定期对供应商进行考核等办法来加强对采购工作的控制。连锁企业配送中心的功能主要有集货、储存、加工、分装、分拣配货、送货、信息处理。企业配送模式可以在委托配送、共同配送、自行配送中选择，配送中心的规划设计要考虑配送中心的类型、组建时机和规模等因素。连锁企业采购与配送作业管理中尤其要加强对订货作业、收货作业、存货作业、分拣配货作业、送货作业、退换货作业和加工包装作业的管理。

■ 主要概念和观念

中央采购制度　采购方法　配送中心　配送模式　采购作业　配送作业

■ 基本训练

□ 知识题

1.中央采购制度有什么利弊？如何避免中央采购制度的缺陷？

2.采购方法有哪些？各有什么特点？

3.采购控制的方法及主要内容是什么？

4.配送中心一般具有哪些功能？

5.连锁企业的配送模式主要有哪些类型？如何选择？

6.连锁企业发展到什么时候适宜考虑建设自己的配送中心？

7.连锁企业配送中心的规模设计要考虑哪些因素？

8.订货作业中如何把握合理的商品订货量？

9.存货方式有哪些？需要考虑哪些原则？

10.分拣配货作业的具体方式有哪些？各有什么特点？

□ 技能题

1.某商店日销售某商品25件，保险储备量为3天的需求量，订货日实际库存量为115件，进货周期为15天，计算定时采购批量。

2.某商品平均日销售量为50件，备运时间为4天，保险储备量为80件，计算定点采购的采购点。

□ 能力题

1.案例分析

阿迪达斯美国南卡罗来纳州配送中心

阿迪达斯成立于1924年，总部在德国，是世界第二大服装和消费品制造商，主要生产运动鞋及体育用品，同时还生产箱包、衬衣、手表、眼镜等。2006年1月，阿迪达斯收购了英国的竞争对手锐步，并对合并后的美国分销网络进行了深入研究，发现要进一步提高服务水平，降低总体运营成本，需要整合配送中心。最终阿迪达斯决定在南卡罗来纳州斯帕坦堡设计并建设新的物流园。

该物流园于2009年投入使用，总占地面积200多万平方英尺，建设了服装和鞋类两个配送中心，每天入库并发运数十万套鞋类和服饰产品。

在该项目建立之初，阿迪达斯就制订了明确的目标与合理的计划。它提出了三个总体目标：第一，提高客户服务水平。为实现此目标，阿迪达斯决定将配送中心放在南卡罗来纳州斯帕坦堡，这个战略位置可确保在3天内将货物运送到83%的客户手中。第二，降低总体运营成本。降低成本和提升效率是整合配送中心的关键驱动因素，而选择正确的物流系统和进行自动化战略部署对降低成本非常重要。第三，为实现未来增长做好准备。由于阿迪达斯电子商务业务正在突飞猛进地增长，完成电子商务的订单配送成为新配送中心规划流程中不可分割的一部分。

新配送中心的作业流程如下：

1.收货。从世界各地直接到“主街”。每个配送中心货架系统的中间通道，都被阿迪达斯称为“主街”。DC1（处理服装订单并提供客户所需的增值服务（VAS），如配发衣架和价格标签）和DC2（处理鞋类和耐用品）的卸货平台处理来自全国各地乃至全球的集装箱货物，货物在多个卸货平台卸货。收货后，商品上架存储，经托盘输送机传送到主街，随后将储存到货架上。

2.拣选。配送中心配备了高度自动化分拣机。为了保持较高的吞吐量，商品需要在第一段转弯进入系统中而不必等待较长的时间。阿迪达斯通过“批量转储”和“超级拣选”等方案解决了这个问题。电子商务作为阿迪达斯业务增长计划的一部分而受到重视，下午3点之前接到的订单当天要运送。

3.包装。DC1和DC2的另一个主要区别在于单个纸箱的包装方式和位置。单元分拣机可分拣服饰和鞋类，每小时最多可分拣18 000套。在DC1，周转箱从单元分拣机解包后定时释放合并，发送到夹层以便打包。夹层总共有八条线路：前五条线路是为播种式拣货和VAS保留的，在这里会将衣架添加到纸箱中，再从尼龙袋中取出服装并放在衣架上；后三条线路是供不需要任何VAS的订单使用的。

4.发运。在DC1和DC2装完装箱后，纸箱就被传送到"打印和贴标"区。纸箱在该区域获得最多三个标签：一个装运标签（左侧前沿）、一个纸箱内容物标签（左侧，紧随装运标签）以及一个包裹标签（右侧前沿，如果需要的话）。纸箱移到中央打包合并区，通过滑靴式分拣机输送到装运区。

新配送中心建成并运行之后，效果达到了预期设计目的，不仅大幅度提升了运行效率，节省的成本也符合当初的预算，还提高了服务顾客的水平。

问题：阿迪达斯为什么要新建配送中心？配送中心建成后的运行符合当初的设计吗？

资料来源　物流技术与应用（公众号），2018-03-28.https：//mp.weixin.qq.com/s/DJjtwDj0OBF-Hu3_pYpaHkw.

2.网上调研

（1）试从网上调查目前连锁企业与供应商之间的关系是怎样的。

（2）试从网上调查不同规模的连锁企业建立的配送中心的数量和规模。

第6章即测即评

第7章 特许连锁经营

学习目标

知识目标

- 了解特许连锁经营的类型、利弊及发展状况；
- 了解连锁企业开展特许经营的步骤及关系发展；
- 掌握连锁企业开展特许经营的前期准备内容；
- 了解连锁企业开展特许经营的管理重点。

技能目标

- 学会草拟一份完整的特许合约；
- 学会开展特许经营的招募加盟方法。

能力目标

- 能规划设计一个特许连锁企业发展计划；
- 能发现特许连锁企业发展中存在的主要问题并加以解决。

7.1 特许连锁经营的类型及发展

7.1.1 特许连锁经营的类型

1）按特许内容划分

按照特许内容划分，特许连锁经营可以分为商品商标特许连锁经营（product and trade name franchising）和经营模式特许连锁经营（business format franchising）两种。

商品商标特许连锁经营由来已久，最早是一种制造商和代销商的契约关系，是代销商为制造商代销某种产品的关系。随着时间的推移，代销商就逐渐集中为一个制造商服务。这样厂商两家就签订契约协议，代销商专门为一个制造商销售商品，或者代销商就直接使用制造商的字号、商标，成为制造商的一个销售部门。这样代销商与制造商就形成了母公司和子公司的关系，产生了最初的特许连锁经营，因此也被称为“第一代特许连锁经营”。现在，商品商标特许连锁经营通常是一个大制造商为其名牌化的产品寻找销路，与加盟者（受许人）签订合约，授权加盟者对特许商品或商标进行商业开发的权利；作为回报，加盟者定期向总部（特许人）支付费用。这类特许经营行业主要包括汽车专卖店、加油站、服装专卖店等。

经营模式特许连锁经营被称为“第二代特许连锁经营”，目前人们说的特许连锁经营就是这种类型。经营模式特许连锁经营不仅要求加盟店（加盟者）经营总部的产品和服务，而且加盟店的商店标志、店名、商标、经营标准、产品和服务的质量标准、经营方针等，都要按照总部的全套方式进行，亦即加盟店购买的不仅是商品的销售权，而且是整个模式的经营权。加盟店必须一次性交纳加盟费，并定期交纳权利金（特许权使用费），这些费用使总部能为加盟店提供培训、广告、研究开发和后续支持。这种经营模式特许经营范围广泛，尤其在零售行业、快餐业、服务业中最为突出，消费者较为熟悉的麦当劳、肯德基、必胜客和7-11便利店都属于这种形式。目前第一代特许连锁经营也有向第二代特许连锁经营转化的趋势。

过去几十年，在特许连锁经营的销售额中，商品商标特许连锁经营大约占70%，其中绝大部分是汽车销售额；经营模式特许连锁经营的销售额大约占30%。最近十多年来的发展表明，前者正呈逐渐衰落的趋势，而后者发展较快，成为颇引人注目的特许连锁经营方式。

2）按授予特许权方式划分

按授予特许权的方式划分，特许连锁经营可分为如下类型：

（1）单体特许。这是指总部赋予加盟者在某个地点开设一家加盟店的权利。总部与加盟者直接签订特许合同，加盟者亲自参与店铺的运营，加盟者的经济实力通常较弱。目前，在该类加盟者中，相当一部分是在自己原有网点基础上加盟的。单体特许适用于在较小的空间区域内发展特许网点。优点：总部直接控制加盟者；对加盟者的投资能力没有限制；没有区域独占；不会对总部构成威胁。缺点：网点发展速度慢；总部支持、管理加盟者的投入较大；限制了有实力加盟者的加盟。

（2）区域开发特许。这是指总部赋予加盟者在规定区域、规定时间开设规定数量的加盟网点的权利。由区域开发商投资、建立、拥有和经营加盟网点，该加盟者不得再行转让特许权，开发商要为获得区域开发权交纳一笔费用并遵守开发计划。该种方式运用得最为普遍，适用于在一定的区域（如一个地区、一个省乃至一个国家）发展特许网络。总部与区域开发商先签署开发合同，赋予开发商在规定区域、规定时间的开发权；当每个加盟网点达到总部要求时，由总部与开发商分别就每个网点签订特许合同。优点：有助于开发商尽快实现规模效益；发挥开发商的投资开发能力。缺点：在开发合同规定的时间和区域内，总部无法发展新的加盟者；对开发商的控制力较小。

（3）二级特许。这是指总部赋予加盟者在指定区域销售特许权的权利。二级特许者扮演着二级总部的角色，要支付数目可观的特许费，它是开展跨国特许的主要方式之一。总部与二级特许者签订授权合同，二级特许者再与加盟者签订特许合同。优点：扩张速度快；总部没有管理每个加盟者的任务，也不必承担相应的经济负担；二级特许者可根据当地市场特点改进特许经营体系。缺点：把管理权和特许费的支配权交给了二级特许者；过分依赖二级特许者，特许合同的执行没有保证；特许收入分流。

（4）代理特许。这是指特许代理商经总部授权为总部招募加盟者。特许代理商作为总部的一个服务机构，代表总部招募加盟者，为加盟者提供指导、培训、咨询、监督和支持。它是开展跨国特许的主要方式之一。总部与特许代理商签订代理合同，总部与加盟者签订特许合同，合同往往是跨国合同，必须了解和遵守所在国法律；特许代理商不构成特许合同的主体。优点：扩张速度快；减少了总部开发特许网络的费用支出；对特许权的销售有较强的控制力；能够对加盟者实施有效控制而不会过分依赖特许代理商；能够方便地中止特许合同；可以直接收取特许费。缺点：总部要对特许代理商的行为负责；要承担被加盟者起诉的风险；要承担汇率变化等其他风险。

3）按加盟双方成员关系划分

按加入特许契约联盟的成员关系划分，特许连锁经营可分为如下类型：

（1）制造商-零售商特许系统。这种经营系统由制造商发起并提供特许经营权，零售商是特许经营人。它在汽车行业最为普遍，如在美国，特许汽车经销商是很常见的。

（2）批发商-零售商特许系统。它是由一个批发商发起同时吸收大量零售店加入所形成的经营系统，如Rexall Rugs、Sentry Hardware等。

（3）零售商-零售商特许系统。这是由一个零售商发起并大量吸收零售加盟店所形成的特许系统，也是最普通、最典型的经营模式特许连锁经营，代表企业是7-11便利店。

（4）服务特许系统。这种特许系统由一个创造出自己独一无二服务概念的公司发起建立，它通过特许经营协议授予特许经营人使用总部的商业名称和专长的特权，总部则收取一定的加盟费作为补偿。服务特许经营形式最近几年在美国发展甚快，主要是由于快餐店、房产中介所、家居清洁、旅行社、饭店和汽车旅馆等行业的迅速增长。

7.1.2 特许连锁经营优劣剖析

特许连锁经营的广泛适用性与良好的扩张性，无论对于连锁企业、加盟者还是消费者，都极具吸引力，尽管特许连锁经营在一定程度上还存在某些不足。

从加盟者的角度看，特许连锁经营的优点是：(1) 可以立即利用连锁名称、商标等企业形象资源；(2) 利用连锁总部的经营知识，可以降低单独经营失败的风险；(3) 即使缺乏专业经营经验，也可以在连锁总部的培训和指导下从事某项专业经营活动；(4) 比起个人经营而言，具有较强的竞争力；(5) 能够稳定地获得廉价的商品和材料，采购效率高；(6) 可以获得业务知识和接受业务指导；(7) 可以利用统一实施的促销活动，加大促销效果；(8) 与总部实现功能分工，可以专心致志地从事销售活动。其缺点主要有：(1) 具有高度统一性要求，不能充分发挥自己的创造性；(2) 受总部经营方针的制约；(3) 自由度较低；(4) 总部的整体利益优先于加盟者的利益；(5) 受连锁体系中其他加盟店的影响等。

对消费者而言，特许连锁也很受欢迎，只要看到连锁商店的标志、形象，就可以知道这些商店提供的商品和服务。因为特许连锁商店实行统一经营，无论哪家商店提供的商品和服务都是一样的，可以避免服务质量不到位的情况。即使是小商店，也可以利用统一形象和标准化的服务体系消除顾客的担心。当然要做到这一点，特许总部必须制定明确的服务标准，经常回访，亲临现场，定期监督和指导，防止发生有损企业形象的事情。

从连锁总部的角度分析，特许连锁经营之所以能风靡全球，必然有其独特的魅力和优胜之处，但它并非十全十美，也有其难以避免的缺陷。它是一把“双刃剑”，用得好，能助企业披荆斩棘；用不好，反被其所困。因此，企业在涉足特许连锁经营之前，必须对该经营方式有一个清醒的认识，充分了解它的优劣点，这样才能扬长避短，走向成功。

1）开展特许连锁经营的优点

相对于开设直营连锁店，连锁企业开展特许经营的好处是显而易见的。

首先，可以突破资金和时间的限制，迅速扩张规模。企业出资开设直营连锁店，所需资金额巨大，投资风险亦相应增大。如果没有雄厚的资金做后盾，不能尽快占领市场实现规模效益，则容易导致企业资金周转不灵或亏损。而特许连锁经营恰好可弥补这一缺陷，它可以不受资金限制而迅速扩张，因为开设的特许门店是由加盟者投资的，连锁企业只需提供已经成熟的经营模式。这种发展速度有时可以达到十分惊人的地步，远非直营店可比。

其次，加盟店主更加积极肯干，有助于企业的发展。连锁企业开设直营店，门店店长和员工均由连锁企业统一招聘管理，尽管连锁企业也会实施一系列激励措施，但由于门店成员毕竟只是雇员而不是投资者，其主动性和积极性相对差些。而加盟店主则是加盟店的真正主人，他们大多数拿出全部身家投入该项特许事业，经营好坏与自己的切身利益密切相关，因而他们更勤奋、更努力、更有干劲和责任心，更能推动企业的发展。这正是目前国外许多连锁企业将一些直营店转为特许店的主要原因。

再次，可以降低经营费用，集中精力提高企业管理水平。特许连锁经营可以使企业得到更多的经营优势。例如，随着加盟店的增多，集中采购商品的数量增大，企业可以获得更大的进货优惠，从而降低进货成本；在广告宣传上，企业负责广告策划与实施，广告费用由各加盟店分担，这也降低了广告宣传成本；而在加盟店支付的每月权利金中，包含了对加盟总部提供后续服务的补偿，这也实际上降低了企业的管理费用。此外，由于企业无须处理各加盟店的日常事务和人际纠纷，因而可以集中精力改善经营管理，开发新产品，挖掘新货源，研究新技术，从而将企业管理水平提升到一个新台阶。

此外，一些生产企业以特许连锁经营方式涉足零售业，其目的是摆脱对中间商的依赖，控制产品的整个分销渠道，更好地实施其营销战略。同时，又可以利用自己的销售渠道作为与中间商讨价还价的筹码，迫使其就范。此外，随处可见的特许门店招牌实际上是对企业品牌的一种最好的宣传。企业之间的较量并不仅仅体现在技术和实力上的较量，有时还体现在经营观念上的较量。先进的经营观念甚至可以弥补技术和实力的不足，成为企业攻占市场的有力武器。

2）开展特许连锁经营的缺陷

起源于美国的特许连锁经营，以其独有的魅力，迅速发展到世界各国，在全球掀起了一阵特许连锁经营旋风。然而，任何事物都有正反两面，特许连锁经营同样有其无法否认的缺陷。意欲尝试的企业在看到特许连锁经营诱人前景的同时，千万不能忽略它可能存在的风险。

首先，加盟店有时闹独立，难以控制。加盟店往往会在下面三种情形下闹独立：一是认为企业的发展完全是由于自己的功劳，无须总部支持也能搞好经营，于是便产生独立的想法，企图摆脱与总部的关系；二是总部的经营管理方法已经全部学到手，可以脱离总部自己经营，便产生自立门户的想法；三是加盟后收入不如期望的那样高，因失望产生不满情绪，不想继续下去。加盟店中途单方面撕毁合同，这在司法健全的西方发达国家是绝对不允许的；在我国，由于法律本身不完善，加上打官司耗时耗力，一般总部都无暇对簿公堂，于是便助长了毁约现象。由此导致的结果是，总部不仅浪费了大量精力培训加盟者，而且在无意中培养了一个个竞争对手，并泄露了自己的经营秘密，使自己在竞争中处于劣势。

其次，个别经营失败的加盟店会连累总部声誉并使总部形象受损。加盟总部尽管给加盟者提供了一套经实践证明成功的经营管理模式，但这并不能保证加盟者一定能够成功，任何加盟店要取得成功还必须依靠经营者自身的努力。如果个别加盟者能力有限，或不按总部指导办事，随意更改总部的经营程序，或不愿尽全力来经营这一事业，导致经营失败，不仅使自己经济受损，更重要的是损害了总部多年树立起来的良好形象和声誉。在顾客看来，加盟店和直营店是没有区别的，一损俱损，一荣俱荣。因此，选择合适的加盟者对总部来说是十分重要的一环。

最后，当总部发现加盟者不能胜任时，无法更换加盟者。加盟总部在挑选加盟者时一般是十分谨慎的，国外的加盟总部往往愿意找一些勤奋的、有一定资产和管理经验的中小生意人。这些人在利益攸关的情况下，会倾其全部积蓄和精力，一丝不苟地按总部的程序来做，既维护了总部的良好声誉，又给自己带来了可观收益，真正实现“双赢”。然而，理想的加盟者并不好找，尤其是加盟总部发展较快时，它会发现难以找到足够数量的合适的加盟者。若“滥竽充数”，经营一段时间后发现加盟店主不能胜任工作，总部又不能像对待直营店那样随时换人，这无疑将影响特许企业的发展。此外，由于总部一般对加盟店都有经销区保护，若某区域的加盟店因其个人素质问题不能很好地开展工作，则意味着总部将失去这部分市场。

所以，对总部来说，特许连锁经营并不是十全十美的，它也存在许多缺陷。如果总部找不到合适的加盟者，如果总部没有控制加盟店经营的方法，如果总部不能与加盟者达成共识并进行有效的沟通，则需要三思而行。

小思考7-1　为什么说连锁企业开展特许经营是一把“双刃剑”，弄不好反而损伤了自己？

7.1.3　特许连锁经营的发展

1）特许连锁经营的起源

任何新生事物的出现都是时代发展和社会进步的必然产物。早期的特许经营被世人公认为产生于19世纪中叶的美国。美国在南北战争之后，迅速在全国范围内建立了庞大的铁路系统，形成了四通八达的交通运输网络，极大地推动了美国国内统一市场的形成，促进了国内商业的空前繁荣。此时美国制造业劳动生产率不断提高，也对美国的流通业提出了新的要求，美国的连锁商业正是在这样的背景下应运而生的。

1859年，美国出现了第一家直营连锁企业——大西洋与太平洋茶叶公司。此后不久，1865年，又出现了第一家特许连锁企业——胜家缝纫机公司。当时，胜家推出的缝纫机尚属新产品，人们对该产品与传统手工缝纫技术及市场上其他竞争产品相比所体现出来的优越性认识不够，而且在销售过程中需首先教会顾客使用缝纫机的各种功能，这就使推销该产品颇为困难。为此，胜家率先尝试以特许经营方式建立分销网络，结果成功地打开了零售市场，营业额大幅度攀升，不久便雄霸了全美的缝纫机销售市场。胜家的成功使人们看到了特许经营的魅力，不少其他行业的厂商也纷纷效仿，像胜家一样在美国建立全国性的特许经销网络，其中饮料业和汽车业在进入20世纪以来发展得最为顺利。

第一代特许连锁经营主要是商品商标特许经营，进入20世纪50年代，经营模式特许经营开始崭露头角，并在此后的20多年里在餐饮业中独领风骚。在餐饮业特许经营中，最引人注目的要算肯德基和麦当劳了。这两家享誉全球的快餐店都是在20世纪50年代初期通过授予特许权而迅速发展起来的，它们将特许经营带到了一个新的发展阶段。在此之前，各特许经营总部的加盟店除了店名相同及产品相似外，其经营是各行其道的，在服务与产品的质量上也参差不齐，影响了经营模式特许经营的发展，有些甚至出现经营失败。而肯德基和麦当劳的创始者为了避免重蹈他人覆辙，在授权加盟者时采取了一种全新的管理制度，即要求所有加盟店出售的食品、饮料及服务品质是完全一致的，就连店铺装修设计及营业员的服装都严格要求一致。为了监督各加盟店的经营，总部常派人暗地检查，发现有违规的店铺即给予处罚或取消特许权。

事实证明，这种管理方法相当成功。如今，麦当劳和肯德基名列世界上最大的快餐连锁企业前茅，现在，世界各地的人们到肯德基和麦当劳餐厅去，不仅是品尝美国的食品，还是感受美国的文化。

2）特许连锁经营的规范发展

特许经营在肯德基和麦当劳的发扬光大下受到了社会的广泛欢迎，为了进一步推动特许经营企业的发展，1959年10月，美国10多家连锁加盟企业共聚一堂，商讨如何使连锁加盟成为全美乃至全世界的联盟。在这次会议上，诞生了一个著名的组织——国际特许经营协会（International Franchise Association，IFA）。IFA是目前影响非常广泛的一个国际性商业协会，对特许连锁经营的顺利发展起到了积极的推动作用。

就在20世纪六七十年代，特许连锁经营在美国餐饮业大行其道之时，这种经营方式也从美国迅速传到世界各地，如法国、英国、加拿大、日本、新加坡、韩国、中国台湾、中国香港等。特许连锁经营在全球受到普遍欢迎，一方面是由于这种经营方式对于那些资金有限、缺乏经验而又想投资创业的人具有较强的吸引力；另一方面许多国家和地区也对特许连锁经营采取了支持态度。当时随着全球经济的高速增长，商业联合和集中的趋势大大加强，商业的高度集中已对市场自由竞争构成了威胁，政府开始意识到保护中小企业的重要性，纷纷采取各种措施，扶持自由连锁组织和特许连锁组织。例如，日本政府对实行自由连锁和特许连锁的中小商店所需现代化设备资金的80%发放15年期限的低息、贴息甚至无息贷款；新加坡政府对申请加盟的中小企业也提供优惠贷款；印度尼西亚则为特许经营者简化注册牌照程序等。由于这一时期各个国家和地区政府的大力支持，特许连锁经营在全世界如火如荼地发展起来。

尽管特许连锁经营发展步伐较快，但其发展道路并非一帆风顺。由于在这段时间特许经营给加盟双方带来巨大经济效益和使风险大为降低的神奇效应广为流传，“鱼龙混杂”情况也随之而来，一些投机者利用人们对特许经营盲目追随的心理，在毫无经营经验和招募资本及实力的情况下骗取加盟金。鉴于此，美国各州先后制定了有关特许经营的法规，联邦政府也出台了《联邦贸易委员会法》。法院对这种欺骗行为予以严厉处理，终于纠正了特许经营发展的不良倾向，保障了投资加盟者的合法权益，维护了合法特许经营者的声誉，促进了特许连锁经营的健康发展。

20世纪80年代以来，特许经营的发展步入了黄金时期，呈现出旺盛的发展势头。这段时期，一些发达国家的特许连锁经营不仅在发展速度上超过了直营连锁和自由连锁，而且特许连锁经营国际化趋势不断加强，许多著名的特许连锁集团将业务拓展到了海外。更引人注目的是，特许连锁经营领域日益多样化，从原先主要集中于零售业和饮食业转而向新兴行业进军，其范围进一步渗透到各种服务业，这充分反映了连锁经营，尤其是特许连锁经营具有越来越强大的生命力。

目前，美国特许经营主要分布在汽车、经济型酒店、快餐、正餐、食品零售、房地产、产品零售和服务、商业服务、个人服务等行业，就业人数最多的是快餐、商业服务及正餐等行业，产值最高的是快餐、商业服务和个人服务等行业。尽管金融危机和全球经济衰退给美国海外特许经营带来了一定的负面影响，但很多特许经营企业缩紧预算，削减管理费用，实施新的战略，如采用新的市场营销策略、升级技术系统、帮助准加盟商融资等一系列措施，希望能继续获得增长。

3）中国特许连锁经营的发展

早在20世纪80年代中期，以特许经营方式风靡世界的麦当劳和肯德基相继在中国落户，它们在给中国带来“快餐”新概念的同时，也带来了“连锁经营”的新理念。尽管它们当时还没有出售特许经营权，但在对它们的研究和介绍中，特许连锁经营的概念已经开始被国人所了解和接触。不久，我国一些企业，如天津“狗不理”包子、上海“荣华鸡”等借鉴国外经验，率先尝试以特许经营方式开展业务。由于经验不足、管理不规范，因而它们在扩张中遇到了一些困难，喧闹了一阵之后便沉寂下来。

20世纪90年代以来，中国商业出现了迅猛发展的良好势头，连锁经营在国内获得飞速发展，开始向直营连锁与特许连锁相结合的方向发展。与此同时，特许经营逐步由零售业、快餐业向其他业态和行业渗透。以1997年我国第一部特许经营管理部颁规章《商业特许经营管理办法（试行）》的出台为标志，特许经营在我国全面推广已超过20年。2007年，《商业特许经营管理条例》颁布施行，特许经营逐步走上规范、健康的发展之路，形成了一批具有一定规模和实力、覆盖各个行业和业态的知名特许连锁企业。根据中国连锁经营协会的统计，目前，我国特许经营主要分布在餐饮、便利店、服装、药店、教育培训、经济型酒店、房产中介、家装、汽车维修与保养、休闲健身、干洗、美容与化妆品等60多个行业。

从中国连锁经营协会最新公布的资料来看，2017年，特许百强销售规模约3 300亿元，同比增长13%。门店总数超过16万家，同比增长11%。其中，加盟店数量超过12万家，同比增长12%。在各行业中，食品专卖、便利店和健身增长势头最好，成为行业业绩领跑者。特许百强积极投身数字化创新浪潮，在营销、加盟商招募与管理等方面的应用较为普遍。经济型酒店是数字化水平最高的行业，已全面导入微信公众号和微信小程序，线上培训和线上招募加盟商也成为标配。快餐业和食品专卖的数字化应用水平也较高，线上招募加盟商的占比分别达到25%和50%。

表7-1列出了2017年中国特许经营各行业龙头企业的基本情况。

近几年，海外特许品牌进入中国后扩张速度明显加快。这一方面得益于我国政策环境的完善，另一方面也是中国特许经营市场环境稳步发展的体现。海外特许品牌的进入不仅带来了新的商业概念，扩大了特许行业和业态的覆盖面，还带来了更先进的管理技术和营销手段，促进了特许连锁经营整体水平的提高。海外特许品牌的进入不仅带动了中国特许连锁经营的蓬勃发展，也启发中国企业采用特许经营方式走出国门，融入全球竞争中。目前已走向海外市场的国内特许品牌有全聚德、名创优品、同仁堂、小天鹅、谭木匠等。我们相信，随着我国特许品牌的进一步成熟，会有越来越多的企业参与到国际竞争中去。

表7-1　　2017年中国特许经营各行业龙头企业的基本情况

业态	企业名称	2017年销售规模（含税万元）	2017年门店总数（个）	2017年加盟店总数（个）
快餐	百胜中国控股有限公司	4 520 000	7 900	790
快餐	金拱门（中国）有限公司（麦当劳）	2 205 000	2 520	
快餐	天津顶巧餐饮咨询服务有限公司	1 080 000	2 443	2 147
快餐	快乐蜂（中国）餐饮管理有限公司	258 226	352	57
快餐	上海世好餐饮管理有限公司	86 918	2 016	1 881
火锅	重庆朝天门餐饮控股集团有限公司	433 014	634	565
火锅	北京黄记煌餐饮管理有限责任公司	272 469	703	699
中式正餐	中国全聚德（集团）股份有限公司	288 714	110	68
中式正餐	陕西阿瓦山寨品牌投资有限公司	166 308	222	219
休闲饮品	沈阳碰碰凉连锁企业管理有限公司	84 815	780	725
休闲饮品	上海快乐柠檬餐饮管理有限公司	54 062	753	661
水果专卖	深圳百果园实业发展有限公司	678 862	2 707	2 705
休闲食品	湖北良品铺子食品有限公司	720 000	2 064	1 345
休闲食品	绝味食品股份有限公司	451 019	9 053	8 942
休闲食品	上海来伊份股份有限公司	425 453	2 460	208
茶叶专卖	中国茶叶有限公司	161 254	700	619
母婴专卖	乐友国际商业集团有限公司	256 727	571	167
非食品专卖	中国黄金集团黄金珠宝有限公司	4 055 619	2 031	1 462
非食品专卖	名创优品股份有限公司	1 263 588	2 630	1 958
非食品专卖	上海晨光文具股份有限公司	1 075 769	8 187	8 087
房产中介	21世纪中国不动产	300 000	2 647	2 635
家政服务	湖南金领玮业现代家庭服务产业联盟管理有限公司	175 500	372	320
洗涤护理	北京福奈特洗衣服务有限公司	104 000	1 492	1 316
足部护理	南京足生堂企业管理有限公司	226 042	667	658
经济型酒店	上海如家酒店管理有限公司	841 665	3 712	2 749
经济型酒店	华住酒店集团	817 020	3 746	3 075
经济型酒店	锦江之星旅馆有限公司	788 394	1 329	1 055
汽车后市场	驰加（上海）汽车贸易用品有限公司	500 000	1 405	1 400
汽车后市场	江苏康众汽配有限公司	180 000	530	120
汽车后市场	广州华胜企业管理服务有限公司	131 000	191	54
家装服务	东易日盛家居装饰集团股份有限公司	364 671	91	58
教育培训	北京红黄蓝儿童教育科技发展有限公司	620 236	1 820	1 721
教育培训	北京阿博泰克北大青鸟信息技术有限公司	226 273	207	205
便利店	东莞市糖酒集团美宜佳便利店有限公司	1 224 080	11 659	11 657
便利店	上海福满家便利有限公司（全家）	802 580	2 181	1 496
便利店	7-11中国	480 000	1 644	483
便利店	山西省太原唐久超市有限公司	429 646	1 435	1 364
便利店	罗森中国投资有限公司	310 959	1 399	663

资料来源　中国连锁经营协会. 2017特许连锁百强名单［EB/OL］.［2018-05-31］. http: //www.ccfa.org.cn/portal/cn/view.jsp?lt=37&id=434869.

7.2 特许连锁经营的策划与实施

7.2.1 开展特许连锁经营的六大步骤

特许连锁经营从制订计划开始到加盟店开业后的服务与管理为止，需要经过许多详细的运作环节，可以归纳成六大步骤（如图7-1所示）。

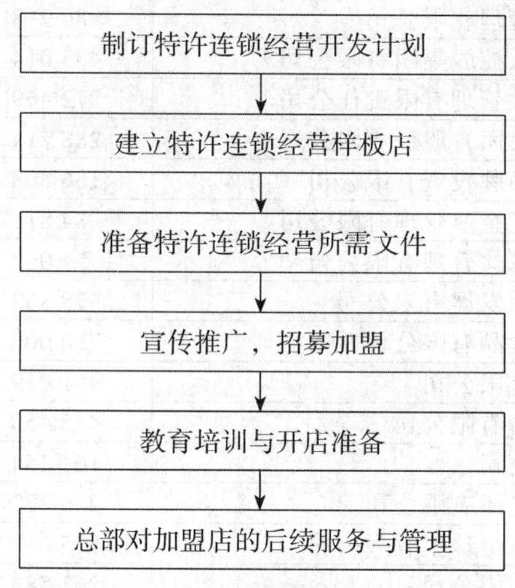

图7-1 开展特许连锁经营的六大步骤

1） 制订特许连锁经营开发计划

凡事预则立，不预则废。特许连锁经营也是一样，要获得成功，首先必须制订周密的计划。尽管特许加盟体系是在总部进行了成功的直营连锁基础上发展而来的，但管理特许连锁体系毕竟与管理直营连锁体系不同，在很多方面还需认真规划。一般来说，特许经营计划应该包括特许组织架构设计、选择特许经营方式、加盟区域战略、加盟费用确定等内容。

2） 建立特许连锁经营样板店

要说服投资者，使其加盟特许经营网络，最好的办法莫过于建立自己成功的样板店。通过样板店的经营，一方面可以检验总部的经营模式是否可行，并在试验中获取经验，不断改进完善；另一方面成功的样板店可以得到社会的承认及投资者的认可，打消投资者的疑虑。因此，样板店的选址与经营是加盟总部在实施特许经营计划之前必须慎重考虑的问题。

3） 准备特许连锁经营所需文件

特许连锁经营作为一种知识产权的转让方式，当加盟总部将其经营模式许可给投资者时，还必须准备一系列文件，以备宣传推广、潜在投资者查询、签约、岗前培训和将来管理之用。这些文件包括特许合约、公开的宣传资料、培训材料、具体操作手册、公司章程、管理制度等，此外，还包括配合宣传推广的光盘、发展加盟店必备的表格等。

4）宣传推广，招募加盟

在一个新地区开展特许连锁经营时，宣传推广活动是必不可少的一个重要环节。与其他公司的宣传推广不同，其他公司主要是吸引消费者，而加盟总部的宣传推广既要吸引消费者，又要吸引投资者。在业务开展的前期，宣传推广的对象应着重放在投资者身上。推广的方式主要有媒体推广、展览会推广、人员推广和店头POP推广。

5）教育培训与开店准备

当加盟者正式签约后，总部必须对新加盟者进行岗前培训，内容包括：开业所必需的准备事项，设备的操作、维护，店铺经营技巧，人事、财务、销售管理方法等。培训结束后，即进入开店前的准备工作，如店址选择、店铺装修、设备购置、商品进货和陈列、开业促销计划等。这些准备工作往往由总部派专人协助加盟者完成，直至开业后走上正轨。

6）总部对加盟店的后续服务与管理

不要以为店铺开业后就万事大吉，更繁杂的工作还在后面。为了使加盟店永远保持最佳状态，总部还需不断提供各种后续服务，包括提供货源、改进产品和质量、实地监控、解决现场技术问题、整体业务咨询、广告和促销策划等，以协助加盟店开展业务，保障其经营成功。

7.2.2 特许连锁经营策划

如前所述，一家连锁企业要构筑成功的特许网络，必须制订周密详细的计划，即要做好充分的准备工作。这些准备工作包括：

1）建立特许组织架构

开展特许连锁经营是一项特别繁重的工作，总部是否健全直接影响特许业务的开展。总部在向外出售特许权之前，应先对内部机构的设置及担负的职能进行审视，分析一下它们是否能满足特许连锁经营的需要。根据不同行业及企业不同发展阶段，特许机构的设置有不同方式，没有普遍适用的标准。一般来说，成熟的连锁企业加盟总部都专门设立一个特许事业部，又可细分为开发部、培训部、管理督导部等，每一个部门的具体职责均应落实到人。

2）确定特许经营方式

确定特许经营方式是十分重要的，因为这关系到许多具体策略的拟定和实施。特许经营方式归纳起来主要有两种：一种是单店特许，即连锁总部逐家直接发展加盟店，7-11便利店在日本的特许业务基本上就是单店特许；另一种是区域特许，即连锁总部将某个地区的特许权许可给一个加盟者，再由该加盟者在该地区开设加盟店或招募加盟者，7-11便利店在海外的特许业务基本上就是区域特许。每一种特许方式都有各自的特点，国内目前最常见的是单店特许。这种方式在特许经营企业开创初期常被采用，许多连锁企业总部在发展到一定阶段后往往开始考虑区域特许，而此时由于单店特许合约已很难更改，工作十分被动。因此，选择何种特许经营方式在业务开展之前就应明确下来，从而避免走弯路。

3）制定加盟区域战略

许多连锁企业在初创时，对加盟者往往来者不拒，迫不及待地授予任何地区、任何人特许权。但如果加盟店在加盟总部管理及供应能力范围之外，不能得到总部有力的支持和及时的货源供应而导致失败，将会影响特许经营企业日后在该地区的发展。即使勉强维持下去，也将耗去总部大量的管理力量。因此，即使是新成立的连锁企业总部，也不能饥不择食，匆忙开店，而应事先确定重点开发区域，采取层层推进的方式，有选择、有步骤地开展业务。

4）完善加盟业务运作程序

连锁经营的一大特点就是各门店营业方式统一。能否使每一位加盟者按照统一的运作程序规范经营，是每一家有意从事特许连锁经营的企业必须重视的问题。在这方面，运作程序的科学化、简单化、系统化扮演着极为重要的角色。总部应该将经实践检验成功的经营方式和操作过程总结出来，写成详细明确的营业指南，供加盟者随时参阅，有效开展工作。当然，没有任何一个运作系统是一成不变的，因此，修订程序也必须明确、及时，以便使新的操作方式能立即得到有效执行。

5）确定项目推广策略

总部开展特许经营初期或者在一个新地区推广特许经营业务，宣传推广活动是必不可少的。总部可采取的方式有很多，诸如广告宣传、展销会推广和人员推广等，而每一方式又有多种选择，如广告宣传中的媒体选择等，这些问题总部事先都应统筹安排，包括推广方式、推广人员、推广材料、推广费用、推广时间、推广地点等。事前准备越充分，事后推广效果也越好。

7.2.3 完善特许加盟合约

现代社会是契约社会，起源于美国的特许连锁经营方式也始于契约、终于契约。特许合约是加盟双方就特许内容、权利和义务等达成的一种协议，是规范合作双方的法律文件，也是特许连锁制度得以存在和运作的重要保证。加盟总部之所以要实施特许经营计划，就是要借助加盟者的资金、人力、热情迅速扩展自己的事业。如果某一家加盟店不按总部的要求去经营，与总部设计的企业形象相违背，就会破坏整个系统的信誉；而要约束加盟店的经营，使其同总部的要求步调一致，仅仅靠加盟者的口头承诺是不行的，必须通过特许合约来进行法律约束。

加盟者想投资加入某个特许系统，主要目的是得到总部已经打响的招牌及各种支援，减少自己艰苦创业的风险及经营上的后顾之忧。那么，总部的各种支援是否能及时提供、各项服务是否有充分保证，仅靠口头承诺也是不行的，同样需要制定特许合约来维护加盟者的利益。

由于各个特许经营连锁系统的经营内容、经营方针、服务能力等不尽相同，因此，合约的内容会千差万别。但是，作为特许连锁经营合约，无非都是规定加盟总部与加盟者双方的权利与义务，其基本核心内容主要包括以下几个方面：

1）商标、商号等的使用

在绝大多数特许连锁体系中，加盟总部拥有以下无形资产：①贸易商标或贸易名称，以及相应的商誉；②一种商业模式或一个体系，其各个要素均记载于一本手册中，有些内容可能是商业秘密；③在某种情况下，可能是一种制作方法、秘方、专门技艺、设计图样和操作文件；④上述某些项目的版权。在签订加盟合约时，应准确、清楚地说明总部拥有的无形资产，以及授权加盟店使用这些无形资产的种类和范围。

2）加盟总部提供服务的种类和范围

合约中要详细说明总部将对加盟店提供哪些服务项目，这些服务包括开业前的初始服务和开业后的后续服务。初始服务主要有选址、店铺装修、培训、开店设备的购置、融资等。后续服务包括：总部对加盟店活动实施有效的监控，以帮助保持标准化和获得利润；总部持续进行操作方法的改进及革新并向加盟店传授；总部进行市场调查研究并向加盟店传递市场信息；总部开展集中统一的促销与广告活动；总部向加盟店提供集中采购的优惠货源；总部专家向加盟店提供管理咨询服务等。合约应详细列出这些服务项目，这是对加盟店利益的一种法律保护。

3）加盟店的义务

加盟店在取得总部的各种无形资产的使用权，并得到总部的各项服务支持，使自己的经营迅速站稳脚跟、走上正轨的同时，必须付出一定的代价，并承担相应的责任。为了让加盟者明确自己的责任与义务，也为了敦促加盟者履行职责，必须将这些事项也详细列入加盟合约中。虽然在合约上只有总部和加盟者作为立约人，但总部为建立一套完善的业务制度，一般都加入一些条款确保其他加盟店及公众的利益，因为任何一间加盟店不能维持应有的水准，或多或少都对特许连锁经营体系的声誉有所损害，继而影响其他加盟店的利益，所以在合约内应列明双方在合作中的义务来维持各方面的利益。一般情况下，操作手册或营业手册有一些内容涉及加盟者应履行的义务，并作为加盟者开业后的经营活动参考指南。随着特许经营体系的发展，操作手册将不断更新和完善。

4）对加盟店的经营控制

特许经营要求各加盟店的经营业务及经营方式高度统一，使各加盟店形成统一经营的外在形象。如果其中一家加盟店没有按总部的统一要求去经营，就会破坏这一整体外在形象，使整个特许系统的声誉受到损害。因此，总部必须对加盟店实施有效的控制，以保证经营标准和规范得到一丝不苟的贯彻执行。总部采取什么方法控制加盟店的经营，应详细列入合约中，以得到加盟者的理解和接受。

除了以上内容外，合约一般还包括合约期限、地域限制、营业时间规定、加盟店转让规定、营业秘密的遵守等内容。

小资料7-1　特许合约的基本格式

一、合约当事者

1.指出合约当事者；

2.合约当事者的关系（不存在代理关系）。

二、序言

1.合约的观念、宗旨、目的；

2.合约解释的标准；
3.合约的适用范围。
三、定义
四、特许经营权的授予
五、允许商标等的使用
1.允许使用对象的登记或注册；
2.使用方法及管理。
六、特许经营权的地区和商店的所在地
七、特许连锁总部的经营指导及技术援助
1.资料的提供；
2.指导；
3.进修及培训。
八、促进销售
1.总部的促销方法；
2.总部对促销活动的援助；
3.有关加盟店在促销活动中的义务等事项。
九、加盟店筹办的物品
1.物品的种类、品质、数量；
2.筹办的方法。
十、加盟店的支付义务
1.支付的理由；
2.金额的计算；
3.支付的时间、方法以及其他条件。
十一、加盟店销售的商品及服务的质量管理
十二、其他有关加盟店营业的重要事项
1.有关会计事项；
2.加盟店专心致志营业的义务。
十三、合约的期限、终结及变更
1.合约的期限及更新；
2.解除合约的事由及解除合约的方法；
3.其他合约终结原因及手续；
4.合约终结时应处理的事项。
十四、其他合约事项
1.免除责任条款；
2.合约的转让；
3.连带担保、财产抵押及其他提供担保的事项；
4.管辖仲裁的一致意见、仲裁条款及有关解决纠纷的事项；

5.合约的修改；
6.合约的签订时间；
7.运营规则，其他与合约书有关的补充文件。

7.2.4　确定合理的加盟费用

如何确定合适的加盟费用，对总部来说是一个非常关键的问题，它直接影响到特许经营企业能否顺利发展。因为投资者在费用方面通常相当敏感，费用定得太高，投资者不能获得期望的利润，自然不会对该项业务感兴趣，即使加盟进去，不久也会退出；费用定得太低，总部利益就会受损，甚至无法弥补所提供服务的费用开支，将得不偿失。无论如何，总部都应该尽早拿出一套合理的收费方案，确定加盟费用水平及收费方式，以便制定合理的预算，弥补管理费用，并取得足够的盈利。

1）加盟费用的种类

加盟者向总部交纳的加盟费用一般包括以下几类：

（1）加盟金。加盟金也称为首期特许费，是加盟者在加盟时向总部一次性交纳的费用，它包括加盟者有权使用总部开发出来的商标、特殊技术等费用，体现了加盟者加入特许系统所得到的各种好处的价值。

（2）保证金。保证金作为今后交纳各项费用及债务的担保，同时也带有总部向加盟店所提供商品的预付金性质。

（3）权利金。权利金是总部为对加盟店进行经营指导而收取的费用，由加盟店按期交纳。权利金的计算方法依行业不同而不同，如便利店一般为毛利的30%～50%，快餐店一般为销售额的5%～10%，出租业按租金收入的6%～8%收取，小酒馆按店铺面积收取，还有定额包费等。

（4）违约金。违约金是指如果违背合同中规定的义务及禁止事项，要按合同规定向受损害的一方交纳违约金作为赔偿。

（5）其他费用。其他费用包括店铺设计及施工费、培训费、广告宣传费、设备租赁费、财务业务费、意外保险费等。

2）加盟费用的确定依据

上述费用可以分为加盟店开业前交纳的前期加盟费用及开业后运作时交纳的后续加盟费用两大类。前期加盟费用包括总部招募、评估、培训、寻找店址等全部费用，在有些情况下，它还包括因特许经营体系不断成熟和商誉提高而增加的特许权费用。关于如何确定前期加盟费用，有人认为应尽可能降低前期加盟费用，以便加盟者的开办费用能降至最低；另一些人则认为应定得高些，因为前期加盟费用是总部获得收益的重要来源，这样总部可以立即获得大量现金收入和利润，解决业务经营所面临的问题。一般情况下，前期加盟费用占加盟者全部投资的5%～10%。例如，如果开办一家特许加盟店的投资是50万～60万元，则前期加盟费为2.5万～6万元。当然，对于那些声望较高、利润也较高的特许总部来说，这笔费用可能更高。

后续加盟费用是加盟者开业后每隔一定时期都必须支付的，有的按月支付，有的按年支付。它包括总部向加盟店收取的管理服务费用和广告费用等，一般按收入的百分比提成，也有的是确定一个固定费用。确定固定费用尽管能保持总部的收入水平不下降，但考虑到通货膨胀因素和将来的发展，这种方式有很大弊端，且加盟者不愿接受，因为他们对将来的经营业绩没有把握，担心所获利润小于加盟费用。而采用按收入的百分比提成，双方都更容易接受，加盟者很精确地知道他该付多少钱、如何计算这个数额，而且是在有收益的基础上支付的，没有后顾之忧。另外，总部的收益直接与加盟店的业绩挂钩，因而总部会不遗余力地给予加盟店全力支援；而总部可以从加盟者的业务发展中获利，并避免通货膨胀的影响。

分析后续加盟费用是否合理，主要的参考依据是加盟店的盈利能力，一家加盟店在一年内能赚取多少利润是最重要的影响因素。由于不同行业有不同的风险，不同的总部也有不同的加盟风险，在此我们只能用一个最常见的风险程度来分析。在中国香港，加盟一家特许商店的投资总额大约为55万～60万港元；在中国内地，开设一家加盟店的投资总额普遍在50万元左右。当然，这只包括前期加盟费用，未包括后续加盟费用。如何判断加盟费用是否合理的呢？从目前中国的经济形势来看，零售业的投资回报率在30%左右是比较合理的，这样我们就可以计算出每年合理的投资回报金额，再计算所得到的利润。计算公式如下：

投资总额×30%=每年投资回报金额=每年预期利润+加盟费用

即：

加盟费用=投资总额×30%-每年预期利润

根据上面的公式，可以在不同的投资总额上，在预测不同利润水平基础上计算出合理的加盟费用，同样，也可以在确定加盟费用的基础上计算投资者期望得到的利润水平。

3）加盟费用的影响因素

上面在分析加盟费用是否合理时，只考虑了加盟者所能获得的利润因素。事实上，加盟费用的高低受很多因素的影响，除了盈利因素外，还有以下几个方面：

（1）加盟总部的发展阶段。当加盟总部的特许连锁经营业务处在刚刚起步阶段时，其特许连锁经营概念还没有经受市场充分、彻底的检验，经营风险较大。为了吸引更多的投资者，扩大影响，加盟总部往往不惜以低价兜售特许权。而当加盟总部业务成熟，并拥有较好声誉和相当数量的加盟者时，往往会严格挑选加盟者，加盟费用也随之上升。最近几年中国香港一些颇受欢迎的特许连锁经营企业的加盟费用暴涨，正是因为它们已经进入成熟阶段。

（2）加盟总部提供的援助。加盟总部对加盟店提供援助的多少，是决定加盟费用高低的一个重要因素，因为加盟总部提供的援助越多，其管理费用支出也越多，用于弥补管理费用而收取的加盟费用也越多。例如7-11便利店，总部除了提供常见的援助外，还提供加盟店所需要的一切设备，加盟者不必负担这方面的投资。此外，它还提供定期盘点服务、簿记会计服务、融资服务等，其加盟费用比其他总部要高些，为毛利额的45%。

（3）加盟总部的管理水平。尽管加盟费用的高低与总部的管理水平有很大关系，但外人要一眼就能准确评估总部的管理水平是很难的。各行业的特征以及各家学派的学说，再加上总部的各种表现，外人往往只能看到形式而看不清本质。总部在开展特许业务时，不仅要使自己的管理品质真正上档次，而且要注意管理品质的外包装，即便是小到用来推广的小册子、小名片，也要印制精良，绝不能粗制滥造，以免损害公司形象。

(4) 加盟总部开展的推广活动。加盟总部开展的各项宣传推广活动，其费用往往由加盟者分担，并计入加盟费用中，因而加盟费用与总部开展的推广活动频率成正比，但它不一定与推广效果成正比。总部不能想做多少广告就收多少宣传费，一定要有计划地推广，并注重推广效果。

案例7-1 7-11、全家、罗森加盟费用比较

便利店的发展如火如荼，已成为新零售征途上的一道靓丽风景。下面比较一下三大便利店——7-11、罗森、全家——的加盟投资费用，看看它们有哪些不同的经营特点。

1. 7-11便利店

7-11总部对加盟商的筛选条件极为严格。严苛的加盟条件尽管可以保证门店的服务质量，使整个连锁体系健康、稳定运行，但也降低了希望短期快速回本的加盟商的投资热情。尽管7-11是世界上最大的便利店集团，全球有近6万家门店，它也是最早进入中国的便利店，但其在中国的加盟业务落后于全家和罗森。表7-2是7-11便利店在中国的加盟条件。

表7-2 **7-11便利店在中国的加盟条件**

项目 \ 加盟类型	特许加盟	委托加盟
店铺	加盟商自备	7-11提供
装修	加盟商自备	7-11提供
设备	7-11提供	7-11提供
准备资金	约70万元	约35万元
是否需要亲自参与运营管理	否	是
收入分配	抽成38%	毛利4万元以下的店，总部提成52%；毛利在4万~10万元的部分，提成68%；毛利超过10万元不足22万元的部分，提成78%

2. 全家便利店

全家同样是一家日资便利店连锁企业，成立于1972年，全球共有12 000家店。除了无微不至的日式服务细节，全家的强项是冰激凌、面包、盒饭、饭团等。截至2016年年底，全家在中国一共开设了1 810家便利店，其中1 267家是加盟店。表7-3是全家便利店在中国的加盟条件。

表 7-3　　　　全家便利店在中国的加盟条件

项目＼加盟类型	特许加盟	委托加盟
店铺	加盟商自备	(1) 加盟商承担1/2房租； (2) 加盟商不承担房租
装修	加盟商自备	全家提供
设备	全家提供	全家提供
准备资金	加盟费6万元，保证金15万元，装修费30万元。合计约60万元	加盟费6万元，保证金20万元，其他。合计约30万元
是否需要亲自参与运营管理	否	是
收入分配	月销货毛利×70%	(1) 毛利额4万元以内，分配70%；4万元以上部分，分配50%；(2) 月销货毛利×38%

3. 罗森便利店

罗森在日本是规模仅次于7-11的第二大便利店集团，罗森和7-11的发展之路非常类似，同样诞生于美国，在日本快速发展壮大。截至2016年年底，罗森在中国开了1 003家便利店，其中481家是加盟店，大部分开在上海。表7-4是罗森便利店在中国的加盟条件。

表 7-4　　　　罗森便利店在中国的加盟条件

项目＼加盟类型	特许加盟	委托加盟
店铺	加盟商自备	加盟商自备
装修	加盟商自备	加盟商自备
设备	罗森提供	罗森提供
准备资金	加盟费6万元，杂费1万元，装修费14万元。合计约20万元	加盟费5万元，杂费1万元，装修费14万元。合计约20万元
是否需要亲自参与运营管理	是	是
收入分配	加盟商65%，罗森35%	加盟商65%，罗森35%

问题：三家便利店加盟商的总投资水平不同体现了三个品牌在哪些方面的不同特点？

资料来源　超市周刊（公众号），2017-03-24.https：//mp.weixin.qq.com/s/qnruPGB0rljiRpPZVBVrbA.

7.2.5　招募合格的加盟商

1）合格加盟商的标准

对于加盟总部来说，特许连锁企业是否能成功，选择合适的加盟者是关键因素之一。总部与加盟者之间的关系并非雇佣关系，而是唇齿相依的伙伴关系，总部一旦选定了某位加盟者，在合同生效期间就不能随意解除合伙关系。而如果这位加盟者的素质达不到要求，将会对整个特许连锁系统造成极为不良的影响。有的加盟总部为了能尽快增加分店的数目，往往是来者不拒，结果在真正展开业务的时候，才发现一些加盟商的条件不符合需求，这不仅影响整个体系的运作，也造成了不少管理上的问题。

一个合格的加盟者应具备以下几方面的条件：

- 工作经验丰富并有一定的管理水平。
- 对特许经营及本公司的理念比较了解。
- 有强烈的事业心。
- 有一定的资金或融资能力。
- 身体健康，婚姻状况正常。

特许连锁企业的发展壮大依赖加盟者的全身心投入，这一点可以从麦当劳的发展中得到证明。加盟总部在开展特许连锁经营之初，就应明确加盟者所应具备的条件。例如，一些零售加盟体系在招募加盟商的时候，要求加盟商必须亲力亲为，负责分店管理；还有一些加盟总部在招募加盟商时，只招收不是同行的人，以确保对方不会有既定观念或自以为是的态度。加盟商的招募条件若能明确规定，将有利于加盟总部找到合适的合作伙伴，为长远的互惠互利关系铺路。

2）选择招募加盟方式

招募加盟方式基本上可以分为两类：由申请者主动接洽和特许连锁企业主动寻求。处于发展初期的特许连锁企业由于不具备较高的知名度，大都选择主动出击；而较具知名度的企业则主要接受申请者的接洽。下面介绍一些企业主动出击的招募加盟方式。

(1) 媒体招募。传统的招募方式仍以媒体传递信息为主，传递的信息主要包括基本的加盟条件和联络方法等。连锁企业在选择媒体时，要注意其传播地区、传播目标及接触频率等条件，以形成媒体组合功能。常用的媒体包括电视广告、报纸广告、杂志广告、车厢广告等。此外，如果本行业拥有针对目标顾客或连锁会员发行的刊物，也可以视为一个好的媒体而加以宣传。

(2) 特许经营展览会。国内外经常有中介机构或行业协会组织举办特许经营展览会，会上除了展览各种业务外，还举办相关主题的研讨会，这种形式对特许连锁企业和加盟者来说都比较容易接受。但是，目前各种展览会鱼目混珠，连锁企业最好对组织者的资格和能力进行审查，核实之后才能参加，否则交了展费也可能达不到应有的效果。

(3) 人员招募。有的特许连锁企业设有专职的特许业务拓展人员负责加盟工作，对于潜在加盟者或地段不错的独立店，他们经常会采取主动约谈的方式，说服店主加盟特许经营企业；对于零散的有意向的加盟者，也会由专职人员负责解释和说服工作。此外，鼓励其他员工或现有加盟者介绍的方式也常被采用，由于连锁企业员工和加盟者对本企业及加盟条件比较熟悉，更容易打消潜在加盟者的疑虑。

(4) 店面POP宣传。开展特许经营的连锁企业通常拥有相当数量的门店，所以在店面进行POP宣传是常用的招募方式。一方面，这种方法成本费用较低；另一方面，潜在加盟者在门店出现的可能性较高，配合门店的业务展示及实际的经营状况，通常比文字和口头宣传更具说服力。

3）谨慎控制加盟速度

与其他两种连锁经营方式相比，特许连锁经营的一个显著特点就是可以使企业突破资金和时间的障碍而在短时间内取得飞速发展。在现实中，我们也常常看到许多连锁总部存在急于扩张的倾向，对所有申请加盟的人来者不拒。然而，不加控制的过快发展有时会使企业陷入困境。因为高速发展会隐藏企业管理中的许多问题，尤其是在企业创业初期，这会使经营者看不到问题的严重性，以致问题不断扩大直至无法控制，这是许多连锁企业扩张失败的主要原因。当然，一家进取的企业应该谋求发展，但必须是谨慎的和有控制的。即使是比较缓慢的增长速度，也必须在条件允许的范围内才能实现，那种希望通过快速发展来解决当前管理中存在的各种问题的想法是十分天真的。

一家企业要充分认识到正在滋长的问题，抓住有利时机并能最大限度地利用自己的资源，就需要对迅速发展的特许网络保持严格的控制，保持独特的形象和实行标准化。这对于连锁总部而言是十分重要的，因为连锁总部面临的是一家家独立的企业而不是雇用的管理者。同时特许网络还是一个互动的体系，一些状况不佳的企业会影响其他企业的经营。控制不仅意味着规定标准，而且包括标准的执行，一旦发现加盟店在经营中误入歧途，就应及时提出警告并予以纠正；否则，企业会在连续的失误中走向失败。另外，在高速发展中，连锁总部的内部问题也不应被忽略，诸如后续服务跟不上、产品来不及持续更新、人力资源不足、监督出现漏洞、教育培训草率进行等，这些都可能使最初的努力付之东流。

小思考7-2　特许连锁经营可以帮助企业实现超常规的快速扩张，为什么企业对这种扩张速度必须持谨慎态度？

7.2.6　提升总部服务水平

1）不断开发新产品和新业务

特许经营体系的运作往往需要面对残酷的市场竞争。为了帮助加盟店提高竞争力，总部必须不断开发新产品和新业务。只有这样，才能在市场竞争中立足。总部往往设立专门的研发部门，根据市场调研分析、企业发展规划、顾客的需求偏好以及特许经营的特点，制订新产品和新业务开发计划。

总部除了要不断开发新的有竞争力的产品外，还需要不断开发新的业务，为加盟商寻找新的利润来源，提高加盟商的投资效益。这就需要弄清楚本特许品牌的主营业务和辅助业务，通过开发更多辅助业务来延伸特许品牌的产品线，挖掘利润源。例如，麦当劳曾代办公交月票、星巴克曾开发网络内容、7-11便利店有社区服务、同仁堂能代客煎药等，虽然有些业务是“赔本生意”，但吸引了顾客，提升了商店的人气，拉近了商店与顾客的距离。

以7-11便利店的社区服务为例，其提供的服务项目繁多，不少业务甚至成为其新的利润增长点。7-11便利店可以提供以下服务：①代缴费服务。代缴水费、电费、燃气费等，深圳7-11便利店还成为首家24小时代收中国移动话费的零售网络。②销售包括各类电话卡、手机充值卡、补换SIM卡、上网卡、游戏点数卡、网站点数卡、体育彩票、彩票投注卡，各类演唱会、展览会及讲座门票等。③代办各类培训的报名手续。

④代为订购。代订考试教材、潮流产品、礼品、车票、机票等。⑤其他服务。这包括冲洗照片、送货上门、提供手机充电、出售邮票、复印、传真、旅游服务等。如此众多的业务内容，让加盟者拥有更强的经营信心。

事实上，只要加盟总部扩大思路，跳出既有业务的框框，就能很好地进行业务延伸，为加盟者开拓新的利润源。例如，咖啡馆可以销售音像制品，销售与咖啡有关的器皿，销售高雅工艺品和艺术品，销售烟酒等商品；网吧可以销售各种网卡、游戏卡，销售饮料、食品、香烟等，提供复印、打印、下载、数据传输，提供广告展示等。有时候，总部只要改变业务组合，把服务划分为不同的档次，依据高、中、低档来收取不同的费用，就能既满足不同顾客的个性化需求，又能通过合理的业务设计提高加盟店的总体收入。

案例7-2　肯德基：产品PK你我做主

肯德基是美国跨国连锁餐厅，同时也是世界第二大速食及最大的炸鸡连锁企业，由哈兰德·桑德斯上校于1939年在肯塔基州路易斯维尔创建。自建立以来，肯德基以其美味的食品和快捷的服务迅速受到人们的赞许。肯德基1987年入驻中国，获得了巨大成功，在中国的发展势头甚至比在美国还迅猛。

在中国市场，肯德基遥遥领先于老对手麦当劳的原因之一是源源不断的新产品。其新产品开发战略完全是基于对中国饮食文化的了解和研究。西方人喜食牛肉、羊肉，而中国人喜食鸡肉和猪肉，所以在食材方面，肯德基用了很多鸡肉。中国顾客偏好油煎、油炸类食品，口味又偏辣，所以肯德基在中国的主打产品不是其闻名世界的美国原味鸡，而是后来为符合中国人嗜辣口味推出的辣鸡腿汉堡和辣鸡翅，它还为迎合北京人的口味推出了老北京鸡肉卷。中国人在食品选择方面重视养生，讲究营养均衡，所以偏爱稀饭、蔬菜等健康养生食品，所以肯德基不仅大力宣扬其科学的营养搭配，而且推出了中国人早餐常用的粥、蛋花汤和油条。以上产品均是肯德基为迎合中国的饮食文化而作的改变。

不仅新产品开发战略的思路与众不同，肯德基的推广思路也是全新的。2013年12月30日至2014年2月2日，“吮指原味鸡”在全国暂停售卖5周，取而代之的是“黄金脆皮鸡”。该活动还邀请两位明星代言，消费者可以通过登录肯德基线上投票平台，为自己支持的产品投票，投票结果将成为肯德基决定产品去留的重要参考因素。

快餐产品的频繁更替使经营者都将产品“上新”做成了常规宣传活动，无非就是打个广告，告诉消费者出新品了，更有甚者就简单地在店面贴个海报告知。而肯德基将常规的产品调整工作直接搬上台面，将普通的产品上市炒成一个热点事件，赚足眼球。这样的做法不仅能引起话题，为老产品吆喝，又能为新产品造势，还能在大量的快餐广告中出位。同时，肯德基以互动PK的方式，将产品的去留权直接交给消费者，新颖大胆。虽然我们不知道消费者的意见是否会被采纳，但至少消费者有所参与、有被尊重的感觉，不再是简单的被告知。这也正是我们的企业应该思考的，如何转变思路，使产品决策由企业导向向消费者导向倾斜。

问题：肯德基在开发推广新产品中有哪些方面可以借鉴？

资料来源　佚名.肯德基：产品PK，你我做主［J］.销售与市场·评论版，2014（2）：10.

2）不断完善培训体系

培训是成功进行特许连锁经营的核心所在，是加盟总部发展计划中非常重要的一部分。特许连锁经营在某种意义上是一种成功经验的不断复制，这种复制依赖知识和技能的有效传播，培训将培养加盟者成功所必需的技能、知识、经营理念，尤其是对那些毫无行业经验的加盟者而言，培训就是将外行转变成内行的有效途径。一般而言，加盟总部对加盟者的培训主要有三个阶段：

（1）开业前培训。加盟双方一旦签订特许合约，加盟者就要按规定接受总部的培训。培训时间一般在门店开业前一周或一个月，有的甚至更早，例如麦当劳公司的培训要提前半年以上。这个时期的培训一般以课堂讲授为主，也有现场实践。加盟者在课程完成之后往往还需要在样板店实习一段时间，经考试合格之后方能独立开店。授课的内容非常广泛，包括连锁总部方针政策、人员管理、采购、销售、促销、财务管理、操作技能等。这些内容被写在一本培训手册中，培训手册涵盖了所有特许连锁企业的制度和运作程序，是特许连锁企业知识产权的综合。

（2）开业培训。开业培训是在加盟店正式营业的初期对加盟者进行的现场培训。总部会派出培训部成员或督导员与加盟者一起工作，解决开业时所面临的各种难题。当然，有些小规模的特许连锁企业还无法提供这一培训服务，这也是考验总部服务水平的一个重要环节，因为这类培训对加盟者而言是十分重要的。课堂讲授的知识要转变成加盟者的实际经验还是有一段差距的，即使加盟者在样板店实习了一段时间，但由于各门店所面临的问题不一样，在加盟店刚开张时各方面尚未走上正轨，此时加盟者非常希望总部能扶持一把。大多数总部相信，从开业前培训到开业培训最好由同一培训员提供服务，这种亲近感有助于加盟双方建立良好的业务关系，并赢得加盟者的忠诚。

（3）后续培训。总部对加盟者的后续培训没有统一模式，其方式因企业不同、行业不同而大不相同。有些总部在开业之后再没有开设正规的培训项目，而是将后续培训交给督导员去做；有些总部在季度、半年或年度的交流会上提供培训；还有些总部则在需要时就加盟者感兴趣的话题举行研讨会。一些大型特许连锁企业制订计划进行定期的再培训，保证加盟者的知识不断更新。

3）建立科学的督导制度

连锁总部对各门店的营运控制除了提供一系列完善的经营指导与营运标准外，还必须派出优秀的督导员对各门店的工作进行监督与指导。督导员是总部与门店联系的桥梁，其基本职责是贯彻总部的政策和营业标准，指导和监督各门店的业务运作。其具体内容包括：

一是信息上传下达。督导员每天都必须对自己负责的门店进行巡查，将门店或市场的情况及时上报总部，同时将总部的指令和政策准确无误地传达到各门店，并监督其执行。

二是业务核查及指导。根据总部的标准运作规范，督导员要核查各门店是否能按照总部的经营手册来运作，或者检查加盟店是否有违背合约的情况发生。在进行业务核查的同时也进行业务指导，如招牌、宣传画、装饰物如何摆放、张贴才更合理，服务人员的服务礼仪、语言如何才算符合规范，以及促销活动如何实施等。总部往往会设计及印制督导员工作检查表，以便督导员在对门店进行业务核查时使用。

三是帮助门店解决营业中的问题，不断提升业绩。督导员每日巡查可以及时发现门店在营业中存在的问题，这些问题可能包括选址不当、门店布置不当、服务不规范、商品陈列不科学、员工操作技术不熟练、竞争店的竞争性促销力度增加等。督导员的一个重要工作就是帮助门店找出解决问题的有效办法，促进门店销售，创造更多的利润。

由于督导员肩负着总部对门店的大部分后续服务工作，他需要独立解决门店经营中出现的所有问题，需要监督门店不折不扣地执行总部的各项政策，其素质高低对连锁总部经营模式的“复制”和门店的成功起着重要作用。因此，总部必须严格挑选督导员并对其进行全面的培训。一般来说，督导员必须具备丰富的基层工作经验、扎实的专业功底、良好的沟通技巧和强烈的责任心，对总部和门店的运作了如指掌，并与门店建立良好的人际关系，增强门店对总部的向心力，最终使连锁企业在顾客心目中树立良好的企业形象。

4）提升物流信息系统效率

连锁经营的一个基本条件就是建立一套高效率的物流信息系统，特许连锁经营也是一样。因为总部的仓储中心、配送中心、生产中心、培训中心等部门以及下属各加盟店一起构成了一个庞大的经营网络，要使这个网络的每一个组成部分都步调一致、有效地运转，没有一个以电脑管理为中心的物流信息系统是很难协调的。

物流信息系统工作效率的高低将直接影响企业的经营状况。例如，如果商品库存不足而采购又不及时，就会造成加盟店缺货。缺货会带来两方面的损失：一是失去交易机会，造成现实损失；二是使顾客产生不信任感，损害企业形象，造成潜在损失。另外，当总部支出大量费用进行广告宣传时，如果物流系统不能及时将商品送往加盟店，那么广告费用将付之东流。正如一句名言：“何时冰箱不称其为冰箱？当人们在休斯敦想要它时，它却在匹兹堡。”

统一超商（它是台湾地区7-11便利店独家运营商）是台湾地区成立最早、发展最快的便利店。在创立初期，其经营者就意识到：对便利店来说，缺货是不能忍受的一件事，订货数量的失控会导致许多顾客流失。于是，他们成立了“POS系统购进小组委员会”，从美国、日本取得最新商店自动化资讯，然后对该公司本身的经营情况及未来发展进行仔细研究和详细评估，先后导入了POS系统和EOS系统。借助电脑和网络，统一超商除充分掌握各分店的销售状况外，还降低了库存，节约了成本，简化了订货手续，节省了营运时间，真正使连锁企业获得了规模经营效应，从而奠定了其在商界不可动摇的地位。

7.3 营造良好的加盟关系

7.3.1 良好加盟关系的三个层次

特许经营是建立在加盟双方良好关系基础之上的，这种良好关系的建立需要经过三个层次，即法律关系、合作关系和战略伙伴关系（如图7-2所示）。每提升一个层次，双方的关系就向前迈进一步，直到加盟双方互相依存，成为唇齿相依的战略伙伴。要达到这一步，需要双方共同努力。

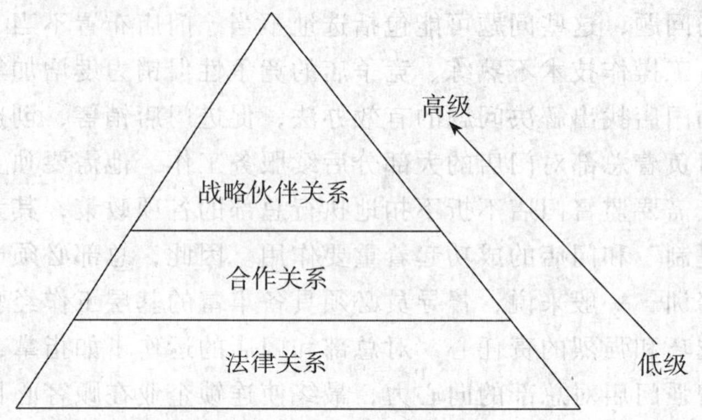

图7-2　加盟关系的三个层次

1）基础层次：加盟关系是法律关系

无论加盟双方的关系最后发展到哪一步，最初都是从基本的法律关系起步的。加盟合约是维系加盟双方的纽带，它确定了双方的法律义务和责任。根据合约，总部允许加盟者使用自己的全套经营模式，并要求加盟店不折不扣地执行，总部对加盟店有监督、指导的权利，并有培训、支持、服务的义务。加盟者有权使用总部的所有商业标识，并有义务维持原有的经营方式，向加盟总部交纳相应的费用。这些权利和义务均受到法律保护，只要合约存在一天，加盟双方就必须按此合约内容行事，任何一方都要承担一定的法律责任。特许经营中加盟双方法律关系的特点，使之与直营连锁经营和自由连锁经营区别开来。直营连锁中总部与分店的关系是上下级隶属关系，分店的经营完全通过企业内部行政命令由总部控制；自由连锁中总部不能控制分店的经营，总部与分店是在自愿平等的基础上进行的一种合作，这种合作不受法律保护。

加盟合约将总部与加盟者紧紧地连在了一起，虽然法律关系是加盟关系的基础，但是，法律合约并不能保证加盟双方相互之间的建设性关系。在我国特许经营实践中，一方终止合约的情形经常发生，双方互相抱怨和发生冲突的现象大量存在。因此，双方的良好关系还需要进一步发展，从法律关系过渡到合作关系。

2）中间层次：加盟关系是合作关系

毫无疑问，特许经营成功的关键不是法律保护，而是靠合作、理解和团队精神，这些东西主要不是来自法律协议，而是来自基于伦理道德的交往、强有力的领导和一方对另一方目标的尊重。合作关系更多地体现出“双赢”关系，是双方建立在共同利益基础上对合约的理智遵守。因为双方经常沟通，彼此都很清楚对方的价值。没有对方的配合，自己就无法运转；一旦对方的价值消失了，合作也就到了终点。所以，这种关系与其说是合作，不如说是利用。为了维系双方的合作关系，彼此都要努力让对方满意，并证明自己的价值所在。

在一篇名为《加盟连锁经营现代化实态调查》的研究报告中，研究者揭示了加盟者对特许经营体系的满意因素：

（1）加盟店的店数越多，满意程度越高。

（2）加盟年数在3年以内者不满程度较高，年数多者满意度高。

（3）与专营者相比，兼营者不满情绪较高，不满的内容包括价格限制、缺乏自由、不易获得预期收益、营业时间较长、对发展缺乏信心等。

（4）权利金高，但总部提供较好服务时，不满感较低。

（5）总部派指导人员巡店的次数，一月不足1次的为43%，1~2次的为28%，3~4次的为16%，4次以上的为9.4%。指导人员巡店次数越多，不满程度越低。

如果双方在合作中都努力地增加对方的满意程度，则这种关系将有可能进一步发展为战略伙伴关系；如果双方不顾对方利益，只从自己的角度出发考虑问题，合作中不可避免会出现矛盾和冲突，满意度将随之下降，则双方可能退回到基本的法律关系。但经常处于冲突之中的法律关系也不会长久，法律只能保护各自的合法利益，不能保证关系不会破裂。

3）最高层次：加盟关系是战略伙伴关系

一辆前进中的自行车，是操纵的力量更重要，还是踏板的力量更重要？相信人们都明白两者同样重要，因为离开任何一个，自行车都无法前进。加盟关系也是一样，每一方都是极其重要的，双方谁也离不开谁。就像一桩美好的婚姻，虽然双方都是独立的个体，但已经水乳交融、亲密无间。如果加盟关系达到这一程度，便进入了最高层次，即战略伙伴关系层次。

在战略伙伴关系中，加盟双方会不断找到新的方式为彼此带来更大的价值，双方有共同的价值观，建立了互相认同的企业文化；双方共同探讨如何建立长期稳定的合作关系，如何更好地满足最终顾客的需要以增强特许经营体系的竞争力。目前，越来越多的加盟总部慢慢地不再关注自己的业务发展，转而关注建立能为加盟者和最终顾客提供附加价值的关系，并且以加盟者和最终顾客的满意度作为衡量成功的标准。这就要求加盟总部的所有员工和部门能够像团队一样共同为加盟者和最终顾客服务，这将赢得加盟者和最终顾客的高度忠诚。在这方面做得较为成功的是Kwik Kopy公司，该公司聘用学生每月打电话给每位加盟者，询问是否已经接受了服务以及加盟者还需要哪些服务；该公司不断寻找能为彼此提供更大价值并能帮助彼此改进系统和运营的方式；该公司还建立了复制俱乐部，亦即加盟者俱乐部，这项举措使加盟者之间以及加盟者与总部之间建立了良好的沟通渠道。

从上述三个层次的加盟关系中可以看出，良好的加盟关系是一步步发展起来的，而不是从一开始就自发形成的。要形成战略伙伴关系，加盟总部的作用尤为重要，因为加盟总部与加盟者的实力是不对等的，信息是不对称的，加盟总部在双方的关系中居于主导地位。如果总部一开始就能对加盟者抱有正确的态度，则双方关系很快就能上升到合作关系和战略伙伴关系。

加盟总部对加盟者的正确态度是：

- 利润伙伴；
- 我们尊敬的人；
- 我们特许经营体系中的一部分；

- 我们希望他（她）是成功者；
- 我们的内部顾客；
- 对我们品牌、运营体系与支持体系的投资者；
- 我们的分销商；
- 有好主意的人；
- 市场份额的开发者；
- 成长战略中的关键元素。

7.3.2 良好加盟关系的回报

大多数加盟总部和加盟者赞同这样的观点，即良好关系使其经营更加愉快。但良好关系的作用并不局限于此，许多人低估了良好关系的功效。在2003年国际特许协会年会上，麦当劳的董事长杰克·格林博格（Jack Greenberg）在回顾这个全球最大的特许企业50多年的成长历程并展望新世纪的发展前景时，把与加盟者的合作及相互间的支持、沟通与尊重视为麦当劳的基本法则和制胜之道。从中可以看出良好关系的重要商业意义。

具体来说，加盟双方之间建立良好的合作伙伴关系有如下好处：

（1）它会使特许经营体系中的每个成员都能全力以赴地投身于事业的发展。每一项事业的成功都需要参与者全身心投入，需要一种持续的动力。如果双方关系良好，加盟者会严格贯彻总部的指令，积极参加总部的会议和培训并鼓励潜在的加盟者投资该系统，其产生的效果是惊人的；反之，如果双方关系出现裂痕，动力和投入就会下降，危机随之产生，双方不再积极发现问题、解决问题，而是不断制造问题、扩大问题，最终使整个特许经营体系逐渐瓦解。事实上，许多企业不是被竞争对手击垮的，而是被内部矛盾和冲突击垮的。

（2）它是避免卷入法律纠纷的最有效手段。在特许经营中，加盟双方的合作关系虽然受到法律保护，但当双方真正求助法律来保障自己的利益时，任何一方在法律诉讼中都是输家，因为纠纷给品牌造成的负面影响以及双方在矛盾中的浪费和内耗远远大于诉讼费用和法律补偿，其带来的精神损失也是无法估量的。在竞争日益激烈的今天，如果你将更多的精力放在无谓的内耗上，竞争对手却在前进，最终你将被竞争对手抛在后面，也被顾客抛在后面。

（3）它能增强加盟者的归属感。归属感是推动企业发展的巨大动力，要让加盟者有归属感，就必须经常与加盟者联系，交换意见，让加盟者感觉总部是在真心实意地帮自己，加盟者自然会投桃报李，尊重总部的建议，尽力搞好经营。

（4）它能使总部在第一时间掌握市场行情。社会在不断进步，市场在不断变化，总部只有了解变化中的市场，及时调整经营策略，才能不被淘汰。而加盟店散落各处，一方面可以抓住各地的消费者，另一方面可以及时将市场信息反馈到总部。因此，与加盟店保持良好的关系和进行密切的联络，是总部掌握市场行情变化最直接、最有效的方法。

（5）它可以促进业务发展。虽然连锁经营讲求统一运作，但一些经营手法也不能墨守成规，必须随着市场需求的变化灵活调整，以保持竞争活力。要做到这一点，总部与加盟店之间就要互相配合，切不可认为改进经营方式只是总部的责任，加盟店只需照本本去做就行了。毕竟加盟店是直接面对消费者的，它们对消费者的需求最了解，对经营上的弊端也最清楚。所以，良好的关系能帮助双方维持密切的关系，可使加盟者积极参与经营管理。加盟者的参与对连锁体系的稳定发展非常重要，总部应多听取加盟者的意见，双方共同研究制订广告和营销计划，对产品以及连锁体系、手册和流程的调整进行讨论并根据加盟者的建议进行改善等，可以使整个连锁体系保持活力，不断发展。

案例7-3 百果园的加盟模式

2018年1月，百果园宣布获得15亿元以上B轮融资，估值85亿元。同时，百果园宣布开放对外加盟业务，加快扩张步伐。

实际上，百果园从一开始就采用了加盟模式。2002年，开到第六家店后，百果园就开始招募加盟者，前7年主要是松散型加盟。由于水果连锁在国内零售业中是新生事物，没有先例可循，百果园此时在品牌运营、加盟体系等管理上也只能自己探索。虽然做得很辛苦，门店也开了几十家，但品牌影响力越来越弱。加盟商的抱怨声很大，顾客的抱怨声也很大。

2004年，加盟店已经开到70多家，但百果园一直在亏损，创始资金也用完了。百果园创始人、董事长余惠勇说："我们好不容易赚的钱已经全部耗进去了，还在亏损，人还那么辛苦，真有不干了的念头。"

当时百果园已有的门店都是加盟店，很多加盟商之前没有做过水果生意，如果百果园撒手不管了，这些门店就只能倒闭。如果百果园提高供货价，自己或许能够渡过难关，但门店一样难熬。余惠勇说："最后还是一种责任。如果当时是直营店，我就关掉了。"这是一个非常关键而痛苦的抉择，他们选择借钱，继续开店，最终是合作伙伴给筹了一笔钱。自那以后，他再也没有过不干了的想法。2006年，百果园内部确立了一个目标："一生只做一件事，一心一意做水果。"

2008年，余惠勇下决心从松散模式转变为强管理模式。当年，深圳的一家媒体《第一现场》报道，顾客投诉百果园的门店把国产香蕉当成菲律宾香蕉卖。这件事的曝光对余惠勇的触动很大，他决定把过去的松散型加盟模式改成直营式加盟模式，全部由自己的员工去做。

这次抉择其实非常艰难，他甚至跟之前的加盟商之间起了一些比较大的冲突，一些不愿意跟着做直营的加盟商，百果园就让他们离开了。在内部，他们把这次选择叫做"生死大抉择"。事后他们说，如果那次没有下决心的话，百果园的品牌很可能早就消失了。

直到2017年，百果园开出了2 000多家门店，加盟商都是自己的员工。他们推出了"店长养成制"，每年每两家老店铺会产生一名新店长，负责新店的开拓管理。随着店铺基数越来越大，培养出的新店长越来越多，开店的速度也就越来越快。

经过长时间的强管控，百果园建立了自己的一整套管理系统。余惠勇认为，在这种体系下，加盟店不比直营店差，这也是支撑百果园现在放开加盟的一个基础条件。

问题：百果园是如何解决创业初期加盟双方之间的矛盾的？

资料来源 商业与生活（公众号），2018-04-03.https：//mp.weixin.qq.com/s/SACvJqKBay-V1dpxsR1peA.

7.3.3 化解加盟双方冲突

1）加盟双方冲突的原因

特许经营加盟双方存在与生俱来的冲突，加盟总部投入了大量时间和资本在前期建立了一个经过检验的商业模式，创立了一个市场认可的品牌，这种商业模式要求加盟者必须严格遵守其经营方式和质量控制水准。但加盟者作为分店的投资者，是分店的真正所有者，它为了分店的利益经常会产生自己的独立想法，并抵制任何限制。这种紧张的关系如果能处理好，就能创造令人兴奋的、充满活力的气氛，进而实现双方的目标——特许经营企业的发展和加盟者的独立与成功。然而在多数情况下，这种紧张的关系常常会导致许多冲突和纷争，进而会分散双方实现他们共同目标的时间和精力，这也是特许经营的风险所在。

冲突的产生往往是双向的，既有加盟者对总部的不满，也有总部对加盟者的不满。目前，国内外连锁总部与加盟者之间的纠纷不断出现。台湾地区有关机构的一次调查分别列出了加盟店对总部最不满意的前五项和总部对加盟店最不满意的前五项，具体如下：

加盟店最不满意的前五项为：（1）加盟店对总部所提供的营销支援与辅导不满意；（2）加盟店对总部所提供的商品品质不满意；（3）加盟店对于每月的营业额不满意；（4）加盟店对于采购限制、不得自行进货的看法与总部有分歧；（5）加盟店对总部所提供的商品价格不满意。

总部最不满意的前五项为：（1）加盟店对于总部所举办的促销活动不愿意配合；（2）加盟店对总部的政策配合度与执行力很低；（3）加盟店对总部所提供的商品价格不满意；（4）加盟店与总部对于商圈保障范围的看法有分歧；（5）加盟店不能依照合约签订的日期按时缴交货款。

可见，加盟双方发生冲突的原因是多方面的，要维持和发展加盟关系，双方要共同努力，从整个企业发展的大局和长远角度考虑，彼此做出一定的让步，并积极主动地解决出现的问题。在特许经营中，冲突是不可避免的，双方都要成为冲突的解决者，而不是冲突的制造者。只要坚持这一观点，即使经营中有再多的冲突，双方也能本着理解、冷静的态度共同商讨，渡过难关。

2）如何化解加盟双方的冲突

加盟总部与加盟者之间不是雇佣关系，而是合作伙伴关系。既然双方有了矛盾，就必须相互了解、相互沟通、相互交换意见。总部不能等到加盟者遇到问题找上门来才做出反应，而应积极与加盟者保持联系，尤其是在冲突出现时，双方应立即协商，不要等到冲突扩大，以至演变成危机。许多加盟总部都采用各种方法（如网络、走访、内刊、公告、手册以及电话）来加强与加盟者的沟通，互联网技术的发展为加盟双方的信息交流提供了最有效的手段，总部应充分利用这个手段，及时了解加盟者的情况。表7-5是某加盟总部在了解一些冲突的原因之后采取的解决方法。

表7-5　　某加盟总部对一些冲突原因的解决方法

冲突原因	解决方法
加盟者抱怨商品价格太高，没有竞争力	重新挑选优良的供应商，或督促现有供应商改进管理，降低原材料和产品的成本
加盟者抱怨广告促销方式落后，没有什么效果	重新设计宣传推广方案，接受加盟者的建议，下放一定的权力让加盟者自行做广告
加盟者抱怨运营手册不完整，许多问题找不到解决方案	利用加盟者的经验来帮助更新运营手册，借助特许经营顾问委员会提出问题的解决方案，完善运营手册
加盟者抱怨培训效果不佳	制订更完善的培训计划，选择优秀良好的培训师，改进培训方式
加盟者抱怨总部信息不公开	改进实时通信和沟通方式，设立24小时咨询热线，在公司网站上经常反映公司动态，增加信息透明度
加盟者抱怨总部对店址评估有误	评估并改进总部和加盟者对于选址的标准，协助加盟者迁移地址或进行补偿
加盟者抱怨总部的产品单一，缺乏竞争力	在充分的市场调查基础上，不断开发新产品，提高产品质量
加盟者抱怨督导员缺乏经验，不能提供有价值的参考建议	严格选择合适的人员担任督导员，并经常培训督导员
加盟者抱怨总部的服务跟进不够	改善服务质量，加强沟通，增加有关服务人员
加盟者抱怨总部人员高高在上，不了解下情	通过制度规定督导员每周巡访加盟店的次数，经常了解加盟店的运作情况，建立内部投诉电话，提高总部的服务水平
加盟者抱怨门店业绩不理想	与加盟者共同分析门店经营中的问题，并提出相应的改进措施，在招募加盟者时调低加盟者对赢利的期望
选择加盟者错误	培训加盟者，或帮助寻找新加盟者接手门店业务；改进招募程序和招募标准；选择更有经验和水平的招募员

小思考7-3　加盟双方发生冲突会给连锁企业带来什么后果？

7.3.4　增进加盟双方的沟通

建设性的积极沟通是营造良好加盟关系的首要条件。总部与加盟店之间的沟通主要有下几种方式：

1）人员直接交流

每个加盟总部都会派督导员专门负责几个指定的加盟店，这些工作人员的任务不仅在于监督加盟店按总部的要求来经营，将总部的新精神传达下去，更主要的是了解加盟店有什么要求、出现了哪些困难。加盟者也主要是通过督导员向总部反映当前的市场行情。这种人员之间的沟通能及时解决经营中出现的问题，并能让加盟者真正感觉到总部在关心他。

2）书面报告

书面报告是双方交流的一种有效形式，许多总部都要求加盟者定期上交一份报告书，介绍近期经营业绩和出现的困难及消费者的新动向。当然，如果加盟者觉得需要，也可以随时写一份专题报告书，就某一问题请示或汇报给总部，以引起注意。西方国家特许经营系统非常重视这一沟通方式。不过，由于信息技术的发展，电子邮件方式的报告已经得到很多人的喜爱，很多人和总部不再使用电话和普通信件，而是通过电子邮件进行沟通，总部可以通过电子邮件每天向加盟者发送信息，对加盟者进行鼓励、支持和指导。

3）会议交流

总部应经常召开地区或全国性加盟会议，使最高领导层能够直接听取加盟者的意见，向他们提出改进的方法，介绍公司的经营宗旨和新观念，并让各地加盟者互相取经，交流创新的经营方法。7-11便利店对这方面极为重视，每周二定期举行会议，参加人员有公司高层职员、区域经理、地区经理、征募顾问、现场咨询员、部分门店的店长等。上午一般是对前一周发生的问题交换意见和商讨对策，下午通常是针对营销方案、7-11便利店系统的更新或新产品导入等问题交换意见。

4）内部刊物

内部刊物是一种有效手段，用来解释总部的各项活动，公布最佳加盟店，传达总裁的意见，宣布新加盟的网点或受许人，或是提供其他积极有用的信息。好的内部刊物应该包括以下内容：

- 封面故事——正在发生或将要发生的事情；
- 总裁的信件；
- 荣誉受许人名单；
- 荣获销售成就奖的受许人照片和说明文字；
- 总部信息；
- 成功故事；
- 新受许人的照片和说明文字。

5）设立24小时热线电话

在总部和加盟店构建其关系的时候，可能会出现很多问题。总部必须认识到双方需要进行更多的沟通才能壮大特许经营体系。对于总部来说，学会倾听加盟者的意见很重要。事实上，相对于通过总部的研发部门，许多总部更愿意从加盟者那里获得关于新产品和服务的信息。因为加盟者才是最了解顾客需要的。在企业发展过程中，总部最精明的做法就是随时倾听加盟者的声音并支持他们。为了让加盟者及时将信息反馈上来，总部可以设立24小时热线电话，收集信息，解答问题。

总之，总部要使整个特许经营体系不断发展壮大，就必须使每个加盟者都心甘情愿地与总部站在同一战线上，共同努力开拓业务。总部也应关心每一家加盟店的经营情况，关心加盟者的经济环境，不要把加盟店的成败看成加盟者的个人得失，应该把它看成整个企业的一部分。只要有一家加盟店经营失败，就可能导致整个企业失败。唇齿相依、唇亡齿寒，说的就是这个道理。

■ 本章小结

特许连锁经营是连锁企业发展的高级阶段，是连锁企业低成本快速扩张的重要途径，它既有独特的魅力和优越之处，又有难以避免的缺陷。特许连锁经营可以根据特许内容、特许方式、加盟关系分成不同类型，在具体实施过程中需要经过六大步骤。一家连锁企业要构筑成功的特许网络，必须就组织架构、特许方式、区域发展、运作程序、推广策略等制订详细计划，并准备完善的特许合约，确定合理的加盟费用，选择合适的加盟者。开展特许经营之后，连锁企业尤其要注意在开发新产品和新业务、完善培训体系、建立督导制度、提高物流信息系统效率等方面不断提升总部的服务水平。营造良好的加盟关系是至关重要的，加盟关系往往会经历三个阶段，会产生许多冲突，加盟双方必须重视这些冲突并努力加以解决，不断增进加盟双方之间的了解，提升加盟双方的关系。

■ 主要概念和观念

特许连锁经营　加盟总部　加盟者　特许合约　加盟费　加盟关系

■ 基本训练

□ 知识题

1.特许连锁经营有哪些类型?

2.特许连锁经营有哪些有利方面和不利方面?

3.开展特许连锁经营之前，连锁总部需要做好哪些准备工作?

4.为什么说选择合适的加盟者是企业开展特许连锁经营的最关键一环?

5.在加盟店开业之后，加盟总部的工作基本结束了吗?还有什么后续工作?

6.特许经营中加盟双方之间的关系一般会经历哪些阶段?

7.加盟总部和加盟商为什么会经常出现一些冲突，如果你是加盟总部的管理者，将如何解决这些冲突?

□ 技能题

1.试草拟一份便利店特许合约。

2.试设计一个服装行业完整的特许经营培训内容。

□ 能力题

1.案例分析

华莱士如何逆袭为快餐之王

2001年，第一家华莱士在福州师范大学门口开业。当时谁也不曾想到，这家模仿肯德基的本土快餐企业，在多年之后会占据外卖订单量榜首之位。2017年年底，华莱士开设门店9 000余家，比肯德基多了1 000多家。有趣的是，在2017年“饿了么”公布的《中国外卖消费大数据洞察》上，华莱士作为本土快餐巨头打败了肯德基与麦当劳，登顶连锁品牌商户订单量榜首。那么，华莱士到底是如何实现逆袭的?

不请明星代言，一周七天天天有活动。不同于肯德基、麦当劳恨不得把所有大流量明星都请来代言，华莱士没有明星代言人，从不投放视频广告，甚至很难在公交站或者城市巨幅广告牌上看到华莱士的身影。那么，它如何做推广宣传呢？华莱士选择在自己门店周边和门口张贴海报、发传单。这样做的好处是推广成本低，而且在门店附近贴海报、发传单可以随时将顾客引至门店。华莱士的海报全是优惠活动，一周七天天天都有。本身就是平价产品，还有活动，自然能吸引顾客。

低价和赚钱并不冲突。华莱士走的就是平价优惠路线。拿产品来说，做炸鸡汉堡最大的成本就是鸡，华莱士虽然选用的原材料不如肯德基、麦当劳，但选用的也是值得信赖的大供应商，这就从根本上降低了成本。此外，华莱士没有研发团队，产品基本都是跟风做的，这就节省了研发产品的人力成本和时间成本。此外，华莱士还缩减了门店面积，模仿肯德基的儿童乐园也被砍掉了，这就节省了空间成本。

“咨询费”白菜价，这是拓展市场的利器。高性价比是其打开市场的一个重要原因，但要在全国开近1万家店，其加盟策略也不得不提。华莱士的加盟策略很独特，不同于行业内的收加盟费，华莱士收的是“咨询服务费”，而且费用很低，只需要1万元，就可以搞定。如此一来，二三线城市的加盟商便被拿了下来。

虽然这个源自本土、从福州走出来的汉堡类“洋”快餐品牌一直走的是“农村包围城市路线”，但它也在不断创新，且每一次品牌升级都跟着市场潮流走。门店形象从最初的黄+绿配色变成了简约深沉的咖啡色，比之前显得“高大上”了许多；用餐环境也更大气舒适，现在设计成了受年轻人欢迎的时尚简约风，整体原木色的调调，搭配白色的餐桌，加上更具现代化的灯饰，又上了一个档次。此外，各种借势文案、海报都没落下，产品包装升级，时不时卖个萌，2018年还打造了属于自己的IP形象，与消费者互动玩得不亦乐乎。

从模仿到逆袭，华莱士走了17年。随着时代的发展，二三线城市的顾客对价格也不再那么关注了，肯德基、麦当劳如今也在向这些地方扩张。在产品开发上，如果华莱士还一味走“跟风”的路子，它会变得很艰难。毕竟，有创新才有未来！

问题：华莱士是如何逆袭成功的？这些成功因素能让它今后保持持久的成功吗？

资料来源 商业创新实验室（公众号），2018-04-03.https：//mp.weixin.qq.com/s/5FWADkEpvUH-fur6Xz-KHgA.

2.网上调研

（1）网上调查国外特许连锁企业在中国大陆开展特许经营的情况。

（2）网上调查不同行业的特许连锁企业加盟费具体有多大差距。

第7章即测即评

第8章 跨国连锁经营

学习目标

知识目标

- 了解连锁企业跨国经营的趋势及动因；
- 掌握连锁企业跨国经营的市场机会评估及进入方式选择；
- 了解连锁企业跨国经营的管理模式及管理理念；
- 掌握连锁企业跨国经营的管理策略。

技能目标

- 学会科学评估国际市场机会并做出相应进入决策；
- 学会建立一个优秀的多文化团队的管理技巧。

能力目标

- 能针对不同文化背景的国际市场对经营标准做出适应性调整；
- 能从跨国经营中学习不同地区的优秀管理经验并推广到其他地区。

8.1 全球化的连锁经营

8.1.1 连锁企业全球化趋势

我们打开每天的报纸、杂志、网络会发现，人们比较关注的一个话题就是“国际化”或“全球化”，“全球化”成为一个在国内媒体上出现频率很高的词。全球化是当今社会发展一个非常重要的趋势，全球化浪潮正在席卷整个世界。同大多数行业一样，连锁企业的全球化经营趋势也日趋明显。在世界各地光顾购物中心或商业街时，我们常常会发现很多熟悉的连锁企业品牌和标志。尽管对于不同行业或不同企业而言，国际化程度会有所不同，但可以说，连锁经营领域的各个行业和各种业态的企业都在疯狂地抢占国外市场。

在过去30多年中，连锁企业的跨国经营以惊人的速度增长，当然，连锁企业的国际化经营在更早的时候就开始了。例如，C&A公司在20世纪20年代就把业务从荷兰扩展出去；20世纪60年代，已经出现了一些知名的国际零售连锁企业，如F.W.Woolworth，很多规模较小的企业也在尝试跨国经营。

1973年，家乐福在西班牙和英国开店，开始了它的国际化经营。1979年，德国的Tengelmann公司在美国进行大规模收购，并向奥地利和荷兰进行了较小规模的扩张。荷兰的Vendex公司通过收购得到了它的第一家零售企业，随后又进行了多次收购，并进入欧洲其他市场和美国市场。贝纳通、Stefanel和雅诗兰黛，以及很多小的高档消费品专卖店引领了这一时期时尚商品的潮流。很明显，不同企业采取了不同的战略，从跨国收购到特许经营。跨国扩张的浪潮始于20世纪80年代后期，但现在仍在继续，并且势头越来越猛。

下面简单介绍几家国外连锁企业的跨国扩张情况。

在过去30多年中，麦当劳的大多数快餐店是在美国以外开业的。目前，它在100多个国家和地区开设了3万余家分店，实现的利润占该公司总收入的一半以上。

成立于1962年的沃尔玛，经过50多年的发展，在全球28个国家拥有超过11 500家分店，其中一半门店开在美国之外，每周超过2.6亿名顾客和会员光顾其分店及遍布11个国家和地区的电子商务网站。沃尔玛全球员工约230万名，成为世界上最大的私人雇主和连锁零售商，多次荣登《财富》杂志世界500强榜首。

宜家家居是一家瑞典家具零售商，自1943年初从一点“可怜”的文具邮购业务开始，70多年的时间就发展成为在全球共有355家连锁商店、分布在29个国家和地区、雇用了14.9万多名员工的“庞然大物”。2004年，宜家家居进入中国。该公司一直以“最低价格”提供耐用、时尚的组装家具。目前，该公司近90%的销售额来自国际经营，包括美国商店几亿美元的销售额。

一个国家的经济实力可以从很多方面体现出来，其中一个很重要的方面就是这个国家中能够走出去、参与国际竞争的企业的数量和实力。中国连锁企业经过20多年的发展，一些企业已经逐步成熟，并开始把眼光投向国外市场。继北京全聚德烤鸭店成功实施跨国经营战略后，又传来苏宁易购、名创优品、同仁堂药店、小肥羊等一批连锁企业迈进国际市场的消息。尽管我国目前走出去的连锁企业数量还比较少，但可以预见，随着中国连锁企业的不断成熟壮大，国际市场将是这些企业瞄准的目标。

案例8-1　名创优品的国际化扩张

名创优品于2013年创立并迅速崛起，2017年是其全球布局之年，截至目前已实现了全球2 600家门店的规模，覆盖美国、德国、俄罗斯、阿拉伯联合酋长国、新加坡、澳大利亚、埃及等60多个国家和地区，产品涵盖生活百货、创意家居、精品包饰、数码配件、食品系列等十大门类。

名创优品在全球有日本、韩国、北欧和中国四个设计师团队，设计研发人员超过200人，其中名创优品自己的设计师有100多人。2017年，名创优品设计研发费用超过1亿元，在连锁零售实体行业，这种大规模的设计投入是非常少见的。

除此之外，名创优品还有遍布全球的300多人的国际买手团队，全天候跟踪全球最新消费动态，从日本、韩国、瑞典、美国、法国等10多个国家捕捉设计元素，了解全球各个国家的最新潮流趋势，以满足各地的消费需求。

名创优品是靠高性价比的商品敲开国际市场大门的。商品研发部每周召开选样会，一款产品立项之后，第一轮的设计稿就会筛选50%，继而由供应商进行打样；根据模型的工艺和结构，第二轮的筛选比例约为70%。经过小批量试产、试销，再决定是否大规模推向市场。从立项、调研、设计、开发、打样、回货到上架，名创优品的整个产品开发流程一般在45天左右。

然而，并不是所有单品的诞生都是45天，“名创冰泉”就经历了3年的“难产”。为了研发这款瓶装矿泉水，2014年名创优品开始寻找水源，产品团队几乎走遍了全中国有水源的地方，反复把十几种水用无标识纸杯盲测，最终才选定以森林覆盖率达90%的长白山作为水源地。找到水源后，瓶身制作成了第二道难题，具备“无缝、一体成瓶”这种能力的厂家并不多。名创优品最后找到了一名制造商，在反复试错和实验中，锥形瓶终于问世。

任何一个品牌，要在全球范围内得到保护，都不是一件容易的事，商标的提前保护注册必须未雨绸缪。在品牌还没有进入一国前，就必须提前注册，不然在该国就无法以自身的原有品牌进行销售和推广。这一点名创优品是个很好的例子，它在多个国家注册了商标，当发现摩洛哥和马来西亚有人抢先注册其商标时，也按照程序把在先申请的商标通过异议程序撤掉，保证了自己的合法权利。

问题：名创优品的国际化扩张对其他连锁企业有什么启示？

资料来源　无冕财经（公众号），2017-12-04. https：//mp. weixin. qq. com/s/hw2_3XWWfO-taOcFFp6OXjA.

8.1.2　连锁企业跨国经营的动因

随着经济全球化的进程加快，向母国之外的国家或地区进行直接投资以开拓海外市场已成为大型跨国连锁企业的主要经营特征之一。有资料表明，最近几年跨国连锁企业的国际化程度有了快速提高，跨国连锁企业的国际化比率基本与经济全球化保持同步。所谓国际化比率，是指所有销售额中来自母国之外的投资对象国的销售额比率，该指标在很大程度上反映了跨国连锁企业拓展海外市场的深度与广度。

越来越多的连锁企业都在抢滩世界市场。一方面，相对于本国市场，连锁企业跨国经营需要参与国际竞争，面临更大的竞争压力和经营风险；另一方面，跨国公司摆脱了对国内市场和资源的依赖，可以在全球范围内开拓市场和利用资源，比在国内经营拥有更多的利润机会和成长途径。归纳起来，连锁企业之所以考虑国际化问题，主要取决于推动力与拉动力两方面因素。

推动力是指促使连锁企业进行跨国经营的某些消极因素。典型的推动力有成熟或饱和的国内市场、不利的地理或经济环境以及本国市场的法律约束等。例如，在美国，零售业已经过剩，购物中心的面积自1987年以来已经翻了一番。如果以1987年的美元计算，每平方英尺的生产率大约只有10年前的一半。在世界范围内，大多数现存连锁企业已经在本国几乎每一个可能的市场上都开设了商店。如果它们要发展，就必须进军以前"未知的"市场。当然，饱和度是一个相对的概念，全新的想法和形式是可以渗入看上去饱和程度最高的市场的。然而，日本和许多欧洲国家出台了很多规定，人为地增加了进入市场的难度，开设新商店十分困难而且成本很高，得到经营许可要花费很长时间，因而成本也很高。因此，国外市场，尤其是那些不发达国家的市场，吸引力要大得多。主要受推动力影响的跨国连锁企业被称为反应型连锁企业，当国内市场饱和、商机有限时，这类企业被动地做出反应，到新的市场上寻找机会。

拉动力是指促使连锁企业进行跨国经营的某些积极因素。就拉动力而言，不论是在有利的经济和人口条件下形成的相当有利的商业环境（极少的法律约束、低运营成本），还是不很成熟的市场或者存在市场空白的地方，对连锁企业都存在很强的吸引力。经济增长带来的消费需求增长，是连锁企业应该考虑的最基本的拉动力因素。在一些国家，人口增长和有能力购买消费品的中产阶级数量增长具有很明显的吸引力。年经济增长率达到5%～10%的国家或地区，如中国，吸引了很多国际连锁企业进入其中。拉动力还包括不很明确但很重要的因素，即公司的经营理念，甚至是管理层的抱负等。主要受拉动力影响的跨国经营的连锁企业被称为积极行动型连锁企业，这类企业强调国际机会的重要性，而且很愿意利用这些机会，在还没有出现国内市场饱和或激烈的竞争给企业经营带来困难时就积极从事跨国经营。

表8-1是连锁企业跨国经营的推动力和拉动力因素。

表8-1　　**连锁企业跨国经营的推动力与拉动力因素**

推动力	拉动力
市场饱和，机会减少 竞争激烈，市场份额减少 营业场地饱和或者即将饱和 商业模式饱和 经济增长缓慢 人口增长缓慢，人口组成结构改变 开设商店，尤其大商店受到法规的限制 通过收购方式进行扩张受到法规的限制 不稳定的政治结构、负面的社会环境 运营成本高 来自股东要求提高收入的压力 国际化发展的经验	东道国人口增加 经济快速增长，商品需求量快速增长 东道国政治稳定，文化和地理与本国的情形相似 希望把在国内成功经营的模式介绍到国外的抱负 东道国进入壁垒被消除 过硬的产品质量、响亮的品牌、公司的技能和优势 分散的竞争压力，市场竞争程度不激烈 获得更高利润率的能力 规模经济 成为国际企业的公司经营理念 有机会学习国际企业的相关知识，建立进一步扩张的基础

小思考8-1　在推动力和拉动力因素中，哪种因素对连锁企业跨国经营起了决定性作用？

8.2　跨国连锁企业进入战略

8.2.1　国际市场机会评估

参与国际经营的连锁企业面临许多机会和风险。

机会的存在基于以下七个原因：（1）国外市场存在更好的增长机会（由于人口和其他趋势）；（2）国内市场饱和或不景气；（3）连锁企业能够提供国外市场上没有的产品、服务和技术；（4）国外市场的竞争不激烈；（5）国外市场用于补充而不是取代国内市场；（6）国外市场存在税收或投资好处；（7）由于国际政治和经济的融合，许多国家对外国公司的进入持更加开放的态度。

风险的存在基于以下六个原因：（1）国内和国外市场之间存在文化差异；（2）管理模式不容易适应；（3）外国政府在一些领域设置限制；（4）国外消费者的收入水平相对较低；（5）分销系统和技术不发达（如道路状况差、邮政系统落后）；（6）各国之间的连锁经营形态差别较大。

国际市场机会的评估主要包括以下几个方面：

1）消费能力

消费能力主要包括人口规模、年龄结构、就业结构、人均收入、人口增长率、家庭结构、消费模式、居住密度等。上述因素决定一个国际市场的规模、市场细分和劳动力的富裕程度，当把这些因素与生活方式的差异、消费者的喜好结合起来时，连锁企业就会面对一个与国内市场完全不同的消费者市场。

2）成本和信息

成本和信息主要包括土地成本、土地（物业）可获得性、能源成本、劳动力成本、培训成本、物流基础设施、配送成本、媒体发达情况等。连锁企业的经营活动最终都必须服从成本结构，在许多零售连锁企业里，采购和配送成本是成本结构中最重要的部分。此外，劳动力成本和物业租金往往也是经营成本中的关键部分。连锁企业要对成本因素进行仔细分析，以确定一项投资的回报预期。

3）竞争

竞争主要包括竞争饱和度、行业集中度、直接竞争对手情况、潜在竞争对手情况、与现有企业联合的机会等。在过去30多年里，发达国家大公司的成长导致行业集中化程度提高，竞争不断加剧，在一定程度上提高了外国企业的进入成本。而不同国家的商业结构不同，也使连锁企业进入后面临完全不同的竞争对手。一个儿童服装品牌在西班牙开设专卖店后，发现那里的主要竞争对手是百货商店，因为那里的人们传统上都是到百货商店购买童装的，该企业不得不调整自己的经营策略。

4）障碍和风险

障碍和风险主要包括市场进入障碍、竞争法规、宗教文化障碍、政策限制、政治风险、社会治安、通货膨胀等。在所有障碍和风险中，政府对外来进入者的态度是最关键的，政府干预会给市场机会带来很大的冲击和约束。经济和财政政策间接影响经济环境和消费者的消费行为；利息税政策、所得税水平、流转税税率等都影响消费者的消费倾向；有关竞争和贸易的法规、对建筑物的控制会直接冲击连锁企业。例如，日本政府多年前实施的“大店法”让很多大型零售商店望而却步。

通过对长期以来连锁企业跨国经营的分析，我们可以发现一些规律性特征。一般来说，连锁企业在最初阶段比较谨慎，往往进入在地理和文化方面比较“接近”或与母国市场相似的市场。在欧洲，家乐福最初选择进入西班牙市场；同样，美国连锁企业一般先进入加拿大和墨西哥市场，然后再打入更远的市场。

日趋增强的区域性或同一地区内国家之间的经济合作趋势（特别是采取自由贸易区这种形式），为连锁企业提供了越来越多的国际市场机会。在欧洲，随着统一欧洲市场的建成以及欧共体于1993年过渡到欧洲联盟，商品流动变得更加自由，欧盟国家间的跨境零售大幅增加。在20世纪七八十年代，欧洲境内的投资大都发生在服务业比较发达的法国、德国和英国等，但后来发生在西班牙和葡萄牙等南欧国家的投资逐渐增多。自20世纪90年代中期以来，中欧国家，尤其是捷克、匈牙利和波兰等国的零售投资不断增加，再后来欧洲零售商已经考虑到更远的亚太地区投资了。

国际市场机会必然伴随着风险，因此，连锁企业决定进入国际市场时必须认真分析机会与风险。这是一项困难的工作，但Coopers和Lybrand（1995年）的建议可以提供一些帮助。他们考虑了市场规模和相关的风险，指出了17个最大的零售和服务市场并把它们分成四类：

“饱和的七国”（美国、加拿大、英国、荷兰、法国、德国和西班牙）。这些国家第三产业各部门竞争都很激烈，市场集中度高，进入较容易，但激烈的竞争使成功难度加大。

“难进入的三国”（意大利、韩国和日本）。这三个国家有庞大的中产阶层，但本地政府对零售业实施管制，外国企业进入难度大。

“热度高的三国”（墨西哥、土耳其和阿根廷）。这三个国家尚不发达的零售服务业正在经历迅速但不稳定的发展，其较高的经济风险削弱了这一优势。

“难以应付的四国”（巴西、中国、俄罗斯和印度）。这些国家迅速扩大的中产阶层期望购买消费品，蕴藏着令人激动的机会。但是，这些国家基础设施薄弱，存在的政治和经济风险最大。

案例8-2　玩具反斗城的中国式机会

据美国媒体报道，美国玩具连锁零售巨头玩具反斗城负债累累，计划出售或关闭全美880多家分店，可能造成33 000名全职和兼职员工失业。《华尔街日报》的报道称，玩具反斗城执行总裁布兰敦2018年3月在公司的总部会议上向员工宣布了这一消息。这家全球知名玩具销售商的衰弱，或多或少地反映了当前世界经济的趋势与特点。

一个趋势是网络经济进一步攻城略地，传统产业不断被侵蚀边界。玩具反斗城1948年创立于新泽西州韦恩市，承载了美国几代人的童年回忆。玩具反斗城进入中国市场，意味着其扩张的巅峰。在此之后，玩具反斗城的经营模式受到网络经济的挑战，除了中国区的收入保持一定的增长之外，其他大部分地区的经营每况愈下，亏损累累。

2017年9月，玩具反斗城因负债高达50亿美元向法院申请破产保护，希望获得融资、实现债务重组。但是，此时的玩具反斗城模式已经不被看好。亚马逊和其他网络零售商的激烈竞争，让玩具反斗城看不到未来，最后债权人决定以清算资产和提取销售收入方式弥补损失，不再重组。

玩具反斗城的命运在很多行业都可以看到。一门新技术的兴起，往往从意想不到的角度导致一些行业的生与死。技术的发展让某些以前看上去很稳定的行业，突然就没有了生存之地。比如，手机的发展消灭了相机，移动硬盘的出现消灭了光驱，社交APP的发展消灭了短信等。

另外一个趋势则是中国经济的独特活力与中国市场的多层次优势。在这次关门决定中，只有中国市场是个例外。根据玩具反斗城的关张计划，加拿大、德国、奥地利、瑞士、日本、澳大利亚、法国、波兰、葡萄牙和西班牙等国家的业务都会卖掉，只有在中国的140多家门店不受这次关门的影响。这是为什么？因为中国市场的盈利颇为丰厚。

其实这种全球都亏钱、唯独在中国赚钱的现象并不少见。这充分说明了一点，中国市场的潜力是非常巨大的。中国的电商也很发达，甚至在很多方面超越世界其他国家，但是，一些非电商连锁企业，在中国市场仍然有不错的前景。最根本的一个原因就是，中国市场巨大，近14亿人口的消费市场、丰富的层次与庞大的规模，没有任何一个其他国家可以媲美。中国市场可以为各种各样的经营模式提供生长的土壤，玩具反斗城在全球都是西山落日，唯独在中国欣欣向荣，就是这个道理。

问题：玩具反斗城事件说明中国市场的机会主要体现在哪些方面？

资料来源 国际锐评（公众号），2018-03-16.https：//mp.weixin.qq.com/s/R371Bz3Jpd3fYodJ6_A4oA.

8.2.2 市场进入战略选择

连锁企业在进入国际市场时必须选择最佳的进入方式，具体如下：

（1）自主进入。自主进入也称内部成长方式。这种进入方式要求一开始就在东道国建立连锁企业实体，通过自己投资在东道国建立连锁网络。具有创新性并希望最大限度地保持对海外业务控制权的连锁企业采用这种方式的可能性最大。

（2）收购。收购外国企业可以快速进入一国市场，还可以获得最佳位置，但对资本的需求最多。在成熟、高度集中的市场上，可能必须通过收购才能实现具有竞争力的营业规模。收购的例子有沃尔玛收购英国的ASDA、英国玛莎百货收购美国的Kings超市和Brooks Brothers公司。并非任何时候都有收购的机会，同时，成功的收购需要较丰富的管理经验，如果这方面出了差错，将会很难摆脱困境。

（3）特许经营。特许经营是资本有限的连锁企业进行国际扩张的快捷方式。通过特许经营，连锁企业可以保持对营销的高度控制（包括商店出售什么商品），但要放弃对商店日常管理的控制。麦当劳和肯德基就是通过特许经营进行国际扩张的最好例子。

（4）合资。连锁企业与外国企业签订合资协议，双方共同分担合资企业的成本并分享利润。合作伙伴可以在资源和竞争能力方面互通有无，并在一定程度上进行经验交流。在有些市场上，这是唯一的进入方式。例如，日本市场很复杂而且进入的成本很高，组建合资公司是最适合的进入方式，因为合作伙伴可以提供关于本地市场的知识并分担合资企业的风险。

（5）特卖（店中店）。这种方式要求在百货店等大型商店内经营店中店，是许多专业商店采用的战略。例如，卡地亚珠宝店进入广州市场时，就在广州友谊商店开设了店中店分销商品。特卖有两类：一类是借道特卖，另一类是在东道国商店特卖。前者是指借助其他跨国连锁企业进入国际市场，后者是指直接在东道国原有的商店开设店中店。

连锁企业跨国经营市场进入方式的优点及风险见表8-2。

表8-2 连锁企业跨国经营市场进入方式的优点及风险

方式	优点	风险
自主进入	任何规模的公司都可以采用；能强有力地控制国外公司；能在适度风险条件下以较低成本开展经营活动；能根据每个阶段的营运结果及时进行调整并很快确定规范化模式；能够进行快速复制	建立具有一定规模的连锁体系需较长时间；初期需要耗费大量的高层管理时间；不会很快收回成本，获得利润；需要进行全面的地点评估；如果进入的国家距离母国较远，会面临更多困难
收购	能够快速建立自己的连锁体系；可以获得最佳位置；能很快产生现金流量；可以从所收购的企业获得经验和技术；能迅速获得网点并将其转型为新业态	决策一旦出错就很难退出；评估接收对象有难度且花费时间较长；合适的收购对象不容易找到；必须对高级管理层做出承诺；所收购的企业文化可能不适合本企业或新的运营体系的要求
特许经营	能实现快速扩张；总部的扩张成本低；有助于进入高风险、阻碍投资的边缘市场；可利用当地的管理改善服务并节省开支；可利用的合作协议形式多样；对小型的店面十分合适	可能面临比较复杂的法律规定；必须找到合适的加盟店；很难控制外国加盟店；可能陷入一种无法令人满意的合作关系里；加盟店可能变得过于独立；培训加盟店店主可能是在培训未来的竞争对手
合资	可以与市场现有模式结合；有助于获取技术并克服非关税壁垒；可以随时退出或全面进入市场；与合作伙伴分担进入成本，降低了风险	必须分享利润；寻找合适的伙伴较困难；会出现争夺第一的危险；可能被合作方控制
特卖	能借用他人成熟的网络资源；无须考虑地址的获得和评估工作；可节省新进入者大部分广告宣传费	所处地位比较被动；投资影响力小；市场发展受到限制

选择进入国际市场的具体方式需要考虑很多因素，包括成本、控制权、业态的独特性、取得好店址的难度、企业资金实力、外国市场的规模与竞争状况以及特定国家的政

治与经济风险。例如，百货商店这一业态很复杂，由于各国消费者的偏好和习惯不一致，很难高度统一，因而较难采取特许经营战略实现国际化。相反，专业商店普遍采用特许经营方式。创新型业态不可能选择收购，因为这些企业的特点不同于现有企业。

市场规模是决定进入战略的重要因素。一般来说，只有较大的市场才能采用收购和自主进入等外国直接投资（FDI）战略。特卖（店中店）和特许经营等非FDI战略最适合较小的市场。市场竞争状况对进入战略也有重要影响。例如，沃尔玛通过收购ASDA进入英国食品市场，采取这一战略的主要原因是英国的食品市场竞争很激烈，前五大食品零售商控制着70%以上的市场份额。如果沃尔玛选择自主进入，将无法收到很好的成效，因为英国的规制很严格，很难找到适当的大规模店址，而且与英国零售商完善的销售网络相比，沃尔玛也没有竞争力。作为世界头号零售商，沃尔玛有实施此项收购的资金，这也适合其咄咄逼人的国际化发展战略。

有些国家的本地法规对连锁企业的进入类型实施控制，有些国家虽然没有法律的障碍，但商业环境非常复杂，与本地合作伙伴的协作对连锁企业的成功至关重要。若目标市场的政治或经济形势极不稳定，也不宜考虑大量投资，特许经营或合资可能是更恰当的选择。

总之，进入国际市场的“最佳”方式是没有的，但是通过对不同市场进入方式的分析，企业可以选择一个能降低基本风险的方式。

案例8-3　Lily巴塞罗那旗舰店正式开业

2018年1月，Lily在巴塞罗那的旗舰店正式开业。Lily所属的上海丝绸集团，前身是1949年成立的中国蚕丝公司。1998年，上海丝绸集团经过战略调整，在诸多自有品牌中选择了Lily作为女装的主要推广品牌。自从2004年Lily打入国际市场之后，拓展市场的步伐越来越大。它登陆了德国CPD等多个国际性时尚盛会，并在米兰时装周上荣膺“新锐设计师”大奖，成为国际时尚圈备受关注的新锐时装品牌。目前，Lily已经在俄罗斯、沙特阿拉伯、泰国、新加坡、科威特等国家和地区开设零售店铺逾80家。Lily的成功经验主要有以下几方面：

一是精准定位品牌。Lily分为Smart、Modern、Art三大主线。Smart系列针对年轻消费者，Modern系列面向有一定工作经验的职场女性，而Art系列则适合追求质感而非纯粹流行元素的消费者。“力度、女性化、现代、明快”是Lily品牌核心的产品风格。它对品牌代言人的选择也是要符合品牌调性。精准定位使得Lily“正合适的商务时装”概念在消费者心中愈发鲜明。Lily2017年新开店数量达200家，在全国范围内总门店数量近900家，在海外的门店数量也达80多家。

二是优化店铺形象。Lily的新门店十分重视店铺形象设计，紧邻Paseo de gracia商业中心的Rambla Catalunya，店内地面和墙面都采用了简洁但很有质感的大理石，最吸引眼球的莫过于最新的5.0店铺视觉。炫彩玻璃随着顾客行走时的视角变化会呈现出不同角度的观感，营造了极具现代感和节奏明快的时尚空间；墙面上配置了炫目的LED屏，放上模特海报，让消费者清楚地了解产品的展示效果。此外，它还在试衣间门口设置了休息长椅，方便陪伴的顾客在此休息，中间还不忘来组包包的搭配展示，以及赏心悦目的绿植。

三是升级用户体验。年轻群体所热衷的体验式消费和新型社交，正与品牌营销逐渐交融。品牌艺术化、打造智能全渠道店等，正在不断刷新女装消费体验新玩法。

Lily将互动游戏大屏、闪电换装、百搭魔镜等新零售工具及智能设备全面运用于智慧快闪门店中。在壁面货架前，消费者既可以通过互动大屏参与游戏，获得优惠券、伴手礼等，也可以利用闪电换装实现瞬间换装并获取最佳搭配建议，同时可支持多样化的购买方式。

问题：Lily品牌服装店从国内走向国外有哪些经验可以借鉴？

资料来源　陈列共和（公众号），2018-05-16.https：//mp.weixin.qq.com/s/dgY9Oto7IU5-q_3UpT70Zw.

8.3　跨国连锁企业管理

8.3.1　两种跨国管理战略比较

在向国际市场进军的过程中，连锁企业运用了两种战略：全球化战略和多国化战略。

1）全球化战略

全球化战略是指连锁企业将母公司成功的经营模式移植到各国的分公司中，即在不同的国家复制同样的商店，并让所有商店采取一致的市场态度。麦当劳、肯德基便是采用这一战略并获得成功的典范，零售业中如瑞典宜家家居、英国玛莎百货等也采用这一战略。

尽管不同国家和地区人们的消费习惯、文化背景和生活方式有一定的差异，但采用这一战略的连锁企业忽略了这些差异，它们认为世界范围内的需求和期望不可避免地趋向一致，因而完全可以从全球化角度定义各个细分市场的顾客，并为这些顾客提供标准化的产品和服务。

实施全球化战略的连锁企业一般来说权力高度集中，所有涉及公司经营的决定，包括商品范围、商品销售、服务水平和联系方式等都由最高管理层做出，不鼓励所属商店的创新精神。各地的商店只需严格遵守总部制定的规章和程序，它们不会对整个公司的经营技巧有任何影响。这种管理模式尽管抑制了商店的积极性，也可能导致连锁企业对当地市场的细微变化反应迟钝而阻碍其跟上市场发展的趋势，但由于可以重复使用一个已被证明行之有效的模式，因此，连锁企业可以从标准化经营活动，诸如产品、销售、商店管理、广告和人员培训的规模经济中获益，并可以非常迅速地扩张。

2）多国化战略

多国化战略是指连锁企业根据东道国的市场状况在分公司中建立行之有效的不同于母公司经营模式的战略。分散在各国的分公司的基本经营理念是不变的，但为适应每个国家市场的特殊要求而进行了一些改变。例如，大型综合超市的“一站式购物”在许多国家落叶生根，但是产品种类和品牌会根据每个国家顾客期望的不同而有所不同。

实施多国化战略的连锁企业一般采用分权化管理，母公司做出主要的战略决策，各分公司管理层有相当大的自主权，可以决定商店经营的组合策略。例如，选择产品的种类和供应商，根据当地的竞争状况设定边际利润，决定所提供服务的水平，决定广告主题并选择广告媒体。这种经营的差异尽管不会使多国化连锁企业从规模经济中获益太多，但能使组织成员从全球各地学到丰富的经验，并培养、锻炼一批国际零售管理人才。与全球化战略相比，多国化战略更适应当地市场的变化，并能轻易解决全球化战略难以解决的一些非标准化问题。

连锁企业国际化扩张管理模式比较见表8-3。

表8-3　**连锁企业国际化扩张管理模式比较**

项目＼模式	全球化战略	多国化战略
定义	世界范围内应用相同的模式	使模式适应当地条件
经营模式	专业连锁	超级市场、百货商店、各种商店
市场营销	全球细分和全球定位； 市场营销组合标准化； 统一的花色品种、价格、商店设计、服务、广告	再造核心经营理念上； 营销组合因地制宜； 商店布局、价格战略、服务战略在世界范围内相似； 花色品种、广告战略均有调整
组织含义	设计功能、产品过程、销售体系的垂直一体化	国内多样化
管理含义	集权化管理； 优秀的信息系统； 迅速增长能力； 规模经济明显； 经验转移极少	分权化管理； 与总部经常交流； 增长能力一般； 规模经济相对不明显； 经验转移多

8.3.2　连锁企业跨国管理理念

1）标准化与适应性

连锁企业进入国际市场时必须决定是采用现有的经营管理模式，还是根据将进入的外国市场的需要调整管理模式，即采取标准化管理还是进行适应性调整。

标准化管理要求连锁企业在不同国家采用同样的产品系列以及同样的定价、推广和选址战略。它的主要优势有商品采购的规模经济性以及商店设计与广告复制的规模经济性。标准化管理的依据是随着通信方式的改变，遍及世界的交通运输与旅行催生了全球化市场。有人指出，这些变化导致客户需要与期望及全球市场的趋同化。

上述观点的基础是假定各个市场（至少工业化国家如此）的口味和收入水平是趋同的，这意味着大多数商品和服务存在一个全球市场。因此，为适应本地需要进行的调整要么获益很少，要么根本不会获得益处。同时，标准化节省的成本是非常巨大的。连锁企业采用标准化的主要优势是采购的规模经济性以及大量生产自有品牌，这对于国际流动性越来越强的消费者而言很重要，其他的好处有简化营销规划和控制等。

尽管支持标准化的理由很充分，但在整个经营方案中全面贯彻标准化面临极大的困难。一般而言，标准化因产品的不同而不同。食品和服装等在文化方面比较敏感的产品（高级女式时装除外）实行标准化的难度很大。而奢侈品和时尚色彩浓厚的产品的消费者追求它们所代表的独特价值，比较容易实施标准化。这些产品的消费者通常也是比较富裕、受教育程度比较高而且见多识广的人，因此或多或少地代表着趋同化的全球性群体。

由于不同市场的成本结构相差很大，在跨国经营中维持相同的价格也很困难。连锁企业的两项主要成本是商店运营和物流配送成本，这两项都受制于不同的劳动力和不动产市场及配送基础设施，因而存在相当大的差异。此外，对进口商品征收的关税和不同的竞争程度也增大了连锁经营的难度。但是，连锁企业可以努力实现与其本国相似的定位。例如，Aldi等折扣商会努力使自己的价格比东道国的超市低20%～30%。

由于各国关于广告和促销的法律规定不同，加之媒体数量和沟通方式也有差异，推广战略可能难以标准化。店铺选址也很难标准化，因为合适的店址已经被占据，或者受法律的限制而找不到合适的店址。例如，玩具反斗城一般将店址选在城郊，其在法国的商店却开在购物中心内，原因就在于城郊的店址很难取得规划许可。

正是由于标准化在实践中面临很大困难，因而许多专家认为，连锁企业应当以客户为中心，贴近每个目标客户群体（或细分市场）的需要。这就意味着在跨国经营环境中，由于不同国家的经济、地理、人口和文化因素以及消费者的特点各不相同，消费者的期望与需要、支付能力、购物习惯和产品偏好也会存在差异，最好采用一定程度的适应性调整策略。

标准化与适应性并不是非此即彼的选择。标准化程度可以从全球标准化调整到每个市场的标准化，重要市场的标准化也可以根据重要市场的不同情况做出调整。典型标准化是适应性与标准化的折中，在制定全球性营销战略时，允许根据本地的市场状况做出调整。如同大家公认的标准化程度较高的肯德基也可以在中国开卖王老吉凉茶一样，“全球性思维，本地化行动”是典型标准化所依据的观点。因此，标准化只代表一种程度，而不是绝对化决策。连锁企业应当随时关注管理中可以标准化的要素，但也要根据市场运作条件优先考虑适应本地的需要。

案例8-4　星巴克授权雀巢售卖自己品牌的咖啡

2018年5月7日，瑞士雀巢公司宣布同美国咖啡连锁公司星巴克达成协议，将向星巴克先期支付71.5亿美元现金，以永久拥有在全球咖啡店以外销售相关星巴克产品的权利。这标志着全球新咖啡联盟的诞生。

据悉，这两家咖啡巨头之间的交易涵盖星巴克的咖啡贸易、咖啡豆出售和即饮咖啡的业务，但不会涉及全球超过28 000家星巴克连锁咖啡店。星巴克表示，与雀巢合作是为了加速推动星巴克品牌在消费包装商品和餐饮服务领域的发展。而星巴克的高端产品也将为雀巢在全球其他地区带来新的增长机会。

目前，星巴克在中国130个城市有近3 000家门店，它计划截至2021年将中国门店数扩大到超过5 000家。美国市场开始萎缩，星巴克将未来增长的希望寄托于中国市场。2017年7月，星巴克以13亿美元现金收购了江苏、浙江和上海约1 300家星巴克门店的直营权，此举动凸显了星巴克认定中国市场将成为其销售的最大驱动力之一。星巴克认为，中国不断壮大的中等收入人群和城市化进程，将为星巴克带来数量巨大的潜在客户。

与星巴克合作，雀巢也搭上了星巴克在中国市场扩张的顺风车。相比雀巢的速溶咖啡，星巴克在中国更能代表消费升级。2016年，一份市场调研报告指出，在中国，速溶咖啡让位于调制咖啡，精品啤酒日渐受到欢迎，主流美容产品的光环被更加昂贵的产品所取代。与此同时，方便面的销量不断下滑。在城市，手中拿着一个有星巴克图标的白色纸杯被看做一种地位的象征。

中国咖啡市场正在进入一个高速发展的阶段，这两年星巴克也在不断通过加速开店、布局高端市场、强化咖啡供应链等方式，巩固自身在中国的市场地位，此次星巴克与雀巢的合作将进一步拓宽星巴克咖啡产品的销售渠道，提升其包装咖啡的销量，同时也有助于雀巢丰富自身的产品品类，多层次布局市场。

但也有业内人士指出，国内咖啡品牌的强势崛起也是不容忽视的，其中不乏一些更符合国内年轻消费群体消费喜好、模式新颖的品牌。这些品牌虽在门店规模以及品牌影响力上不及雀巢和星巴克，但也正处于发展快车道，它们未来很可能成为雀巢及星巴克在国内咖啡市场的有力竞争者。

问题：星巴克为何愿意授权雀巢售卖自己品牌的咖啡？

资料来源 中国经济网（公众号），2018-05-09.https：//mp.weixin.qq.com/s/YGtvJb0U-uXEW-YLAw9Y2qQ.

2）本土化与学习型组织

连锁企业进入国际市场往往面临许多问题，其中之一是容易低估文化差异及跨国交易的影响。不同民族的文化差异、意识形态、宗教信仰、对于生活的态度、人文区别、历史传统等，都会给连锁企业跨国扩张带来意想不到的困难。文化差异不仅导致不同的客户需求，也影响管理风格以及与供应商交易的一般方式。连锁企业必须学习或者积累跨文化沟通的技能，通过本土化进程来克服面临的困难。在这一点上，连锁企业同其他企业没有什么不同。

随着竞争的不断加剧，越来越多的跨国连锁企业把在东道国顺利发展的希望寄托在本土化策略上。这种本土化策略的实施又使其转变为典型的学习型组织，在学习中不断适应、不断发展。跨国连锁经营的本土化策略体现在多个方面，如人力资源的本土化、投资理念的本土化，以及运作方式、管理方式的本土化。在管理运作方面，绝大多数连锁企业会根据东道国的文化习惯做出改变，但各企业因为面临的问题不同，所以本土化的具体做法会不一样。例如，家乐福在进入中国青岛之初，对于鸡蛋采用蛋托包装销售，对于蔬菜则断根整理后才上柜销售。然而，青岛市民并不认同这些“法国概念”。于是，家乐福从农贸市场上学来了“青岛概念”——取消蛋托，改用筐装鸡蛋；蔬菜带根销售，使蔬菜的保鲜期得到延长。这样，既适应了当地的消费习惯，又降低了成本。而百安居进入中国市场后，则根据中国人的实际情况，调整了DIY概念，设置了家装公司，提供家庭设计、预算、配送、施工、维修等一条龙服务。

此外，连锁企业还可以从跨国经营中学习到许多新的经营技巧，从而提高在本国市场上的竞争力。对于连锁企业而言，跨国经营不仅是寻找更有利的机会、不断实现规模扩大的问题，同时也是一个努力学习，不断融合各国新思想、新方法、新模式，从而不断提高企业竞争力的问题。资本的流向是单纯的，知识的流动是复杂的，通过资本的输出获取知识的输入，或许是连锁企业跨国经营最根本的动力。

小思考 8-2　跨国连锁企业采取本土化策略是否意味着放弃其原先的标准化管理模式?

8.3.3　连锁企业跨国管理策略

1）适应性组织设计

当跨国连锁企业由一个文化背景进入另一个文化背景中时，必然面临文化的冲击。这种冲击会波及组织架构以及领导和管理方式，这就注定了跨国经营的道路绝非一帆风顺，而是充满了碰撞和摩擦，体现在组织设计上，便出现了四种模式。

（1）民族中心模式。在这种模式下，跨国连锁企业派出管理人员对海外子公司进行管理，由于子公司中主要职位由总部的管理人员担任，国外子公司自治权很小。在公司国际化发展的初期，总部要向子公司转移资金、技术和管理方法，由总部调派熟悉这些情况的管理者担任子公司的重要职位，对于信息转移的成功是非常重要的。采用这一模式的主要原因有两个：一是当地缺乏合格的人才；二是容易与总部保持良好的沟通和协调。

（2）多元中心模式。这种模式是指跨国连锁企业将每个分支机构看成具有某些决策自主权的独立个体，子公司管理人员本地化，并被赋予较大的独立权。子公司管理人员一般不会被提拔到总部任职，相应地，总部的管理人员也很少被派到国外的分支机构去工作。采用这一模式的主要好处有四个：一是使用当地管理人员能消除语言障碍，避免外派人员及其家属的文化适应问题，也没有必要举办昂贵的文化意识培训课程；二是使用当地管理人员在政治敏感地区能使公司保持低调，不被关注；三是使用当地管理人员能为公司节省大量开支；四是使用当地管理人员能使当地的子公司在管理上有延续性。

（3）全球中心模式。这种模式是指跨国连锁企业采取全球性方法去管理其运作，并认为每一个部分（分部和总部）都对公司整体以其独特的优势做出独特的贡献。跨国连锁企业有全球整合的商业模型，不注重个体的国籍但重视个体的能力。在公司每个层面的重要位置上，都可以看到来自总部、当地或外地的管理人员，甚至在总部的高管层和董事会也是如此。这种模式的优点在于能够整合全球的自然资源、财务资源、技术和人力资源；缺点是需要花费大量资金用于文化和语言方面的培训。采用这一模式的主要原因如下：一是有才华的管理人员不仅集中在总部，分支机构中也不乏人才；二是跨国经历是高管人员成功的重要条件；三是具备高管潜力的管理人员时时都为从一个国家调任到另一个国家做好准备；四是通过国外岗位的锻炼，可以培养管理人员的开放心态和文化适应能力。

（4）地域中心模式。上述三种模式是极端的情况，在现实中，跨国连锁企业往往是这几种模式的混合。地域中心模式有独特的组织结构和地区战略，管理人员可以离开自己的母国工作，但必须待在某一特定的地域之内。地区管理人员虽然不可能被提升到总部任职，但能享受一定程度的地区决策自主权。例如，一家美国跨国连锁企业把市场划分成三大区域：欧洲、美洲和亚太地区。欧洲的工作人员可以在欧洲区内彼此调换，但将工作人员派去亚太地区则非常罕见；同样，也不能将地区管理人员派到美国总部工作。使用这一模式的主要动机有：一是区域总部的管理人员与分部人员可以进行较好的交流，公司总部与区域总部的管理人员也可以进行较好的交流；二是体现对地区文化的理解，大多数管理人员由该区域内的员工担任。

到底该采用哪一种模式，需要对组织机构的不同层面进行探讨，看某一个国家的成功经验在多大程度上能够在其他有不同文化背景的国家产生同样的效果。

2）全球化采购中心

随着市场竞争越来越激烈，各国连锁企业为满足消费市场日益国际化的需求，不断从全球范围内寻找新的物美价廉的商品来源，纷纷在各货源地建立采购办公室。跨国连锁企业越来越多的商品来自全球采购。例如，在西班牙南部采购水果和蔬菜，在香港、纽约采购时装；现在更多的消费品来自中国，这里是全球低成本生产基地之一。事实上，国际采购不是最近几年的新鲜事物，早在20世纪50年代，一些国际采购联盟就尝试跨国采购，它们庞大的采购规模使其和供应商谈判时具有强大的讨价还价能力。现在，众多采购联盟已经不满足于单纯的采购职能，而是向物流配送、仓储管理、自有品牌开发和市场协调等方面发展。

另一个引人注目的现象是大型跨国连锁企业纷纷成立全球采购中心。一方面将在世界各地采购的商品带入新拓展的市场；另一方面也从新市场中采购更优质的商品输往世界各地，这也加快了经济全球化进程。目前，不少跨国公司把全球采购中心迁至中国，或在中国设立采购办事处。沃尔玛全球采购中心已从香港搬到深圳；家乐福在上海设立了全球采购中心，并陆续在中国境内建立了若干个区域性采购中心；麦德龙把上海和天津作为中国南北区域采购供应枢纽。中国作为全球最具潜力、增长最迅猛的采购市场，吸引了越来越多的跨国连锁企业。

设立全球采购中心是跨国连锁企业控制成本、提高竞争力的必然选择。在具体采购过程中，要合理安排全球采购、国家采购和区域采购三者之间的关系，家乐福的采购政策值得借鉴。家乐福的采购谈判分为三个层次：全球谈判、全国谈判和地区谈判（如图8-1所示）。

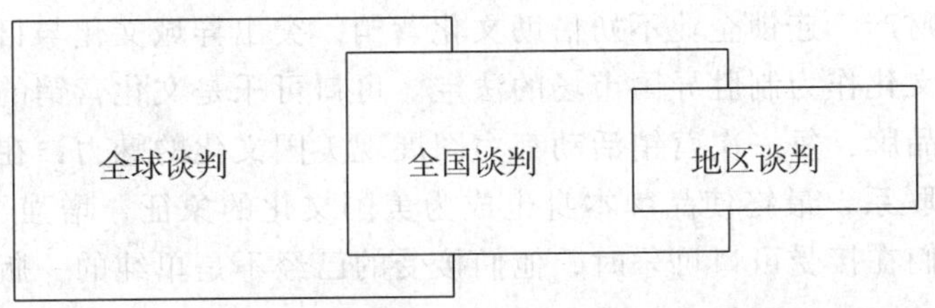

图8-1　家乐福三个层次采购谈判结构图

例如，当家乐福和宝洁或欧莱雅之类的企业合作时，双方总部先要签订全球协议，用来确定销量折扣、全球促销、全球定价以及相关贸易条件。当宝洁或欧莱雅来到中国时，如果家乐福也来到了中国，双方要签订关于附加折扣、毛利目标、门店促销及广告、货架摆放位置及占地面积、分销与仓储和新店折扣等适合双方在中国国情的协议。随着家乐福在中国不同城市开店数量的增多，不同地区会出现不同的实际情况，因此，合作双方需要就竞争价格支持、具体门店广告促销、货架及端架陈列费用、促销人员安排等问题进行地区谈判。

3）多样化营销组合

开拓国际市场，连锁企业难免会遇到不同国家文化之间的冲突。要取得国际营销的成功，就必须认真研究不同文化的差异，进而制定科学的营销决策以协调文化冲突。当然，遇到文化冲突时，连锁企业首先要考虑的是如何调整自己的营销策略以适应当地文化，但更主动的做法是采取行动来推动当地消费者接受全新的外来文化，使之认可企业的文化精髓。这也许要冒一定的风险，下面是几种成功的方法：

（1）目标市场准确定位。连锁企业跨国经营的最大障碍来自文化冲突，但这种冲突即使在同一国家的不同市场，程度也是不一样的。连锁企业应该找到文化冲突中最薄弱的环节进行突破，这样才能事半功倍。麦当劳在中国开辟市场，其目标顾客针对的已经不再是类似美国本土那种工作忙碌的工薪阶层，而是儿童。金色的拱门标志、店堂内的欢乐氛围、布置的玩具、充满童趣的广告，还有专门针对儿童开展的种种促销活动，无不对他们产生巨大的吸引力。麦当劳之所以选择孩子作为目标市场，是因为成人的饮食习惯已经很难改变，只有那些味觉还未定型、吃什么都好的儿童才最容易接受西方快餐文化，而一旦这些吃惯西式快餐长大的孩子长大成人，麦当劳就会拥有一批忠实的顾客，文化冲突也就转变成文化融合了。

（2）体验营销。体验营销能够营造一种氛围，使顾客在不知不觉中受到新文化的感染。星巴克在20多年前还仅在西雅图拥有17家咖啡店，现在已经在全世界开设了28 000余家连锁店，即使在咖啡文化并不普及的亚洲，星巴克也取得了飞速发展。星巴克成功的秘诀不仅在于其咖啡品质的优异，还在于其完美的体验营销的运用。无论是星巴克起居室风格的装修，还是精心挑选的装饰物和灯具、煮咖啡时的嘶嘶声、将咖啡粉末从过滤器上敲下来时发出的啪啪声、用金属勺子铲出咖啡豆时发出的沙沙声，都在烘托一种星巴克格调，给顾客以独特的咖啡体验。星巴克的体验营销使得它成为时尚、舒适、宁静、自在的代名词，它销售的不是咖啡，而是一种都市生活中难得的轻松体验。

（3）文化营销。有句名言“民族的才是世界的”，这是说富有民族传统的东西才会成为世界宝贵的财产。连锁企业不妨借助文化营销，突出异域文化与目标市场的文化差异，将本国传统文化作为制胜异国市场的法宝。可口可乐是文化营销的典型代表。这个已有百年历史的品牌，每一次营销活动都力图展现美国文化的魅力，在品牌与美国文化之间建立紧密的联系，最终使品牌本身也成为美国文化的象征，增强了产品的吸引力。当世界各地的人们在接受可口可乐时，他们接受的已经不是单纯的一瓶饮料，而是独特的美国文化。

（4）整合营销传播。一个国家公众的共同社会心态，包括观念、行为和情绪等并不是一成不变的，它往往在大众传播和人际沟通中相互暗示、模仿和感染而逐渐发生变化，因而传统文化也不是绝对牢不可破的。整合营销传播就是要将营销的各种手段，包括产品、价格、渠道、促销、广告和公关等紧密结合起来，通过暗示、模仿和感染，传播自己的文化，促成目标市场的文化变革或文化融合。

近年来，中国企业已经走向国际市场，由于资源限制，大部分中国企业在遇到文化冲突时，不得不选择适应性调整。但毋庸置疑，随着我国企业开展国际营销的经验越来越丰富、实力越来越雄厚，推动目标市场文化变革以适应自己的营销目标，将成为越来越多企业的选择，而中国有五千年悠久历史的传统文化也必然会随着这些企业的营销活动传播到世界各个角落。

4）跨文化团队管理

对于跨国连锁企业来说，打造一个优秀的多文化团队是至关重要的。当企业的员工来自三种或三种以上文化背景时，企业内部员工互动的复杂程度就比较高了，管理过程中常常会出现两个误区：第一是完全忽略文化差异，直接进入工作状态，找出解决问题的方案，仿佛这样差异就不存在了；第二是认为多元文化会带来很多问题。文化差异是客观存在的且永远无法消除的，人们总是习惯性地看到差异的负面影响，却忽略了差异也有积极的一面。文化的碰撞能带来新文化的产生，也能使双方看到自己的不足。因此，要打造优秀的多文化团队，首先得走出这两个误区，既要正视团队成员间的文化差异，也要用积极的眼光来看待这种差异，多看差异带来的好处，而不是问题。下面几种方法有助于打造优秀的多文化团队：

（1）人力资源本土化。人力资源本土化是跨国连锁企业本土化策略的一个重要方面，竞争归根到底是人力资源的竞争，人力资源本土化可以为跨国连锁企业带来如下好处：一是降低成本，提高效率。本土化人才的工资往往比较低，这会大大降低成本，同时也给本土化人才提供了很好的发展空间。二是本土化人才更了解东道国的市场和文化背景，与员工的沟通远比外籍人员容易，与当地外界的沟通也更容易，有利于企业的稳定和发展。三是可以激励本地员工多做贡献。人力资源本土化做得好的跨国连锁企业，给企业员工，特别是有发展前景的中层管理者发出良好的信号，用积极的职业发展前景号召他们长期忠于企业。而对晋升前景不满是造成跨国连锁企业本土化管理人才流失的重要因素。

（2）选择性聘用。人才聘用是跨国连锁企业成功的关键，在一个有多元文化的企业里，再也没有比高级职员间和谐共事更重要的事情了。选择性聘用是连锁企业跨国经营成功的一个重要手段。选择性聘用是指招聘员工时应该十分谨慎，如果没有合适的人，即使让位置空着也不滥招。选择性聘用背后的基本逻辑为：招进来的员工是公司的巨大投资，是公司希望长期保留的人，必须慎之又慎。在选择人才时要考虑两个方面：一是人岗匹配，即招进来的人的知识背景、技能和能力符合工作岗位的需求，这个人能够胜任工作；二是人企匹配，即应聘者个人的价值理念与公司的文化理念相一致，彼此有认同感。至于什么样的人是合适的员工，衡量标准主要有以下几点：没有种族中心主义，具有专门的文化知识，具有尊重、平等意识，能容忍不同意见，容易接受新观念，能适应多种文化，有坚持及坚韧的品性，关心人而不仅仅关心工作。

（3）跨文化培训。跨文化培训被跨国连锁企业视为消除文化冲突的主要手段，它可以加强人们对不同文化的反应和适应能力，促进文化背景不同的双方有效沟通和理解。

培训的目的是多方面的，如减少驻外经理可能遭遇的文化冲突，使之尽快适应当地环境并正常发挥作用；促进当地员工对外方理念的理解；维持组织内良好的人际关系；保持企业内信息畅通及提高决策效率；增强公司凝聚力等。如今许多跨国连锁企业都成立了"多重文化整合委员会"，开展各种各样的文化融合活动，避免企业中的文化冲突。跨文化培训的内容根据培训对象的不同有不同的层次：对高层管理者，应强调对双方文化的理解及沟通；对基层工作人员，应以语言、具体管理方法、工作程序为主要培训内容。

（4）缩小地位差别。这是指公司中的员工应该人人平等，不论资排辈，不以势压人。沃尔玛就特别强调这一点。在沃尔玛的销售广告上，所有模特儿都是公司员工，而且在每个模特儿的照片旁边，都标上此人的姓名、工作职务；如果是儿童用品，则请员工的子女做模特儿，并写上孩子的名字和父母的名字。这样做的结果是让大家有"一家亲"的感觉。

缩小地位差别也可以通过改变管理语言实现，管理语言的改变折射出来的是管理理念的改变。例如，星巴克在用管理语言改变管理理念和实践上下了很大功夫。跨国公司一般用总部、分部这样的词汇来描述并区分何处为公司的决策指挥中心、何处为执行部门。为了强调和推行公司的平等管理理念，星巴克用"国际服务中心"取代"总部"，并确定了三个国际服务中心：一个在公司的原创地西雅图，另一个在阿姆斯特丹，还有一个在香港。这样的管理语言将全世界的星巴克都摆在平等的位置上，这三个国际服务中心是为大家提供服务的场所，而非发号施令的地方。同时星巴克将所有的员工称为"合作伙伴"而不是雇员，从根本上重建了员工与企业的关系。

■ 本章小结

在经济全球化浪潮席卷之下，连锁企业在推动力与拉动力两方面因素的作用下，跨国经营趋势日益明显。连锁企业可以从消费能力、成本和信息、竞争、障碍和风险等多方面来评估国际市场的机会，这些因素同时也影响连锁企业选择自主进入、收购、特许经营、合资与特卖五种方式之一进入国际市场。在向国际市场进军的过程中，连锁企业基本上采用全球化战略或多国化战略，并在实践中通过本土化和构建学习型组织来对标准化进行适应性调整。连锁企业跨国管理策略主要体现在适应性组织设计、全球化采购中心、多样化营销组合和跨文化团队管理等内容上，以追求规模效益和文化之间的融合。

■ 主要概念和观念

全球化　跨国经营　市场进入战略　跨国管理模式　本土化　跨文化团队管理

■ 基本训练

□ 知识题

1.连锁企业跨国经营的动机是什么？

2.你认为连锁企业跨国经营的机会与风险在哪里？

3.如何评估国际市场机会？

4.连锁企业进入国际市场的方式有哪些？试比较这些进入方式的优点及风险。

5.试比较两种不同跨国连锁企业经营管理模式的特点。

6.连锁企业跨国经营中为什么既坚持标准化又进行适应性调整？

7.跨国连锁企业为什么要实施本土化策略？

8.连锁企业跨国经营中如何进行适应性组织设计？

9.连锁企业如何采取多样化营销组合来减少文化冲突或实现文化融合？

□ 技能题

1.假设你是一个中式快餐连锁店管理者，试评估进入某个海外市场的风险和机会。

2.如果你的团队中有来自美国、中国、中国台湾、中国香港的成员，你将采用什么方式打造一个优秀的团队？

□ 能力题

1.案例分析

无印良品国际化扩张：从濒临破产到走向全球

日本西友百货的高管们于1980年推出名为“无印良品”的自有品牌，生产家庭用品、食品及服装。他们的想法是，不要装饰或过度设计，生产和销售每位消费者都可能需要的漂亮且价格低廉的产品。实际上，无印良品的意思是“没有商标的优质商品”。

20世纪80年代后期，无印良品在伦敦参加了日本产品展，引起英国零售商的极大兴趣。无印良品与英国利伯缇百货建立了合资企业，希望在全球范围内推广优质、价格合理和可持续的设计理念。但这次合作的结果并不如人意，无印良品本想利用利伯缇百货的资源，但最后还是决定开设自己运营的独立商店，以达到向客户展示其经营理念的目的。于是，无印良品保留了利伯缇百货的合作伙伴和当地专家身份，并于1991年在牛津广场附近开了一家门店，这家店非常受欢迎。

1994年，无印良品结束了与利伯缇百货的合作关系，并创建了欧洲子公司，在伦敦开了第一家店，也陆续有了伦敦的第二家、第三家店；后来在欧洲大陆开了第一家店，该店位于巴黎的圣叙尔比斯。对于扩张路线，无印良品当时还没有明确的战略，只是积极寻找对无印良品的产品有购买意愿人群的城市购物区。

20世纪90年代，无印良品开始向亚洲进军。尽管亚洲客户喜欢无印良品的产品和服务，收入也强劲增长，但无印良品遇到了和在英国时类似的问题。当时亚洲的合伙公司无法营利，因此1998年无印良品决定退出中国香港和新加坡市场。

2000年，松井忠三被任命为株式会社良品计画总裁，着手清理无印良品的组织和运营。2001年，无印良品在财政上已经足够稳定，可以重新实现亚洲发展目标，于是，它在中国香港成立了一家子公司，以每年约两家的速度再次开设门店。2003年无印良品以同样方式进入新加坡，2004年成立了无印良品韩国分部。

2005年，无印良品进入中国市场，第一家无印良品门店在上海开业。但是，质量控制仍然是个问题，尤其是考虑到中国市场地域广阔。随着门店数量的增加，无印良品无法把日本高管和销售人员派到所有门店中，必须依赖当地经理。为此，无印良品设立了一个为店面设计、布局和选品制定规则的部门，为所有一线员工提供相同的培训，并让许多在当地招聘的门店经理到东京办事处进修。无印良品简化了分销、会计和销售业务流程，以便各门店能共享数据。尽管无印良品生产和销售超过7 000种商品，但并没有针对特定国家或地区进行定制或调整。

2007年无印良品进入美国市场，至今开了10家门店。到目前为止，无印良品专注于城市、大学以及电商销售强劲的地区。在其海外市场，当时机合适时，无印良品继续谨慎扩张，坚持只有在该国或地区运营能营利的情况下再开新店的政策。

无印良品目前有三个区域经理：第一个是欧洲和北美区域经理；第二个是东亚（中国、中国香港、韩国和中国台湾）区域经理；第三个是南亚、东南亚、西亚以及大洋洲（澳大利亚、印度、印度尼西亚、马来西亚、中东、菲律宾、新加坡和泰国）区域经理。这些国家或地区的主管向各自的区域经理汇报，区域经理在门店计划委员会的会议上提出新的门店地点，最终决定是否开设新门店。无印良品最新的市场包括沙特阿拉伯和印度等，2016年它在这些地方开设了第一批门店。

现在，日本以外的业务占了无印良品总业务的35%，在最近的战略中，无印良品强调日本短语“感觉良好的生活”。其大体含义是，作为社区的一部分，简单、认真、和谐地生活在一起。无印良品希望这一观念能渗透到世界各地，无论是人口最稠密之处，还是最偏远的地区。

问题：无印良品在国际化扩张中遇到了什么问题？它是如何解决的？

资料来源　哈佛商业评论（公众号），2018-05-03.https：//mp.weixin.qq.com/s/df74Qet3ELO-Qrey43hWusQ.

2.网上调研

试从网上调研分析美国和中国传统文化的区别以及对企业经营的影响。

第8章即测即评

主要参考文献

[1] 邓超明.新零售实战［M］. 北京：电子工业出版社，2018.

[2] 常继生，许英豪，范爱明. 品牌重塑［M］. 北京：机械工业出版社，2018.

[3] 华红兵. 移动营销管理［M］. 2版. 广州：广东经济出版社，2018.

[4] 杨飞. 流量池［M］. 北京：中信出版社，2018.

[5] 王吉方. 连锁经营管理——理论·实务·案例［M］. 北京：首都经济贸易大学出版社，2013.

[6] 晋淑慧. 连锁经营管理原理［M］. 北京：机械工业出版社，2015.

[7] 黄小彪，李世红. 连锁经营管理原理与实务［M］. 北京：中国财政经济出版社，2014.

[8] 王雷，田珊. 连锁经营企业运营管理［M］. 北京：北京师范大学出版社，2014.

[9] 曹静，冯国珍. 连锁经营管理人才培养理论与实践［M］. 上海：复旦大学出版社，2014.

[10] 郭红蕾，孙海洋. 连锁经营企业采购管理［M］. 北京：北京师范大学出版社，2014.

[11] 赵蕾，田玉丽. 连锁经营企业物流管理［M］. 北京：北京师范大学出版社，2014.

[12] 徐伟. 玩赚连锁专卖［M］. 北京：中国财政经济出版社，2015.

[13] 曹静. 连锁店开发与设计［M］. 上海：立信会计出版社，2012.

[14] 张倩. 连锁经营管理原理与实务［M］. 北京：机械工业出版社，2012.

[15] 杨高英. 连锁企业经营管理与实务［M］. 北京：化学工业出版社，2012.

[16] 伯曼，埃文斯. 零售管理［M］. 吕一林，宋卓昭，译. 11版. 北京：中国人民大学出版社，2011.

[17] 德雷斯基. 国际管理：跨国与跨文化管理［M］. 宋丕丞，译. 7版. 北京：清华大学出版社，2011.

[18] 肖怡. 特许经营管理［M］. 3版. 大连：东北财经大学出版社，2017.

[19] 周勇，冯国珍. 连锁经营管理原理 [M]. 上海：立信会计出版社，2011.

[20] 昂德希尔. 顾客为什么购买 [M]. 缪青青，刘尚焱，译. 北京：中信出版社，2011.

[21] 肖怡. 连锁企业市场营销 [M]. 大连：东北财经大学出版社，2013.

[22] 肖怡. 零售学 [M]. 4版. 北京：高等教育出版社，2017.

[23] 中国连锁经营协会（公众号）.

[24] 哈佛商业评论（公众号）.

[25] 新店商研习社（公众号）.

[26] 赢商网（公众号）.

[27] 中国经济网（公众号）.

[28] 超市周刊（公众号）.